SOUVENIRS DE 1870.

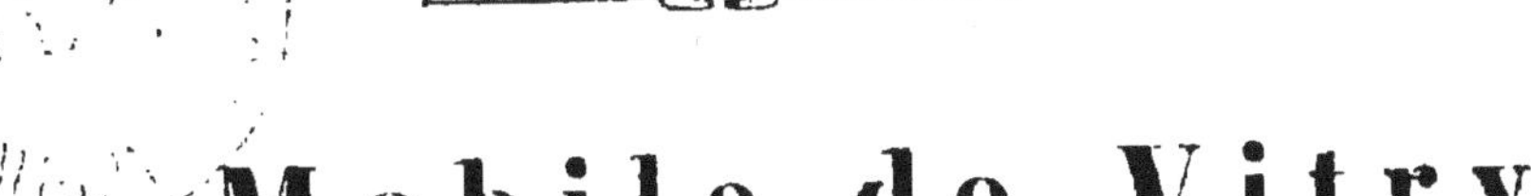

La Mobile de Vitry

G. CAPPÉ

SOUVENIRS DE 1870

LA
MOBILE DE VITRY

VITRY-LE-FRANÇOIS

IMPRIMERIE V TAVERNIER ET FILS.

12, GRANDE RUE DE VAUX, 12.

1887

AVANT-PROPOS.

Seize années se sont écoulées. En 1871, après la guerre fatale, beaucoup disaient : « avant dix ans la revanche sera prise. » Nous attendons toujours. Est-ce un bien, est-ce un mal ? Ce n'est pas à moi qu'il appartient de le juger. Ce que j'ai cru bien, pour ma part, c'est de remettre nos malheurs sous les yeux de ceux qui seraient peut-être un peu tentés de les oublier. Et cependant ces tristes souvenirs doivent être impérissables dans notre mémoire ; nous devons nous rappeler sans cesse nos frères égorgés ; nous devons entretenir au fond de nos cœurs la haine, profonde et vivace ; nous devons nous préparer par tous les moyens possibles à venger ceux qui ne sont plus.

J'ai donc cru faire œuvre utile et patriotique en écrivant les lignes qui suivent, qui n'ont aucune prétention, que celle d'être l'expression exacte de la vérité. Elles sont tout simplement le résultat d'observations personnelles contrôlées par le témoignage de nombreux camarades, la mise en ordre de quelques notes prises à la hâte et dans des circonstances souvent bien difficiles. Certains passages seront ennuyeux, certaines circonstances omises ; certains détails pourront paraître oiseux à mes lecteurs, s'il s'en trouve ; je fais donc appel à toute leur indulgence, et les prie de pardonner à la médiocrité de l'ouvrage en faveur de l'intention qui le fait écrire.

LA MOBILE DE VITRY

CHAPITRE Ier

La garde mobile à Vitry.

Rappelons d'abord sommairement les débuts généraux de cette triste campagne ; ils feront mieux sentir la faute immense commise de n'avoir pas organisé à temps cette force numériquement imposante qui s'appelait la garde mobile, et de n'avoir fait appel à cette force que quand nous étions déjà en pleine déroute.

Inutile de parler des causes qui ont amené la guerre, officiellement déclarée le 15 Juillet. Quelques jours après, se succédaient les trains de troupes se dirigeant vers la frontière. Hélas ! ce n'était pas toujours un spectacle édifiant ; la plupart des soldats, il faut l'avouer, n'avaient rien de la sobriété spartiate ni de la discipline romaine. Des chants de toute nature, des cris « *à Berlin* » sortaient de tous les wagons ; et nous mêmes, jeunes gens qui allions voir passer ceux qui allaient mourir, nous les applaudissions et nous nous laissions aller à un enthousiasme irréfléchi. Le soir, dans les cafés où l'on allait aux nouvelles, nous nous surprenions à chanter le refrain de la *Marseillaise* ou du *Rhin allemand*, braillés par quelque chanteuse de bas étage. Nous ne devions pas chanter longtemps.

Jusque fin juillet, les hostilités se bornèrent à quelques escarmouches entre petites reconnaissances. La guerre ne commença véritablement qu'avec le combat de Sarrebrück, tristement célèbre, et que les journaux, amère dérision ! appelaient « notre première victoire. » Ce jour-là, on pavoisa les maisons ; ce fut la seule fois, et elle était de trop.

Le 4 août amène la défaite de Wissembourg ; le 6, les déroutes simultanées de Wœrth et de Spickeren. Le 7 au matin tous les corps d'armée se replient sur le Camp de Châlons.

Ainsi la fortune, qui depuis de longues années protégeait nos armes, venait de se tourner contre nous. En peu de jours nos soldats, si souvent victorieux, essuyaient revers sur revers, malgré des prodiges de courage et tout en faisant subir à l'ennemi d'énormes pertes. Il ne m'est pas donné, heureusement, la délicate mission d'apprécier les causes de nos désastres ; je constate seulement que les effets ont été terribles, et surtout rapides ; si rapides, qu'en un mois environ, l'armée alliée, après avoir battu ou pris la nôtre, marcha sur Paris qu'elle atteignit bientôt.

Ce ne fut qu'au milieu de ces catastrophes successives qu'on appela à l'activité la garde mobile. Instituée depuis plusieurs années déjà, elle n'existait, pour ainsi dire, que sur le papier, et n'était pas plus en état de marcher que les premiers jours de sa création. Après la mort du maréchal Niel, son fondateur, nul n'avait songé à continuer son œuvre, c'est-à-dire à équiper, à armer, à instruire cette armée de réserve ; de sorte que, au moment où, pour aider à repousser l'invasion, il eut fallu des soldats sinon complètement aguerris, mais pour le moins habitués au maniement des armes, on ne put réunir que de véritables conscrits, tout-à-fait ignorants des choses militaires.

La garde mobile était composée en principe des exemptés du service actif soit par leur numéro de tirage, soit par exonération. Cinq contingents de cette catégorie devaient marcher : les classes 1865, 1866, 1867, 1868, 1869. Vers la fin de juillet, les jeunes gens de ces classes reçurent, par la voie de la gendarmerie, un ordre ainsi conçu :

MINISTÈRE DE LA GUERRE.

GARDE NATIONALE MOBILE.

Ordre d'Appel à l'Activité.

En exécution du décret du 16 juillet 1870, qui appelle à l'activité la garde nationale mobile, et des ordres du Ministre de la guerre,

Il est prescrit au nommé............... garde national mobile du département de la Marne, canton dudit...., de se rendre le........., à Vitry-le-François, chef-lieu d'arrondissement dudit département.

Tout retard non justifié qu'apporterait le garde national

mobile à l'exécution de cet ordre le mettrait dans le cas d'être poursuivi selon les prescriptions du code de justice militaire.

Le Capitaine-major
de la garde nationale mobile du
département de la Marne.

JOURNET.

Vu ;
Le Sous-Intendant militaire,

La garnison de Vitry devait se composer du 4e bataillon d'infanterie et de la 1re batterie d'artillerie de la Marne. Le premier groupe était recruté dans les arrondissements de Vitry et de Sainte-Menehould, le second dans le canton de Vitry. Peut-être, dans le cours de ce récit, parlerai-je plutôt de l'artillerie ; non pas que je veuille donner la priorité à ce corps, qui n'a pas eu le temps de s'instruire plus que l'autre, mais parce qu'en faisant partie, j'ai sur lui des détails plus précis. Les deux armes d'ailleurs n'ont pas été séparées, ont eu à peu près les mêmes travaux à exécuter et ont subi les mêmes épreuves. Les hommes de la batterie devaient être rendus le 10 août au lieu indiqué ; ceux du bataillon, les deux jours suivants, 11 et 12, suivant le numéro des compagnies. Ces compagnies étaient au nombre de huit.

Le commandant du bataillon et la plupart des capitaines sortaient de l'armée ; cinq de ces derniers étaient même encore en activité et détachés du 65e de ligne. Les troupes de l'artillerie ne comportaient pas d'officier supérieur ; disons de suite que la batterie était commandée par un homme d'un désintéressement rare, d'un ardent patriotisme. Chef d'escadron en retraite, il avait consenti à redevenir simple capitaine dans le seul but de servir encore son pays, auquel il avait cependant largement payé sa dette. J'ai nommé le commandant Michaut.

Quant aux lieutenants et sous-lieutenants, ils avaient été pris un peu au hasard. Leur sélection n'était justifiée que par bien peu de chose, et militairement parlant, ils n'en savaient guère plus que leurs subordonnés. Ils avaient été nommés le 18 juillet par le général de Liniers, commandant la division ; leur lettre de service était contre-signée par le général de brigade de Susbielle. Dès et même avant leur nomination ils mirent certainement beaucoup de zèle à s'instruire, ainsi que les sous-officiers ; mais il était trop tard.

L'infanterie avait pour casernes les Minimes, les écuries de la rue de Frignicourt et le Collége. Le 10 août, vers midi, les canonniers mobiles se réunissaient aux Petites Indes, dans le champ de manœuvres. Les écuries qui s'y trouvaient, et qui ont été brûlées depuis, avaient été aménagées pour les recevoir. L'intérieur, partagé en deux longues chambres, offrait aux regards, symétriquement alignées, quatre files de lits fournis quelques jours auparavant par les habitants de la ville. Ces lits étaient bien un peu sommaires et laissaient peut-être à désirer sous le rapport du moelleux ; mais nos artilleurs trouvaient néanmoins dessus un sommeil salutaire et réparateur, à en juger par les ronflements sonores et réguliers qui, de tous côtés, se faisaient entendre une heure après la retraite.

D'habillement, point. Des cocardes tricolores, ornées d'un filet rouge ou doré pour les brigadiers ou sous-officiers, et c'était tout. Les officiers seuls étaient en uniforme. Les premiers jours, on montait la garde

avec de vieux coupe-choux de garde-champêtre. Ce
ne fut guère qu'entre le 15 et le 20 qu'on distribua les
livrets et l'armement, qui consistait, pour l'infanterie,
en un fusil à tabatière avec baïonnette; pour l'artillerie, en une carabine de dragon également transformée
à tabatière.

Le bataillon était fort d'environ mille hommes. La
batterie, au début, en comptait cent soixante; mais le
renvoi des réformés et des soutiens de famille rédui-
sit ce nombre à cent-trente-sept.

Une fois reconnus, classés, groupés par pièces, les
canonniers eurent leur journée libre. Quelques uns,
voulant savoir s'ils seraient bientôt rendus à leur famille ou à leur épouse, profitèrent de ce dernier jour
de liberté pour consulter l'oracle de la dive bouteille;
certains voulurent noyer le chagrin que leur causait
le départ du pays; et le lendemain matin, beaucoup
étaient affligés de l'indisposition dite « tête-en-bois. »
Mais, dans un semblable moment, la tolérance doit
être à l'ordre du jour; que ceux qui n'ont jamais
péché leur jettent la première pierre.

Le 11 août seulement, commença la vie de soldat. A
cinq heures et demie, on sonnait le réveil. Cette sonnerie, généralement émaillée de quelques « couics »
qu'excusait le peu de pratique de l'instrumentiste,
était accompagnée des rires non étouffés et des lazzis
de ses peu charitables camarades. A six heures l'appel;
de là les hommes, rangés dans un ordre qu'avec une
certaine dose de bonne volonté on pouvait appeler
alignement, partaient pour la manœuvre, se sépa-
raient en groupes, et pendant deux heures se livraient
aux intéressants exercices des à droite et des à gau-

che. Mais quand le marteau de l'antique beffroi avait frappé dix coups sur l'airain sonore, on pouvait voir toutes les figures s'épanouir ; le loustic devenait plus jovial encore, et l'attristé retrouvait sa gaîté perdue : c'est qu'à cette heure solennelle on transportait dans les chambres les vingt-quatre terrines, remplies de cette bonne soupe à la fois fortifiante et légère, préparée par un cuisinier qui se disait habile, quoique serrurier de son état. Que voulez-vous ? De tout temps il y a eu et il y aura des cumulards. Au commencement, d'aucuns faisaient bien les difficiles, manifestaient hautement leurs regrets en songeant à la popote paternelle et ne cachaient pas leur préférence pour icelle : mais petit à petit, la familiarité venant, les hésitations disparurent, et ce fut à qui plongerait le plus souvent sa cuiller dans le délicieux (?) contenu du récipient qu'on était convenu d'appeler grande gamelle. Comment ne pas en arriver là ? Le maître-coq était si propre ! Ses mains étaient si souvent d'une blancheur qui aurait fait pâlir l'éclat de la neige ! Le sac qui lui servait de tablier était si souvent plongé et frotté dans les flots d'une onde pure ! Il était si rare d'apercevoir à l'extrémité de son appendice nasal quelqu'une de ces perles, semblable à une goutte de la rosée du matin !

La soupe mangée, les hommes avaient deux heures qu'ils devaient employer réglementairement à nettoyer et à mettre en ordre leurs effets et leurs armes, mais qu'ils consacraient avec une entente parfaite à un tout autre usage. A une heure, nouvel appel, nouveaux exercices ; à cinq, seconde édition du festin précité : soupe et bœuf nature, invariablement. Le palais des gourmets n'en était peut-être pas toujours très flatté : mais leur estomac ! Au bout de quinze jours, tous avaient une mine de prospérité qui faisait plaisir à voir.

Ce genre de vie n'était en somme pas trop fatigant, et l'on s'y serait facilement accoutumé : malheureusement il dura trop peu. Trois ou quatre jours s'étaient à peine écoulés qu'il le fallait changer. Les Prussiens continuant de s'avancer dans notre direction, le chef d'escadron Terquem, du 10e régiment d'artillerie, fut envoyé à Vitry avec le titre de commandant supérieur de la place, et chargé d'en préparer la défense. Ce fut alors que commencèrent les travaux pénibles et que l'état militaire fut pour beaucoup une dure épreuve. De six à dix heures du matin, et de midi à cinq heures du soir, il fallait être aux remparts, piocher, remuer la terre, rouler la brouette, construire des abris, élever des traverses, creuser des magasins à poudre, etc.; occupations d'autant plus à charge aux travailleurs qu'elles leur étaient complètement étrangères jusqu'alors, et qu'ils y employaient beaucoup plus de temps et de peine qu'il n'en aurait fallu à des gens exercés. L'artillerie, était spécialement chargée, ce qui rentre d'ailleurs dans ses attributions, d'armer la place, c'est-à-dire de pratiquer les embrasures, de construire les plates-formes et d'y placer les canons en batterie. Les hommes se mirent assez vite au courant de leur besogne ; le jour du départ presque toutes les quarante et une pièces dont nous disposions étaient installées. M. Poinot, ancien capitaine, avait beaucoup aidé à ce résultat en dirigeant les manœuvres de force les plus difficiles.

Le matériel se composait de 4 pièces de 4 rayé de campagne, de 4 mortiers de 15, et de canons à âme lisse de 8, de 16, obusiers de 12. C'était mesquin, d'autant plus que la plupart des affuts étaient en mauvais état. Les projectiles n'étaient pas chargés ; on dût improviser des artificiers pour cette importante et délicate besogne, et il est surprenant que l'on n'ait pas eu d'accidents à déplorer.

La fortification de Vitry se compose, comme on le sait, d'une enceinte continue, reliant ensemble dix bastions, numérotés de 1 à 10 à partir de la Marne, rive droite, près du moulin. On commença l'armement par les nos 3 et 4, qui font face à l'Est et que l'on croyait devoir être les premiers attaqués. Je fus pour ma part chargé du bastion 3, qui domine le port. De là nous pouvions voir chaque jour, triste spectacle ! des bateaux chargés de blessés descendre le canal. Les canonniers qui étaient avec moi firent preuve de zèle et d'activité ; la première pièce qui passa sa gueule de bronze au-dessus des remparts, au saillant, un canon obusier de 12 à barbette, fut placé par eux. Aussi le commandant Terquem voulut les récompenser et me donna, pour leur distribuer, une petite somme qu'ils ne tardèrent pas, suivant leur expression, à mettre dans le commerce. M. Henriet, mon collègue, armait pendant ce temps le bastion no 4 ; nous continuâmes ainsi, de bastion en bastion, tout autour de la ville.

Un jour, je me trouvais aux remparts près de l'Arsenal, quand un incident inattendu vint tout-à-coup jeter le désordre parmi les travailleurs. La chose nous amusa fort après, et depuis fut bien souvent le sujet de nos conversations ; mais sur le moment elle produisit une de ces impressions dont on garde longtemps le souvenir.

C'était vers les trois heures de l'après-midi ; il faisait une chaleur tropicale. Les armes étaient formées en faisceaux derrière chaque atelier ; il n'y avait que la main à étendre pour les trouver prêtes en cas d'alerte. Tous piochaient avec plus ou moins d'ardeur, quand soudain se fait entendre un bruit terrible, une détonation formidable, répercutée au loin par l'écho des bois d'alentour. Aux armes ! c'est l'ennemi ! Tel est le cri général ; et chacun de jeter sa pelle pour se précipiter sur son fusil. C'est une confusion impossible à décrire : on crie, on poussé, on se culbute, l'émotion est à son comble. Enfin on est prêt ; les hommes sont à·leur poste, passent leurs Sniders entre les sacs à terre, et se préparent à une défense énergique. Le plus grand silence se fait.....

On attend quelques minutes ; on n'entend plus rien..... aucun ennemi ne se montre. Les casques pointus étaient encore en effet relativement loin. Quelle était donc la cause de cette effrayante explosion, absolument semblable à la salve d'une batterie de gros calibre ? Elle fut bientôt connue : d'après les ordres prescrits par le ministre, on avait fait sauter le pont du chemin de fer. Cet important ouvrage, qui avait coûté tant d'argent, de temps et de travail, venait, comme tant d'autres, d'être détruit dans l'espace de quelques secondes. Les communications devenaient dangereuses par la voie de terre ; nous commencions à être privés de nouvelles et à nous isoler du reste de la France.

A partir de ce jour, le service devint de plus en plus rude. Le lieutenant Rageot, du 2e d'artillerie, avait amené de son régiment un détachement composé d'une trentaine de servants ; sous leur direction les nôtres s'exerçaient à la manœuvre. Afin d'être parés à tout événement, les officiers couchaient au quartier. Inutile de dire qu'on n'y fermait pas l'œil ; outre les rondes à faire, il y avait généralement quelqu'incident de chambrée qui privait de sommeil. Malgré la fatigue, il se trouvait toujours certains farceurs qui ne se faisaient pas faute de s'amuser aux dépens de leurs voisins ou de se livrer à certaines incartades extra réglementaires. Allez donc sévir, dans de semblables moments ! Je me rappelle encore une nuit blanche que nous fit passer certain brigadier, qui paraissait fortement agité. Son agitation était-elle causée par les nouvelles de la guerre ou par de trop fréquentes libations, c'est ce que je n'aurais pu affirmer ; cela pouvait bien être l'un et l'autre. D'une loquacité intarissable, il voulait à toute force nous expliquer son plan de campagne ; sa face était d'un rouge cramoisi, de grosses gouttes de sueur perlaient sur son front et ses paroles étaient entrecoupées par quelque chose qui ressemblait à des sanglots. On avait eu grand mal à le faire coucher ; mais aussitôt ce point obtenu commença pour le malheureux une suite de ces brimades dont les casernes seules ont le secret. L'un lui versait consciencieusement dans le cou un verre d'eau bien fraîche ; un autre lui passait doucement sous le nez un balai pas très propre ; un troisième dessinait au cirage une tête de Méduse sur la partie la plus charnue de son individu ; tous en un mot s'ingéniaient à trouver des

moyens pour tourmenter agréablement le patient.
Celui-ci avait beau s'écrier, se défendre : vains efforts !
une partie de la nuit fut employée à le martyriser.
Insouciance de la jeunesse ! on songeait à rire, à se
divertir, sans se rendre compte de la gravité de la
situation, sans s'inquiéter du danger, qui pourtant
était proche.

Cependant les travaux de toute nature étaient poussés activement. Le conseil de défense, composé de
MM. Terquem, commandant supérieur, président,
Duval, commandant le 4º bataillon d'infanterie,
Michaut, commandant la batterie d'artillerie, Schirmann, capitaine du génie et Hamen, capitaine-com-
mandant de place, membres, hâtait les préparatifs tant
à l'extérieur qu'à l'intérieur. A l'intérieur, les habitants
devaient s'approvisionner et prendre les mesures
nécessaires en cas de siège ; des farines et des bestiaux étaient réquisitionnés. A chaque porte de la
ville était un poste commandé par un officier. Une
surveillance très active devenait nécessaire ; déjà plusieurs espions avaient été découverts. Il faut bien dire
aussi que des fonctionnnaires trop zélés avaient traité
comme tels de braves cultivateurs qui s'en venaient
au marché ; mais « *errare humanum est* ». De nombreuses patrouilles parcouraient la ville en tous sens.

A l'extérieur, on construisait de fortes barrières de
pieux énormes pour protéger les ponts, qui restaient
constamment levés ; quelques ouvriers civils, recrutés
avec peine, prêtaient leur aide à la troupe. Les grands
arbres des contrescarpes de *Rome* et de *La Fau-*
varge, les plus belles et presque les seules promenades
de la ville, avait été impitoyablement abattus ; et là

où la veille encore on trouvait un endroit charmant,
un délicieux ombrage, il ne restait plus que débris,
que branchages coupés qu'enlevaient à la hâte les
habitants des classes pauvres. Du côté du port, l'aspect
était plus triste encore ; on avait mis le feu à de magnifiques tas de planches, de bois de construction qui
auraient pu servir de radeaux à l'ennemi et que les
propriétaires n'avaient pu faire enlever à temps ; toute
une nuit on voyait par dessus les remparts la lueur
rouge et sinistre de l'incendie.

Ce fut dans ces moments qu'une partie du bataillon
poussa une reconnaissance jusqu'à Blesmes. Sitôt son
retour, les canonniers furent nuit et jour à leurs pièces ;
une moitié veillait, tandis que l'autre couchait chez
l'habitant le plus voisin : le quartier était abandonné
et dès maintenant ne devait plus nous servir.

Dans la journée du 17, autant qu'il m'en souvient,
le général de Failly, avec son corps d'armée fort de
25,000 hommes, était repassé à Vitry, et s'était établi
au delà de la Marne, où il avait campé. C'était chose
navrante de voir ces soldats, qui s'en allaient naguère
riant et chantant, et qui maintenant revenaient sales,
déguenillés, décharnés, hâves, pleins de sang et de boue.
L'ennemi étant presque en contact avec eux, il était
supposable qu'une bataille allait être livrée dans les
environs ; en ce cas, la place aurait pu prendre part
à l'action en protégeant nos troupes sous ses murs.
Mais le lendemain tout avait disparu, le camp était
levé, le corps de Failly se repliait sur Châlons et le
camp.

Les terrassements et les travaux de tout genre s'a-
vançaient donc, mais au détriment de l'instruction

militaire. Il aurait été matériellement impossible aux mobiles de se former ou de marcher en ordre, et surtout de se servir utilement de leurs armes. La plupart de celles-ci d'ailleurs étaient défectueuses et destinées à être réparées ; beaucoup n'auraient pu faire feu ou auraient été moins dangereuses pour l'objectif que pour les tireurs ; les baïonnettes ne pouvaient être que difficilement ajustées ; une quantité notable de fusils ne pouvaient même en recevoir. Divers essais avaient démontré qu'une grande quantité de projectiles pleins n'étaient pas calibrés et ne pouvaient entrer dans l'âme des pièces.

Les 19, 20 et 21, le commandant Terquem fit connaître par dépêches successives à M. le ministre de la guerre la situation exacte de la place et son impossibilité de pouvoir tenir avec les éléments de résistance qu'elle renfermait ; le commandant Duval informait pareillement le général commandant la 4e division militaire. De ce côté, aucunes instructions ne parvenaient, aucun ordre n'était donné ; le général qui avait succédé au marquis de Liniers avait envoyé le 19 un officier d'ordonnance apportant quoi, un tableau de service journalier ! Quant au ministre de la guerre, il répondit le 21 seulement, « qu'en présence de la situation, il prescrivait à nouveau, si Vitry devait être attaqué, de faire sauter le pont du chemin de fer (c'é tait déjà fait), et de rallier l'armée française avec le bataillon de mobiles. »

Ce même jour 21, le colonel de gendarmerie qui commandait alors à Châlons fit savoir qu'il allait envoyer à Vitry un renfort de 400 hommes de troupes régulières. Il n'y avait pas à hésiter ; le devoir ordonnait d'attendre ce renfort. Mais il ne vint pas, et l'ennemi fut bientôt à nos portes.

Le 22, le bruit se répandit qu'un corps de cavalerie allemande s'approchait, parcourant et dévastant les campagnes voisines. Cette nouvelle n'était que trop vraie. Dans l'après midi, on aperçut quelques uhlans sur la route de Saint-Dizier ; l'un d'eux poussa l'audace jusqu'à s'approcher de la barrière qui fermait l'entrée du pont ; il dit même, en français, quelques mots de la brasserie Lacombe, où il avait été employé peu auparavant. L'officier de garde avait grand peine à empêcher ses hommes de tirer sur ce cavalier, car c'eut été aussi dangereux pour les curieux qui l'entouraient que pour lui-même. Il tourna bride au bout de quelques secondes et repartit au galop ; un mobile, incapable de se maîtriser davantage, lui envoya un coup de feu qui ne l'atteignit pas, et auquel il répondit par un geste qui n'est pas encore admis dans la bonne société.

Chaque jour allaient en reconnaissance aux alentours, des détachements de mobiles et de volontaires de la gardenationale sédentaire, qui était en voie d'organisation. Le 24, une fusillade assez vive était dirigée du bois Cagnion contre quelques uhlans qui, ne s'attendant pas à semblable réception, s'étaient avancés sur le territoire de Frignicourt. Du haut des parapets nous voyions ces cavaliers effarés courir de côté et d'autre, déchargeant au hasard leurs pistolets contre une grange, contre la sucrerie, ne retrouvant pas de chemin pour s'enfuir ; ils y parvinrent cependant à la tombée de la nuit, mais un ou deux, dit-on, furent blessés.

Cette journée du 24 devait décider de notre sort. La veille, deux dépêches étaient envoyées à l'état-major de la place; la seconde, conservée aux archives de l'Hôtel-de-Ville, est libellée en ces termes :

Le ministre secrétaire d'Etat de la guerre confirme sa dépêche télégraphique en date de ce jour adressée à M. le commandant du génie à Vitry-le-François et ainsi conçue :

En évacuant la place emportez et détruisez, si vous pouvez, matériel utile à l'ennemi. Mais surtout, faites sauter, de concert avec la Compagnie de l'Est, ponts et tunnels du chemin de fer.

Paris, le 23 Août 1870.

P. le Ministre et par son ordre,
Le général directeur,
Signé : VÉRONIQUE.

On attendait, on espérait toujours l'arrivée des quatre cents hommes annoncés de Châlons; sans parler du concours qu'ils auraient pu prêter à la défense, dans leur intérêt même on ne pouvait abandonner la ville et les laisser seuls à leur tour. Il fut répondu en ce sens; mais le lendemain, rien n'apparaissant encore il ne fallait plus guère compter sur ce renfort. Le ministre en fut avisé et répondit par cette nouvelle dépêche :

Guerre à commandant supérieur de Vitry-le-François

Paris, 24 Août, 3 h. 10, soir.

Ne quittez pas Vitry sans faire sauter le pont du chemin de fer qui n'est pas nécessaire à la garnison pour se retirer. Je vous rends responsable de l'exécution de cet ordre qui a déjà été donné au commandant du génie.

Puisque nous en sommes aux dépêches, citons cette dernière. Le général commandant la division, qui ne nous envoyait pas les troupes régulières promises, savait cependant que nous les attendions, que nous étions encore ce jour là 24 à Vitry, puisqu'il télégraphiait de Reims à 9 h. 20 du matin :

Général commandant la 4ᵉ division militaire,
à commandant supérieur de Vitry.

Renseignez-moi aussi exactement que possible sur le nombre et les mouvements de l'ennemi aux environs de Vitry, et la direction qu'il semble prendre. On me dit qu'il marche sur le camp.

Ces renseignements, le conseil de défense n'avait pas attendu d'ordres pour les prendre pour son propre compte. Des lettres et des avis de Possesse, de Vanault-les-Dames annonçaient qu'aucun éclaireur allemand n'avait été encore aperçu dans ce rayon. Du côté opposé, c'était une autre affaire. Une communication privée, faite au commandant vers midi, révélait des faits graves. Quelque chose de cette communication transpira probablement, car elle se répandit comme une traînée de poudre, et des racontars de tout genre passèrent de bouche en bouche.

On disait en substance qu'un homme à cheval était arrivé à bride abattue, faisant savoir qu'un corps nombreux de troupes prussiennes venait de paraître dans les environs. Dans l'auberge d'un village voisin était réuni son état-major, qui, autour d'une table couverte de plans et de cartes, discutait vivement sans se méfier de la domestique qui par hasard se trouvait alsacienne et comprenait toute leur conversation. Ces officiers avaient reçu des ordres supérieurs pour s'emparer de Vitry, et avaient résolu de bombarder la ville le lendemain matin 25 si les portes ne leur en étaient pas ouvertes. Pour cela ils avaient fait occuper les hauteurs de Blacy et de Montmoret par une artillerie formidable, qui, protégée par les bois, pouvait faire son œuvre sans même être vue. Voilà, — toujours d'après les on-dit, — ce que venait déclarer ce brave laboureur, qui, instruit par la servante de ce qui se passait, n'avait pas voulu nous laisser prendre à l'improviste. Peu importe du reste la façon dont cette communication était venue : elle était vraie.

D'autres avis informaient qu'une forte colonne d'artillerie et d'infanterie s'était déjà présentée dans les parages d'Ecriennes et de Thiéblemont.

Le commandant Duval fit immédiatement reconnaître la véracité de ces assertions par une reconnaissance composée de volontaires et commandée par le sous-lieutenant de Chamisso. Le rapport de ce dernier, à sa rentrée en ville vers cinq heures, donna la certitude des faits énoncés. Les Prussiens se dirigeaient déjà sur Cloyes et Norrois pour passer la Marne en amont de Vitry. C'était sur quelques-uns de leurs batteurs d'estrade qu'on tiraillait dans la plaine de Frignicourt.

En même temps, des mobiles envoyés jusqu'à Saint-Mard-sur-le-Mont revinrent, affirmant à nouveau qu'aucun Prussien n'avait été vu dans ces parages. Enfin, des voyageurs venant à pied de Châlons affirmèrent qu'un gros de cavalerie était à La Chaussée, fouillant le terrain de la vallée de la Marne et se dirigeant sur Châlons. (Le lendemain 25 en effet des uhlans poussèrent jusqu'à Mourmelon).

De son côté, le commandant Terquem informait la

municipalité de ce qui se passait, et lui demandait d'encourager les habitants et de les exciter à une résistance opiniàtre. Le conseil municipal s'assembla, et voici le texte exact de sa délibération :

L'an 1870, le mercredi 24 août, heure de 3 après-midi,

Le Conseil municipal de la ville de Vitry-le-François s'est réuni sur la convocation de M. Valentin, premier adjoint, faisant fonctions de Maire ;

Etaient présents : tous les membres du Conseil, à l'exception de M. le commandant Michaut, retenu par son service.

M. Valentin expose que M. le commandant supérieur lui a fait connaître la situation dans laquelle se trouvait la place par rapport à l'armée ennemie qui s'approche et doit incessamment l'attaquer ; il lui a demandé de provoquer de la part du Conseil municipal une délibération, à l'effet de faire un appel énergique au patriotisme de la population et surtout de la garde nationale sédentaire pour assurer la défense de la ville et résister aux forces ennemies.

Le Conseil, après en avoir délibéré,

Considérant, que la garde nationale sédentaire est à peine formée, qu'elle n'est pas exercée, qu'elle serait dans l'impossibilité de se servir utilement de ses armes, qu'on ne peut donc compter sur un concours efficace de sa part ;

Considérant que la ville de Vitry est dépourvue de toute force militaire, que la résistance qu'on y tenterait aurait pour résultat certain la destruction des édifices publics et privés et le sacrifice d'un grand nombre de citoyens ; que cette défense ne profiterait en rien au mouvement de l'armée française qui opère en ce moment loin de ses murs ;

Considérant que la garde mobile pouvait seule présenter quelque résistance, mais qu'elle-même n'est pas suffisamment exercée, ayant été presqu'exclusivement occupée aux travaux de la fortification ; que la compagnie d'artillerie (sic) est dans la même situation, qu'une défense sérieuse est donc impossible ;

Est d'avis et décide qu'il n'y a pas lieu de faire à la population et à la garde nationale l'appel patriotique réclamé par M. le commandant de place.

Il constate que la résistance, dans les conditions qui viennent d'être exposées, serait vaine et ne profiterait d'ailleurs à aucun intérêt public.

Ont signé : MM, VALENTIN, *adjoint.* — COSQUIN. — PERINET. — PATIN. — PESTRE. — FOURNEL. — CICILE-BÉNIT. — BERNARD-JACQUINET. — MARTIN, — CROCHET. — GODARD. — LECLERE-CICILE. — LAFFRIQUE. — SALLERON. — WIBERT. — PIAT. — PÉRIN-BERTRAND. — BERNARD LÉOPOLD. — BRION. — CAMUT. — VAST. — CHAVANCE.

Cette délibération fut communiquée au commandant Terquem, qui réunit le conseil de défense à huit heures du soir. Ses membres, après examen mûrement réfléchi de la position, décidèrent l'évacuation de la ville, subordonnant encore toutefois cette résolution suprême à l'assistance qu'il serait permis d'espérer des ressources civiles et des gardes nationaux. Le Maire fut prié de convoquer une dernière fois le conseil municipal ; à dix heures, une délégation seulement, composée de quatre membres, MM. Valentin, Périnet, Cosquin et Fournel, se présenta à l'hôtel de ville et reçut l'autorité militaire. Après le nouvel exposé de la situation, le commandant Terquem demanda catégoriquement et définitivement quel appui, quel soutien il pouvait espérer, soit de la population, soit de la garde nationale ; la réponse des conseillers fut également catégorique et définitive : nul appui, nul soutien.

Sur cette réponse et après avoir recueilli l'avis de

tous les présents, le commandant supérieur formula
la triste urgence d'une évacuation immédiate.

Cette mesure, devant l'extrémité de laquelle on
avait reculé le plus possible, s'imposait maintenant.
L'attaque était imminente et les travaux de défense
insuffisants ; nous avons dit dans quel état se trouvait l'armement. L'ennemi était nombreux et fort,
tandis que nous n'avions que des hommes, et pas de
soldats. Les armées françaises étant loin, la place
n'avait plus personne à protéger sous le feu de son
canon ; les maisons, bâties généralement en bois,
n'auraient pu supporter un bombardement, ne fût-il
pratiqué qu'avec des pièces de campagne ; la ville eût
été réduite en cendres sans arrêter, sans retarder
même les Prussiens dans leur marche offensive.

L'évacuation était donc décidée ; restait à arrêter
de quel côté elle allait s'effectuer. Séance tenante le
conseil de défense agita cette question capitale.

La présence de l'ennemi étant constatée sur les
routes de Sézanne, de Châlons, de Montier-en-Der et
de Saint-Dizier, le seul moyen vraisemblable de lui
échapper était de prendre au nord-est la ligne de
Vanault, les plateaux de Possesse et de Saint-Mard,
de gagner l'Argonne, Sainte-Menehould, puis Reims,
où tout portait à croire que nous rallierions quelque
fraction de nos troupes. Cet itinéraire fut étudié et
discuté ; le commandant Michaut opinait pour que
l'on suivit les bords du canal jusqu'à Châlons ; le capitaine Schirmann penchait toujours pour la défense
de la place. Finalement, à la majorité des voix, la direction de l'Argonne fut adoptée, et le conseil se
sépara.

Il n'y avait pas de temps à perdre ; tout aussitôt le commandant Duval prévint lui-même ses postes ; tous furent ralliés, excepté un seul qui avait quitté sans ordre sa position aux abords du Désert.

Fatigué des travaux de la journée, je m'étais couché dès huit heures et demie, en attendant le moment de la ronde. M. Henriet, chargé de la surveillance des bastions 3 à 4, à proximité de chez moi, partageait mon lit. Il pouvait être minuit et quelques minutes et nous dormions d'un sommeil profond, quand tout à coup on frappe violemment à la porte. J'ouvre en toute hâte : c'était le commandant Michaut venant nous donner l'ordre de rassembler au plus vite nos hommes, qui étaient à leurs pièces, et de les ramener au quartier. On s'habille le plus promptement possible, et l'on part chacun de son côté. J'avais pour mission de parcourir les bastions 5, 6 et 7, c'est-à-dire depuis la porte de Saint-Dizier jusqu'à la porte de Sézanne ; au milieu de la complète obscurité qui régnait il n'était pas facile de marcher sur ces remparts, semés d'obstacles de tout genre, et coupés à chaque pas par d'énormes fosses dont il eut été fort peu agréable d'aller visiter le fond.

En moins d'un quart d'heure, toute la batterie était réunie et se rendait ensuite dans la rue de Vaux où l'infanterie se rassemblait en même temps et prenait la droite. Je revins chez moi à la hâte, prendre quelques effets indispensables que je confiai à un mobile de Bar-le-Duc qui n'avait pu rejoindre, mis en subsistance à la batterie le soir même, et non armé. En fait d'armes, les hommes n'emportaient que leurs fusils et chacun 12 cartouches ; il ne fallait pas songer à enlever le matériel roulant, faute de harnachements, d'attelages et de conducteurs.

Les préparatifs du départ ne furent pas longs. Les troupes qui évacuaient la ville étaient ainsi composées: le 4ᵉ bataillon d'infanterie, qui, s'étant accru par l'arrivée de retardataires et de divers contingents, comptait à peu près 1200 gardes mobiles, dont 104 sous-officiers et caporaux ; la batterie d'artillerie ; le détachement du 2ᵉ régiment de l'arme; et quelques gendarmes: en tout environ 1500 hommes, 31 officiers, un garde d'artillerie, un garde du génie. Le commandant Terquem et son ordonnance Ruhlmann, le lieutenant Rageot et quatre gendarmes étaient seuls montés. Il y avait avec nous M. de Courson, receveur des finances, qui avait placé sur la voiture à bagages sa caisse contenant une cinquantaine de mille francs ; MM. de Trégomain, percepteur de St-Amand, et Vallette, percepteur de Sermaize, qui suivaient leur chef ; enfin quelques troupiers en convalescence à l'hôpital et qui n'avaient pas voulu y rester. La garde nationale sédentaire devait profiter du reste de la nuit pour cacher ou détruire ses armes, enclouer ou jeter les canons dans les fossés, noyer les poudres, etc.

Notre réunion s'était opérée en si bon ordre et avec si peu de bruit que bien peu des habitants de la rue de Vaux s'étaient réveillés. Je n'en vis que çà et là quelques uns sur leurs portes, entr'autres M. Simonnet, relieur, le dernier Vitryat auquel j'adressai la parole. Enfin on était prêt : on se mit en marche. A l'intersection des deux rues de Vaux, la batterie fit halte pour fournir un guide au capitaine Hamen, qui prenait l'avant en voiture. Ce temps d'arrêt nous força à prendre le pas de course pour rejoindre le bataillon, qui avait continué sa marche et était déjà près du pont des *Marvis*. Nous étions au jeudi 25 août : une heure du matin sonnait au moment où la porte de Châlons se refermait derrière nous.

CHAPITRE II.

Le Départ.

On marchait en silence et d'un pas rapide, l'infanterie par quatre, l'artillerie par deux. On atteignit bientôt le bas de la côte de Vaux, où l'on fit une première halte de quelques minutes. Il était à craindre que l'ennemi, voulant cerner la ville et se rendre maître de toutes les routes y aboutissant, n'eut déjà occupé cet endroit ; aussi était-il prudent de s'en assurer avant d'aller plus loin. Rien ne paraissant suspect, on se remit en marche. Vers le milieu de la montée, au coude que la route fait à gauche, un incident extraordinaire, incompréhensible, se produisit. Je ne sais ce qui se passa, je ne sais si un bruit insolite se fit entendre, mais voilà que tout à coup un monvemeht désordonné se produit, une panique indescriptible s'empare de ceux qui sont au milieu de la colonne. Ils se jettent pêle-mêle à droite et à gauche dans les vignes et dans les buissons ; ceux de derrière, ne sachant de quoi il s'agit, imitent instinctivement leur exemple : en un clin d'œil la route est vide, sans un mot, sans un cri.

Le piétinement de tous ces hommes, le cliquetis de leurs armes qui s'entrechoquaient me firent croire positivement à une charge de cavalerie ; ce fut du reste, au premier instant, la conviction de la plupart des officiers. Je me jetai donc sur le côté, ou plutôt j'y fus entraîné, transporté sans me douter de quelle façon, et j'attendis. Au bout de quelques minutes, rien n'apparaissant, rien ne se faisant entendre, les hommes sortirent peu à peu des vignes et reprirent leurs rangs. Dans la suite, plusieurs prétendirent que ce qui les avait fait écarter si violemment était une voiture lancée à fond de train sur la pente de la côte, mais rien n'est plus faux : ceux qui marchaient à l'avant ne se doutaient nullement de ce qui se passait derrière eux et n'ont rencontré aucune voiture ; j'avais moi même les yeux constamment fixés sur la route, et je n'ai absolument rien vu.

Le voyage commençait mal. Quelques-uns perdirent leurs fusils, quelques autres leur mince bagage. Le cheval du commandant Terquem, effrayé d'une semblable confusion, fit un tel écart qu'il désarçonna son cavalier. Celui ci eut un pied légèrement foulé et ne put retrouver son képi ; il le remplaça par un couvre-nuque en toile blanche que lui prêta le lieutenant Henriet. D'autres légers accidents arrivèrent pendant la bagarre ; le lieutenant Jaunaux reçut au genou un coup de baïonnette.

L'ordre étant enfin rétabli, on continua à s'avancer sur Graveline, mais sans aller jusque-là ; en face le chemin de Couvrot, entre les bornes kilométriques 29 et 30, on prit à droite un chemin de traverse tortueux, difficile, mais qui, tout en offrant plus de garanties,

de sécurité que la grande route, nous conduisait directement dans la direction convenue, en passant derrière
le Mont-de-Fourche. Les précautions d'usage en
pareille circonstance étaient rigoureusement obser-
vées : aux endroits où une embuscade était à redouter, on faisait une halte pour explorer les environs et
et s'assurer de leur solitude. Bien des cœurs battaient
alors ; on n'entendait plus le moindre bruit dans les
rangs ; les vantards, les loustics eux-mêmes, plus sobres de leurs plaisanteries,

> Imitaient de Conrart le silence prudent.

Nous suivions les guides et marchions sans savoir
au juste où nous nous trouvions ; la nuit était très
noire, et les sentiers suivis complètement inconnus de
la plupart d'entre nous. Au petit jour, on commença à
se retrouver ; un village fut aperçu et laissé sur la
gauche : c'était St Quentin. Avec l'aurore renaissaient
la confiance et la gaîté ; les conversations s'animaient,
les rires devenaient bruyants et, si l'on n'y eut mis le
holà, quelques chœurs peu édifiants déjà se faisaient
entendre.

On parvint bientôt à Bassuet. Les habitants, qui
commençaient à se lever, nous regardaient d'abord
passer avec un ébahissement profond, ne sachant ce
que c'était que cette troupe d'hommes habillés si di-
versement, mais cependant armés et groupés et en
ordre militaire. Ils nous reconnurent bien vite
d'autant plus qu'il y avait parmi nous plusieurs enfants du pays ; alors ce fut à qui offrirait du vin, du
pain et des vivres, toutes choses que ne faisaient aucune difficulté d'accepter messieurs les mobiles, dont
l'appétit, malgré l'heure matinale, était singulière-

ment éveillé. On ne s'arrêta pas pour cela, et les provisions saisies par quelques-uns au passage furent englouties en marchant. Là, on versa les premières larmes ; les jeunes gens de l'endroit, obligés de nous suivre, avaient grand peine à s'arracher des bras de leurs parents, comme s'ils avaient eu le pressentiment de ne pas les revoir de sitôt.

Nous passâmes Bassu et nous arrivâmes à Vanault-le-Châtel vers les six heures du matin. Tout le monde paraissant ressentir les atteintes de la fatigue, on résolut de s'arrêter une demi-heure et de profiter de ce repos pour prendre quelque nourriture. Comme les auberges ne pouvaient nous contenir tous, beaucoup entrèrent dans les maisons particulieres pour y demander à déjeuner ; les propriétaires du reste n'attendaient pas la demande et nous y conviaient avec empressement. On ne choisissait pas, on entrait pêle-mêle par la porte la plus proche, en gens pressés. Je me trouvai avec l'adjudant Vallet, de l'infanterie, et le canonnier Courtaillez chez de bien braves gens, dont je regrette de ne pas savoir le nom, qui nous accueillirent avec la plus parfaite cordialité. En quelques minutes ils nous confectionnèrent une succulente omelette au lard qui fut consommée aussi vite, et arrosée de quelques flacons d'un petit bleu auquel j'ai songé bien des fois depuis. Malgré nos instances pour faire accepter à nos hôtes le paiement de ce qu'ils nous avaient servi, ils ne voulurent absolument rien recevoir. Les autres habitants du village, d'ailleurs, furent tout aussi désintéressés ; certains même amenèrent et défoncèrent sur la place quelques tonneaux de vin, dans lesquels chacun allait boire à l'aise ou remplir son bidon.

A ce moment, nous rejoignit le canonnier Beaufremez qui, de planton à la place, était autorisé à coucher en ville et n'avait été prévenu de notre départ que deux heures après. Fidèle à son devoir et voulant nous rejoindre, il s'était fait amener en voiture jusque-là.

La cavalerie prussienne campée aux environs de Vitry, nombreuse et bien montée, aurait encore pu facilement nous poursuivre et nous atteindre, si elle avait eu vent de notre retraite. Il n'y avait donc pas à s'endormir dans les délices de cette nouvelle Capoue, aussi ne s'y arrêta-t-on que juste le temps nécessaire; et nous quittions à peine la maison où nous avions déjeuné, que la colonne, déjà reformée, s'ébranlait pour continuer la route. Au lieu de passer par la ligne des villages Bussy-le-Repos, Contault, St-Mard, etc., la plus élémentaire prudence recommandait d'appuyer à gauche; ce que nous fîmes. Nous nous engagions forcément dans des chemins d'usage peu ou pas entretenus, semés d'ornières, si étroits que la majeure partie des hommes, obligés de marcher à travers champs, n'avançaient que lentement et avec peine. De plus, ce n'étaient que côtes à monter et à descendre; le soleil était déjà chaud, et déjà quelques traînards s'échelonnaient en queue de la colonne. Pour les maintenir et en même temps escorter la voiture qui, outre des fonds et des bagages, transportait aussi quelques caisses de cartouches, une arrière-garde fut formée sous les ordres du lieutenant Henriet.

Nous suivions alors le chemin de la Serre, et bientôt nous traversions la voie romaine, vers le signal de la croix Molveau. Nous marchions depuis environ trois heures sans avoir rencontré une seule habitation, un seul individu, et nous étions peut-être à douze kilomètres de Vanault-le-Châtel, quand, à une petite halte, un bruit circula dans les rangs. Un cultivateur avait, disait-on, quitté le travail auquel il se livrait dans un champ voisin et était accouru vers le commandant, le prévenant que la veille au soir et le matin même un corps d'armée allemand, composé d'au moins dix mille hommes, venait d'occuper toutes les communes environnantes. Il nous conseillait de retourner si nous ne voulions nous jeter en plein ennemi.

Cet incident est-il vrai, ou n'a-t-il existé que dans certaines imaginations fantaisistes? Pour nous, qui nous trouvions à l'arrière, nous n'avons pu contrôler le fait et n'avons pas vu cet homme qui venait, soi-disant, nous avertir. Nous avons consulté bon nombre de mobiles qui se trouvaient à l'avant et qui ne l'ont pas vu davantage. D'autres, par contre, prétendent avoir eu connaissance de ce courrier volontaire qui se dirigeait vers nous, mais sans pouvoir dire dans quel but, sans préciser à qui il s'est adressé. A quel commandant cette communication aurait-elle donc été faite? A MM. Terquem ou Duval, puisqu'ils n'étaient qu'eux deux du grade; or tous deux ont affirmé n'avoir reçu aucun avertissement de ce genre, et tous deux sont également dignes de foi. Quoiqu'il en soit, et en admettant que quelqu'un ait été réellement prévenu, il était matériellement impossible de retourner. Où? à Vitry, qui était à cette heure déjà occupé par les Prussiens? Se jeter à droite ou à gauche était également inutile et même dangereux ; nous étions entourés de villages suspects, le meilleur parti à prendre semblait être de les éviter et de suivre notre

direction première. Chaque pas du reste nous rapprochait du but convenu, Ste-Menehould et la forêt de
l'Argonne, que nous espérions gagner prochainement
et où nous aurions été à peu près en sûreté. Malheureusement, ce chemin de la Serre suit généralement
la crete des collines, et nous pouvions être aperçus à
une grande distance. Ce fut ce qui arriva.

Arrivés à peu près à hauteur d'Epense, que nous
laissions à deux kilomètres sur la droite, des indices
sur lesquels il eut été naïf de s'abuser révélèrent au
loin la présence de l'ennemi ; sur toutes les routes à
l'horizon de droite s'élevaient d'épais nuages de poussière et une couleur sombre tranchait sur la couleur
naturelle du sol. Il était à ce moment environ dix
heures. Presqu'aussitôt on put distinguer deux escadrons de cavalerie se détachant de la masse et se
dirigeant au trot de notre côté. Ils s'arrêtèrent à 1500
mètres environ et détachèrent des vedettes pour venir
nous reconnaître.

Le commandant Duval, énergiquement et puis-
samment aidé par le capitaine Dautry, du 65e de ligne,
put à grand peine faire sortir des rangs une centaine
d'hommes qu'il disposa en tirailleurs en opposition à
ceux qui arrivaient sur nous, et fit ouvrir sur eux un
feu qui fut et ne pouvait être, par l'inexpérience de
nos tireurs, que complètement inoffensif. Les cavaliers,
distants de 1,000 mètres, pouvaient d'ailleurs braver
impunément les balles des fusils à tabatière, dont la
portée efficace était de 600 au maximum. Aussi
ne se firent-ils pas faute de nous examiner longuement, s'approchèrent encore davantage, caracolant

tout le long de notre ligne, cherchant à découvrir à quel genre de troupes ils avaient affaire et en supputant le nombre. Leur reconnaissance terminée, et convaincus, par la direction que nous prenions, que nous ne pouvions leur échapper, ils rejoignirent rapidement leurs escadrons qui à leur tour rallièrent des colonnes se dessinant nettement dans un horizon de plus en plus rapproché.

Ce ralliement, quelques-uns des nôtres le prirent pour une retraite et le saluèrent joyeusement ; il n'y avait pourtant aucune illusion à se faire sur sa valeur ; le combat était dès lors inévitable. Quelques tirailleurs, enhardis, s'obstinaient à envoyer leurs balles dans le vide ; on peut dire même en toute vérité qu'ils jetaient leur poudre aux moineaux, car plusieurs eurent l'inqualifiable sottise d'avouer qu'ils avaient tiré sur de petits oiseaux qui passaient à leur portée. D'autres, restés dans le rang et aveuglés par je ne sais quel sentiment, criaient à leurs camarades : « ne tirez pas, ce sont des Français ! » Les uhlans en effet, corps auquel appartenaient ceux qui nous avaient reconnus, ont de loin quelque ressemblance avec nos lanciers ; à un moment ils étaient assez près pourtant pour que l'on put distinguer leurs culottes noires et la flamme de leurs lances, noire et blanche, leurs couleurs nationales.

Dès l'apparition des éclaireurs ennemis, bon nombre de mobiles, la plupart appartenant à l'arrondissement de Ste-Menehould, que nous traversions alors, s'esquivèrent prudemment et regagnèrent leurs villages par des chemins détournés. Ces hommes, abandon-

nant leur poste au moment du danger, ont fait preuve
d'une couardise qui inspire le mépris à tous leurs
compagnons. Tandis que les gens de cœur se battaient,
rejoignaient l'armée ou souffraient en exil, ils sont
restés paisiblement dans leurs foyers, comme des
lâches. La plupart disent aujourd'hui qu'ils ont pu
s'échapper à la Basse ou à Passavant; mensonge! à
ces deux affaires bien peu ont réussi à se sauver; le
devoir, en tout cas, ordonnait de rejoindre un corps
quelconque, n'importe où, coûte que coûte. Le devoir,
ce n'était qu'un mot pour ces misérables. Et ils sont,
hélas! trop nombreux: cinq cents, environ, qu'il serait
facile de retrouver exactement, avec l'effectif du départ, celui des morts et des blessés, celui des prisonniers. Nous ne voulons pas nous livrer à cet écœurant
travail; les infâmes, grâce à l'abaissement et au
désordre dans lesquels était tombée notre malheureuse France, ont pu échapper au châtiment et à la
sévérité des lois. Mais si leur front ne porte pas le
stigmate indélébile des flétris, s'ils croient qu'ils ne
reste aucune trace palpable de leur déshonneur. que
du moins le peu de conscience qui leur reste soit bour-
relé de remords, qu'ils souffrent du moins les plus
affreuses tortures morales, qu'ils voient leurs enfants
rougir de honte quand on parlera de leurs pères!

Il fallait à l'ennemi le temps de prendre ses dispositions. Nous continuâmes, pendant une demi-heure, à
suivre le chemin sans être autrement inquiétés. Une
marche plus accélérée fut ordonnée par le commandant
Duval, qui voulait gagner des habitations apparaissant proches et pouvant offrir un abri. Mais en même

temps, nous vîmes s'avancer au grand trot, par une route de droite et courant directement sur nous, un corps de cavalerie, un second, un troisième, un quatrième ; une batterie à cheval suivait. Comme il était désormais impossible de se soustraire à leur choc, on devait soit s'arrêter sur le sommet de la colline où nous occupions une assez bonne position, soit descendre froidement vers les quelques maisons, qui étaient en bas. Mais nul n'écoutait plus la voix des chefs ; la plupart des hommes perdaient la tête à l'avance ; tous descendaient follement la côte, comme un flot se précipitant par une digue rompue, et se dirigeaient vers les constructions de la ferme aperçue. L'endroit était encore excellent, si l'on avait eu le temps de s'y installer, de s'y retrancher, si l'on avait su profiter des avantages qu'il offrait ; et l'ennemi ne l'aurait certainement pas enlevé sans grandes pertes s'il eut été défendu seulement par deux cents hommes exercés. Mais au lieu de s'y établir solidement, quelques-uns seulement y restèrent, tâchant de s'y cacher ; d'autres allèrent se ranger un peu plus loin, d'autres enfin continuèrent à marcher ; l'arrière-garde avec la voiture arrivait d'un autre côté, de sorte qu'au milieu de tout ce gâchis et avant d'avoir eu le temps de se préparer à le recevoir, nous avions l'ennemi sur le dos.

CHAPITRE III

Le Combat.

Combat ! est-ce le terme qu'il faut employer pour parler d'une rencontre aussi inégale ! « Déroute » serait plus vrai. Cependant comme il y eut une certaine résistance, comme de chaque côté il y eut mort d'hommes, conservons le premier mot.

Avant donc d'entamer le récit de ce combat qui nous fut si fatal, il n'est peut-être pas inutile de faire connaître la disposition des lieux où il se livra. La ferme, dite ferme de la Basse, est une exploitation agricole assez importante située entre Dampierre-le-Château et Sivry-sur-Ante, sur le bord du chemin qui relie ces deux villages, et à cinq cents mètres du chemin de la Serre ; ses murs, construits généralement en torchis, eussent été faciles à créneler. Sur deux de ses abords, elle présente des obstacles sérieux pour des cavaliers :

des haies, des plantations, une mare d'eau assez étendue, une sorte de petite carrière. Un peu plus loin, au
milieu des champs, se trouvait une meule de paille
autour de laquelle beaucoup de nos hommes allaient
s'abriter ; entre la ferme et la meule s'étendent une
haie vive et une ligne de peupliers, protégées par un
petit fossé. A quelque distance de la meule, vers la
gauche en regardant de la ferme et derrière un léger
accident de terrain, est un bouquet de bois vers lequel
on voyait se diriger de nombreux fuyards dès les
premiers coups de feu. En tout autre moment on eut
bien ri à les voir : ceux-là même qui tout à l'heure
se plaignaient de la fatigue et semblaient ne plus pouvoir mettre un pied devant l'autre avaient en cet instant
retrouvé leurs jambes, et galopaient de manière à
rendre des points aux meilleurs chevaux de course.
Ils n'y gagnèrent rien, au contraire, et furent plus
écharpés que ceux qui firent résolument face à l'ennemi. Les officiers avaient beau rappeler, prier, mena-
cer même ces hommes affolés par la peur ; ils étaient
sourds, et imitaient à qui mieux mieux le fameux
chien du seigneur de Nivelle. Ainsi ce fut entre ces
quatre points, ferme, haie, meule et bois, que se con-
centra l'action.

A peine la 1re compagnie du bataillon arrivait-elle
près des constructions de la Basse, que la cavalerie
ennemie descendait la côte par le chemin venant de
Sivry et prenait son ordre de bataille. Cette cavalerie
se composait de lanciers, de hussards et de quelques
pelotons de cuirassiers en réserve. Pendant ce temps
l'artillerie se mettait en batterie plus à droite, à une

distance de deux cents mètres au maximum, aux abords de la carrière.

Quand la lutte s'engagea, nous étions donc disposés de cette façon : dans la cour de la ferme, la voiture de bagages et deux voitures de cantiniers allemands que le sous-lieutenant Chastelain, suivi d'un gendarme, avait ramassées sur notre route quelques minutes auparavant ; dans les bâtiments, plusieurs mobiles et quelques hommes sans armes, entr'autres le receveur des finances, qui, grâce à un déguisement, ne fut pas inquiété et put sauver sa caisse ; le commandant Michaut et moi, à la tête d'une cinquantaine de nos canonniers que nous étions parvenus à rallier, derrière la haie, le long des peupliers. Autour de la meule de paille, le commandant Duval avec les capitaines du 65e et le capitaine Bassuet sur sa gauche, le capitaine Laffrique sur sa droite, déployaient à cette heure décisive la plus grande activité, et, avec un calme et un courage dignes des plus grands éloges, cherchaient à maintenir autour d'eux les débris de leurs compagnies éparses. Le lieutenant Rageot et les artilleurs de la ligne étaient également aux environs de la meule ; tout le reste se hâtait de gagner le bois.

Nous étions à peine arrêtés que le canon grondait et que les obus volaient en sifflant autour de nous. Les premiers surtout passèrent si peu au-dessus de notre groupe que bien nous en prit, je crois, de baisser la tête. L'un écrase en plein dos un homme qui se tenait près de M. Girardon, garde d'artillerie, non loin de la meule ; un autre s'enfonce et éclate en terre

à une vingtaine de mètres de nous, ne touchant personne. Ces projectiles provoquent une nouvelle déban-
dade ; une partie de ceux qui jusque-là avaient fait
bonne contenance cherchent leur salut dans la fuite,
sans que nul pouvoir humain puisse y faire obstacle.
L'artillerie cesse bientôt son feu, les cavaliers commençant en effet à pousser leur première charge contre ces malheureux. Se sentant serrés de près, ils ont
alors l'instinct de la défense, se retournent, déchargent leurs armes, culbutent deux ou trois chevaux,
touchent quelques ennemis ; ceux-ci ripostent avec
leurs pistolets et leurs mousquetons, puis mettant le
sabre à la main ou la lance en arrêt, continuent
d'avancer en poussant des hourras formidables. Sur
ce point, un assez grand nombre des nôtres sont atteints ; ayant à peine le temps de recharger leurs fusils, ils les jettent à terre, ainsi que leurs cartouches,
et se remettent à courir de tous côtés, terrifiés, éper-
dus. Leurs cris, joints aux hurlements sauvages des
Prussiens, augmentent encore le désordre.

Cependant d'autres escadrons chargent sur nous et
surtout sur la meule, où la résistance est assez vive.
Ils sont restés là quarante hommes tout au plus, avec
les officiers précités. Les canonniers du 2e régiment,
plus aguerris, gardent leur sang-froid et visent à
coup sûr ; les rares mobiles qui les entourent, encou-
ragés par leur exemple, se défendent en braves ; de
part et d'autre il y a des morts et des blessés. Mais
une charge succède à une autre : le nombre des ennemis va toujours grossissant. A ce moment nous avons
la douleur de voir le sous-lieutenant Lorette, frappé

mortellement d'un coup de lance à la tête, chanceler comme un homme ivre et tomber la face contre terre (1). Le sous-lieutenant de Chamisso a son revolver brisé dans la main par un projectile ; d'autres officiers, ensanglantés, gisent sur le sol. En revanche, un officier supérieur de uhlans est tué, ainsi que le trompette qui le suit. Cette perte (2) exaspère les Prussiens et les fait redoubler d'acharnement : ils renversent tout ce qui se trouve sur leur passage. La résistance est maintenant impossible ; il faut se rendre. Nous faisons lever la crosse en l'air aux quelques uns qui sont restés avec nous ; M. de Trégomain s'avance en parlementaire, agitant un mouchoir blanc ; il tombe aussitôt, blessé grièvement par plusieurs coups de feu. Quoiqu'à notre attitude il soit facile de voir que nous ne nous défendons plus, on n'en continue pas moins pendant quelques minutes à nous sabrer et à tirer sur nous ; plusieurs mobiles sont tués avec leurs propres armes qu'ils viennent de rendre.

La poursuite des fuyards continue, et déjà de nombreux prisonniers sont ramenés. D'un peloton de uhlans arrêtés à cinquante pas de nous un jeune officier se détache, vient prendre par la main le commandant Michaut et l'entraîne au milieu de ses soldats. Je le suis, et l'on m'intime l'ordre, avec force gestes peu rassurants, de me débarrasser de mon sabre ; on va même jusqu'à s'assurer que ma sacoche et mes

(1) Nous le croyions tué sur le coup, mais nous sûmes plus tard qu'il n'était mort que quelque temps après, à la suite de souffrances inouïes et sans avoir repris connaissance.

(2) Le commandant von Friesen, allié à la famille royale et fort bien en cour. Il reçut plusieurs balles et fut enterré dans le cimetière de Sivry.

poches sont bien vides. J'avais eu la précaution de glisser dans mon caleçon mon porte-monnaie, ma montre et mon couteau, objets qui me furent plus tard d'une grande utilité, et qui furent volés à un grand nombre d'entre nous par les soudards qui nous fouillaient vilement. C'est ainsi que le trompette Desanlis s'était vu arracher sa montre : le même lieutenant auquel nous nous étions rendus la lui fit remettre aussitôt, en admonestant sévèrement le pillard. Cet officier, qui parlait couramment le français, s'entretint assez longuement avec nous, ainsi que son colonel, avec une certaine courtoisie. Mais sitôt qu'ils eurent le dos tourné, l'ennemi qui jusqu'alors nous avait attaqués et vaincus en soldats, ne fut plus pour nous que brutal et cruel. Un hussard, poussant son cheval contre le commandant Michaut et moi, nous enleva et jeta nos képis, que j'eus soin de ramasser de suite. Tous ne s'en tirèrent pas à si bon marché ; la plupart de nos compagnons furent maltraités, ramenés à coups de hampe de lance et de plat de sabre. Le commandant Duval fut frappé vingt fois et roulé tout autant par terre ; les injures, les épithètes les plus grossières ne nous furent pas épargnées. Le lieutenant Rageot fut forcé de donner sa giberne à deux ou trois uhlans qui le bousculaient et se disputaient pour la lui prendre. L'un d'eux tenait en main une balle de nos fusils, et, étonné de la grosseur de son calibre, criait en nous la montrant : « Assassins ! vous êtes des assassins ! vous avez tué notre major ! avec quoi ! avec des armes dont les gens civilisés ne se servent pas ! »

Il serait impossible de rapporter les outrages dont nous fûmes abreuvés, les insultes qui nous furent prodiguées et que nous étions obligés de subir, courbant le front, la rage au cœur.

Si des actions blâmables, si des défections sont à reprocher à certains des nôtres, par contre bien des actes de courage et de dévouement, qui sans doute resteront toujours ignorés, ont été accomplis. Citons quelques exemples : le lieutenant Henriet releva dans la mêlée le capitaine Charvais, blessé, et qui put lui glisser un sac contenant l'argent de ses hommes ; le sergent Laurent, de la 7e compagnie, tira de dessous les pieds des chevaux le capitaine Dautry, également blessé, le chargea sur ses épaules et le porta dans un champ de luzerne où étaient déjà étendus plusieurs de nos camarades. Le maréchal-des-logis chef Aubry, de la batterie, fut atteint à la main en se battant vaillamment ; un mobile du bataillon, dont le nom m'échappe, tint tête à lui seul à plusieurs uhlans, en abattit deux ou trois, se défendit jusqu'à épuisement de ses cartouches et fut tué glorieusement. Outre les noms déjà cités, le sous-lieutenant Charles, le sergent Rogerat, le fourrier Ecoutin, le volontaire de Thélin se conduisirent bravement et en hommes de cœur. Nous ne pouvons malheureusement raconter tous ces traits de valeur, d'héroïsme même, qui consolent un peu des autres.

On nous mena auprès d'une partie de nos hommes déjà prisonniers, qu'on avait fait placer sur deux lignes et que l'on était en train de compter. Une autre partie était rangée plus loin en rapprochant de Sivry, à genoux et dans une attitude suppliante ; c'est qu'en face les Prussiens ne cessaient pas leurs menaces et leurs vociférations. Voyant nos soldats sans uniformes, ils s'obstinaient à les prendre pour des francs-tireurs, paraissaient résolus à ne pas leur faire grâce et déjà les couchaient en joue ; ils ne s'apaisèrent que devant les réclamations reitérées du commandant Duval qui, bravant tout, avec une ténacité et une énergie dont on ne s'est pas assez rendu compte, parvint à leur faire reconnaître l'erreur en leur mettant sous les yeux des papiers prouvant que nous étions bien un corps régulièrement constitué.

Nous restâmes sur place environ une heure, que nos vainqueurs passèrent à nous compter et à nous recompter plusieurs fois, trouvant finalement un chiffre de 843 hommes plus 27 officiers ; ensuite on nous fit rejoindre l'autre groupe. Pendant ce trajet, j'aidai le maréchal-des-logis Gourguillon à soutenir son collègue Batonnier, qui avait reçu un coup de lance dans la mâchoire et un dans les reins. Puis on sépara les officiers des soldats et on les amena dans le champ de luzerne dont nous avons parlé plus haut, auprès des quelques blessés qui y étaient réunis. Parmi eux se trouvaient les capitaines du 65e Charvais, qui avait un coup de lance dans le côté, Avecque, Dautry, le pouce droit presqu'entièrement séparé de la main, Barillier, un coup de sabre sur la tête ; Bassuet, du 4e bataillon, un coup de lance dans le côté; le lieutenant Rageot, un coup de lance dans la poitrine et un dans les reins; le lieutenant Henriet, un coup de lance et un coup de sabre sur la tête ; puis quelques

artilleurs de l'armée active et un plus grand nombre
de mobiles, parmi lesquels je reconnus seulement
Bailly, de la 7e compagnie, percé de 7 coups de lance ;
Rigaut et Carle, appartenant à la batterie, tous
deux grièvement atteints. Je m'approchai d'eux :
ils me reconnurent à peine.

Si nous avions des blessés et des morts, les Prussiens eux aussi en avaient de leur côté, en moins
grand nombre il est vrai, mais bien plus qu'ils n'en
ont avoué dans leurs dépêches ou leurs journaux. Tandis qu'ils n'annoncent que trois tués et trois blessés,
j'en comptai pour ma part huit rien que dans le très
petit espace de terrain que j'eus à parcourir.

Quoique l'escarmouche fut terminée, de nombreux
coups de feu se faisaient encore entendre autour de
nous : on déchargeait nos fusils, dont on brisait ensuite
la crosse.

Dans le petit bois s'étaient traînés quelques blessés,
qui y expirèrent pour la plupart. Ce fourré servit
également de refuge à une quinzaine d'hommes sains
et saufs, dont trois ou quatre seulement purent s'échapper, entre autres le capitaine Laffrique et le lieutenant
de Felcourt. (1) Les autres n'eurent pas semblable
chance, furent pris dans la journée et plus maltraités
même que nous. MM. Vallette, Girardon, etc. eurent les
mains liées derrière le dos, avec des cordes attachées
à la selle des uhlans, et les chevaux furent lancés au
grand trot. Ces martyrs d'un nouveau genre devaient

(1) Tous deux reprirent du service ; le premier fut commandant provisoire d'infanterie à Langres ; le second gagna
Paris et fut incorporé au bataillon de Châlons.

suivre, courir sans arrêt, ou tomber pour ne plus se relever. (1) De plus, soit méchanceté, soit ignorance des lieux, leurs conducteurs prirent un chemin long et détourné qui les mena jusqu'à Villers avant de nous rejoindre. A dix heures du soir, le maréchal-des-logis-chef Aubry et plusieurs cannoniers furent encore pris autour du bois dont ils cherchaient à sortir, et emmenés en Allemagne par une autre voie que celle que nous allions suivre.

Quelque temps se passa à considérer dans un morne silence ces mourants et ces blessés, auxquels des chirurgiens allemands faisaient un premier pansement. (1) Nous ne savions pourquoi on nous faisait si longtemps attendre en cet endroit, quand nous vîmes arriver, au milieu d'une nombreuse escorte, des cavaliers qu'à leur costume on reconnaissait pour des personnalités d'un rang élevé. L'un d'eux en effet n'était autre que le grand-duc de Mecklembourg, commandant la 6e division de cavalerie, contre laquelle nous nous étions heurtés. C'était un homme de quarante à quarante cinq ans, au regard dur, à l'air hautain, la figure encadrée d'une barbe longue et rousse, et le lorgnon à l'œil. Il s'avança près des officiers et les interrogea longuement. Il voulut savoir d'où nous venions, où nous allions, quelles étaient nos intentions en nous dirigeant de ce côté ; il termina en élevant la voix et en menaçant de faire passer par les armes les hommes qui n'avaient pas de cocarde ou de signe qui put les

(1) L'un d'eux en effet, Bourlier de Saint-Amand ne se releva pas. On retrouva son corps en lambeaux, meurtri par les cailloux du chemin.

faire admettre pour des soldats. A ces paroles, ceux
qui dans la bagarre avaient perdu leur cocarde se
hâtent d'en confectionner une imitation avec des
blouses et des mouchoirs déchirés. Heureusement
cette nouvelle menace, qui à juste titre en fit pâlir
plus d'un, ne fut pas mise à exécution, grâce encore à
l'intervention du commandant Duval. Quand le général
eut eu des explications satisfaisantes, « Je suis bien
étonné, dit-il, qu'un gouvernement laisse des troupes
dans un aussi triste état, sans même d'uniformes ; il
vous met dans le cas d'être tous fusillés. » Car, d'après
les usages et les codes de justice militaire, un ennemi
a le droit d'appliquer la peine capitale à tout individu
non reconnu soldat qui porte des armes et s'en sert
contre lui. *Dura lex, sed lex.* Voilà où nous en
étions réduits.

Les officiers durent donner leur parole d'honneur
qu'ils ne feraient aucune tentative pour s'échapper ;
puis il leur fut permis d'écrire un mot à leurs familles
pour les informer de leur sort: on remettait les billets,
arrachés aux carnets, à un officier d'état-major qui
ne s'occupa probablement jamais de les faire parvenir
à destination. Sitôt mes deux lignes griffonnées à la
hâte, je cherchai l'homme qui s'était chargé de ma
valise et de mon manteau. Je désespérais de le trouver,
quand je l'aperçus enfin dans les rangs du premier
groupe. Mais, de même que tous ses camarades, il

(2) Le service de santé faisait complètement défaut chez
nous. Avant notre départ, de jeunes médecins s'étaient pré-
sentés et avaient spontanément offert leur concours ; mais
le temps avait manqué pour régulariser leur admission
dans les cadres.

avait été forcé de jeter à terre ce qu'il portait ; comme il hésitait à se défaire de ce que je lui avais confié, un uhlan lui enleva mon sac d'un coup de lance qui lui effleura l'épaule. Cette perte de linge et d'effets m'était assez sensible, car il était à prévoir que de longtemps je ne pourrais m'en procurer à nouveau ; il ne me restait que juste ce que j'avais sur le dos, et je pouvais dire *omnia mecum porto*, comme le philosophe Bias. Tout le monde étant dans le même cas, je me souvins que la seule consolation des malheureux est de savoir qu'ils ont des pareils. Il y en avait de plus à plaindre que moi.

Sur ces entrefaites arrivèrent des chariots conduits par des paysans, et que les Prussiens avaient été requérir. On y plaça, ou plutôt on y jeta les blessés, et on nous dirigea sur Sivry, que nous apercevions non loin de là. Nous marchions dans cet ordre : un détachement de uhlans ; les officiers, puis les soldats prisonniers ; les blessés et enfin une arrière-garde de uhlans, le tout flanqué d'une nombreuse escorte de cavaliers de même arme.

On atteignit bientôt Sivry, où l'on nous fit arrêter au milieu d'une cohue de soldats dont il fallait supporter les moqueries, les injures et les menaces. Là pour la première fois nous avions sous les yeux le triste spectacle d'un pays envahi par l'ennemi ; qui n'a pas vu ce déchirant tableau, ne peut s'en faire une idée. Ici c'étaient des sanglots et des cris d'épouvante ; là au contraire, c'étaient des éclats de rire et des chants beuglés par des voix avinées. Les femmes, les enfants couraient çà et là, effarés, pourchassés, roués de coups ; les reîtres pénétraient dans les maisons et se livraient au pillage ; ils se montraient sur les portes, chargés de butin. qui avec un jambon, qui avec des volailles, qui avec des bouteilles. D'un côté, un immense tas de fagots était en flammes ; de l'autre, on abattait et on dépouillait des bestiaux. De quelque côté que l'on se tournât, ce n'étaient qu'épisodes navrants, que scènes de désolation qu'on ne pouvait s'empêcher de considérer avec terreur.

Comme la voiture partie avec nous de Vitry nous avait suivis jusque-là, ceux qui y avaient placé leurs bagages espéraient qu'elle continuerait à nous accompagner : mais les honnêtes gens qui nous entouraient déchargèrent les caisses et s'en partagèrent le contenu en notre présence. Me trouvant tout près de ladite voiture, je pus m'emparer d'une des nombreuses couvertures qui y étaient entassées. Je ne faisais du reste que rentrer dans la possession de mon bien, puisque cette couverture était une de celles fournies pour la mobile par nous-mêmes, habitants de la ville. Elle me rendit par la suite bien des services. Toutes les malles furent donc vidées et jetées çà et là, à l'exception de celles des capitaines Charvais et Leroy, qui, par hasard, se trouvaient rechargées sur les chariots de blessés et que les pillards oublièrent. J'avais fait rendre au maréchal-des-logis Rouyer sa couverture, qu'il avait reconnue parmi toutes les autres ; mais un grand diable de cuirassier blanc, la jugeant apparemment de son goût, vint aussitôt la lui arracher des mains.

Nos vainqueurs cessèrent à cet endroit de nous

escorter, et furent remplacés par un escadron du 16e hussards, au dolman bleu à brandebourgs blancs. Nous repartîmes au milieu des huées de cette solda-tesque barbare et des gémissements des habitants du village, qui presque tous avaient parmi nous des parents ou des amis. La chaleur était accablante ; nous étions harassés de fatigue, tourmentés par la faim et la soif, car on avait, bien entendu, rien pris depuis Vanault-le-Châtel ; beaucoup même étaient à jeun depuis la veille. On passa à Ante, puis à Villers-en-Argonne, où l'on prit une nouvelle charrette pour les blessés qui avaient pu marcher jusque-là, et on les envoya avec les autres, en tête de la colonne. Les officiers furent placés derriére eux sur une guimbarde requise à cet effet ; on nous donna l'ordre de nous entasser une vingtaine sur ce véhicule, où huit hom-mes à peine auraient été à l'aise. Un coupé station-nait au coin d'une rue ; il appartenait à la mère du sous-lieutenant de Chamisso, qui habitait le pays. Informée de notre capture, quoiqu'infirme et àgée, elle s'était fait amener sur notre route, voulant voir une dernière fois son fils prenant la route de l'exil, ne pouvant rien, que tendre avec désespoir ses bras vers lui !

Nous recommençames la marche, tâchant de nous encourager mutuellement à supporter avec patience notre triste position. Déjà les officiers de l'escorte se rapprochaient de nous et cherchaient à lier conver-sation ; déjà leurs soldats éux-mêmes devenaient moins sévères avec les nôtres ; les esprits en un mot commençaient à se calmer, à se rassurer, quand nous

arrivâmes vers les quatre heures au village de Passavant. Là se passa une scène affreuse, épouvantable,
et dont ma mémoire gardera toujours le sanglant
souvenir.

CHAPITRE IV.

Passavant.

Il y avait parmi nous quelques jeunes gens de ce village. Leurs parents, avertis de notre défaite et de notre passage, se tenaient devant leurs maisons envahies par des hordes ennemies tombées chez eux le matin seulement à neuf heures. Il était pénible de voir ces malheureux pères, ces mères éplorées essayer de s'approcher de leurs enfants, de les embrasser encore, mais repoussés brutalement par nos farouches gardiens. Cependant quelques-uns de ceux-ci, à la queue de la colonne, songeant peut-être qu'eux aussi ils avaient une mère, une famille, permirent à deux ou trois des nôtres d'entrer une dernière fois chez eux, pour un instant seulement. Cette tolérance, au lieu de servir les intérêts des prisonniers, leur fit le plus grand mal et fut la cause d'un odieux massacre.

Placés à l'avant sur la charrette, nous avions déjà dépassé la rue et le coude brusque que la route fait à droite ; nous ne pûmes par conséquent connaître de suite les causes et voir le principe de cette horrible tragédie. Mais voici la version des témoins :

Une fois entrés dans les maisons, les mobiles de Passavant, excités par leurs parents, eurent la malencontreuse idée de tenter de se soustraire à la rigueur de leur sort. L'un se cache dans une grange, l'autre dans une cave, un troisième dans une armoire, là enfin où il pensent n'être pas découverts. Plusieurs de leurs amis, ne les voyant pas reparaître, se doutent de la chose, veulent la mettre à profit pour eux-mêmes, et se jettent dans les corridors. Aussitôt les Prussiens furieux se précipitent derrière eux pour les ramener par la force. Soudain, un coup de feu retentit. D'où ? On ne l'a jamais su au juste. Les uns prétendent qu'il fut tiré par les Allemands ; d'autres, et c'est le plus grand nombre, affirment qu'il fut tiré sur eux par un habitant de l'endroit qui voyait maltraiter son fils. Mais les recherches les plus complètes, les investigations les plus minutieuses restent muettes sur l'origine exacte de cette détonation. Quoiqu'il en soit, elle est le signal d'une atroce effusion de sang, d'une boucherie dont je ne sais si l'histoire offre d'aussi barbares exemples. Les soldats de l'escorte s'élancent dans chaque maison, appelant à leur aide ceux qui sont arrivés du matin, et qui, débraillés, à moitié ivres, saisissent leurs fusils ou dégaînent leurs sabres... malheur alors à qui tombe sous leurs coups ! Aucune pitié, aucun pardon..... ils tuent, ils tuent sans relâche, sans

choisir leurs victimes. Quelques habitants inoffensifs
périssent malgré leurs larmes et leurs supplications.
Un père et un fils, qui se tiennent enlacés sur
leur porte, tombent traversés par la même balle ; une
femme et une petite fille qui traversent la route subissent le même sort. Dans la rue, dans les cours, crépi-
tent les coups de feu. A l'intérieur des maisons, la
cruauté de nos bourreaux est encore plus terrible ; là
ils font plutôt usage de l'arme blanche. Dans une cave,
trois jeunes gens qui se sont cachés sous un chantier
de tonneaux sont percés de mille coups de sabre. Six
se sont blottis dans un poulailler : il n'en sort pas un,
ils sont cloués au mur, l'un après l'autre, par les lances des assassins. Ceux qui se croient à l'abri dans
la paille ou ailleurs sont en peu de temps retrouvés
et frappés. Les quelques-uns qui, affreusement mutilés,
peuvent encore se traîner, sont ramenés dans les
rangs à coups de crosse ou de plat de sabre.

Ce n'était là que la première partie d'un drame que
son horreur rend presque invraisemblable. On nous
avait fait arrêter sur la route, à trois ou quatre cents
mètres au delà des dernières maisons du village, au
bas d'une certaine déclivité du terrain. Accroupis, à
demi étouffés sur cette voiture, nous étions à nous
demander ce que c'était que ce tumulte semblant le
début d'un engagement. Plusieurs croyaient que des
troupes françaises attaquaient notre escorte et venaient
nous délivrer ; mais leur joie et leur espoir furent de
courte durée, et firent place bientôt à de poignantes
angoisses. Car l'erreur était grande : nos armées
étaient loin ; nous ne pouvions attendre d'elles aucun

secours, secours qui d'ailleurs nous eût été probablement fatal.

Tout à coup, deux pelotons de cavalerie, l'un de uhlans, l'autre de hussards rouges, allant sans doute et par un hasard funeste en reconnaissance, se précipitent au galop sur la route et en descendent la pente avec une effrayante rapidité, brandissant leurs armes et poussant des cris de bêtes fauves. Les prisonniers se trouvant à la fin de la colonne, qui sont les plus exposés à leurs coups et qui viennent d'être témoins des meurtres commis, s'écartent de chaque côté du chemin, sautent les fossés, et se sauvent à travers champs. Une partie de leurs camarades, les uns menacés, les autres ne sachant de quoi il s'agit, mais tous affolés de terreur, imitent leur exemple et se dispersent à droite et à gauche. A notre premier mouvement de descendre de notre guimbarde pour rallier nos hommes, un officier de l'escorte et quelques cavaliers, le revolver au poing et l'injure à la bouche, nous obligent à demeurer en place et à assister, impuissants, à tous les détails de cet épouvantable carnage. A gauche, pour moi qui ai le dos tourné au cheval, se trouvent quelques champs de pommes de terre ; à droite est une saussaie de quelqu'étendue ; devant et dominant le village, une côte plantée de vignes et surmontée des premiers arbres de la forêt d'Argonne. De toutes parts on n'entend que le hennissement des chevaux, les vociférations de ces soldats qui ne sont plus des hommes que par la forme, les cris des blessés, les gémissements des mourants, et par dessus tout la fusillade, incessante, effroyable.

A gauche, nos infortunés compagnons, n'ayant rien pour se dissimuler, sont rejoints aussitôt par ceux qui les poursuivent et massacrés impitoyablement sous nos yeux, à nos pieds. L'un est traversé de part en part d'un coup de lance ; un autre, atteint d'une balle dans les reins et se traînant sur les genoux, est foulé aux pieds des chevaux ; un autre encore, qui tâche de revenir sur la route, est frappé à la tête par une balle qui ricoche et va blesser mortellement, dans les rangs mêmes, un de ses camarades. A côté, celui-ci, essayant de se protéger avec ses bras, les a entièrement hachés ; celui-là, que je reconnais pour un canonnier de ma batterie, a la cuisse cassée et a reçu sur la nuque un tel coup de tranchant, que le chef est à peu près séparé du tronc. Il se soutient une minute après notre voiture, puis roule dans le fossé, en râlant et en murmurant : « Mon Dieu, qui donc m'achèvera ! » A quelques pas plus loin, un forcené s'acharne après une masse informe qui n'est déjà plus qu'un cadavre, et se sert de son sabre comme d'une scie pour lui couper entièrement la tête. Un pauvre petit mobile, tout maigrelet, tout frêle, et dont je crois voir encore la figure crispée par la douleur, a les deux jambes brisées et essaye en rampant de se rapprocher de nous ; deux de ses voisins veulent l'aider et le prennent chacun par un bras ; par derrière se dresse une sorte de sauvage à moitié nu, qui d'un coup de pistolet fait sauter la cervelle au premier, et larde les deux autres de coups de pointe. Il s'éloigne un peu, se retourne, et voyant que ses victimes font encore quelques mouvements, se tordent dans les convulsions de l'agonie, il revient sur ses pas, et leur plonge de nouveau et à plusieurs reprises son sabre dans le corps. Et partout où il y a un coup à donner, un blessé à achever, un homme à tuer, on voit accourir des groupes de ces démons qui s'acharnent sur des malheureux sans armes, sans défense, entièrement à leur merci.

A droite, cette hécatombe est tout aussi révoltante et dure même plus longtemps ; ceux qui ont quitté la route, abrités par les saules, sont un peu moins en vue et ne peuvent être approchés par la cavalerie. Mais cette difficulté n'arrête pas les meurtriers : beaucoup mettent pied à terre. abandonnent leurs montures et courent se mêler à cette nouvelle Saint-Barthélemy. Un hussard aperçoit derrière un arbre un des nôtres qui, se croyant caché, demeure là sans remuer ; le voyant sans défiance, il tourne doucement autour, de manière à n'être pas deviné, met un genou à terre pour mieux viser et lui envoie un coup de carabine qui l'étend raide mort. Celui-là au moins ne souffre pas. Les autres courent çà et là, d'arbre en arbre, tournent, avancent, reviennent sur leurs pas, car désormais il leur est impossible de nous rejoindre : vains efforts ! Ils retardent peut-être de quelques secondes le moment de leur mort, mais ne peuvent éviter ce suprême passage. Bientôt pourchassés, rattrapés, ils subissent la destinée commune et périssent dans d'atroces souffrances. Quelques-uns, mais bien peu, sont assez lestes pour gagner le coteau, le gravir en se baissant, et parviennent à s'échapper comme par miracle. Ceux qui veulent les suivre, bientôt découverts, sont immédiatement poursuivis. On aperçoit de temps à autre les feuilles violemment agitées par la course d'un fuyard, dont la tête se montre par inter-

valle au-dessus des vignes ; à quelques pas derrière
apparaît une autre tête, qui cette fois n'est pas celle
d'un Français, un coup de feu part..... un martyr
de plus est allé rejoindre ses frères dans l'éternité. Si
sur la côte la fusillade est moins soutenue, en revanche elle se prolonge davantage, car il faut plus de
temps aux chasseurs d'hommes pour découvrir leur
proie.

Prenant plaisir à tuer, s'exaltant dans leur rage,
s'enivrant de l'odeur du sang, bientôt ils ne se con-
tentent plus d'exterminer les inconscients qui se sauvent ; ils se ruent sur ceux qui n'ont pas quitté la
route et frappent tout ce qui se trouve à leur portée.
C'est ainsi que périt le canonnier Jeannet, ordonnance du commandant Michaut : il reçoit un si furieux
coup de sabre dans la poitrine que l'arme entre jusqu'à la garde, sort par le dos et va percer le bras de
celui qui se trouve derrière. L'assassin retire sa lame,
l'essuie avec ses doigts qu'il secoue ensuite, tandis
que l'infortuné Jeannet tombe lourdement sur le sol.
Les Septembriseurs agissaient de la sorte. Les prisonniers se serrent l'un contre l'autre avec tant de
force que plusieurs sont aux trois quarts étouffés et
s'affaisseraient si ce n'était impossible. De temps en
temps ils poussent de grandes clameurs et demandent
grâce en élevant les mains vers le ciel. Quelques-unes
de ces mains, sanglantes, se détachent au milieu des
autres, comme des taches rouges. On ne voit partout
que têtes bandées avec des mouchoirs, que blessures
hideuses, que plaies béantes, que visages terrifiés.....
La fureur des Prussiens est à son comble, ne connaît
plus de bornes et commence à se tourner contre nous

qui sommes restés, sans pouvoir bouger, dans notre sinistre charrette. Les infâmes qui nous entourent, sans que leur officier qui est là présent fasse un geste, dise un mot pour les en empêcher, nous accablent d'invectives, lacèrent nos vêtements, nous crachent à la figure, nous mettent sous le nez le canon de leurs revolvers ; le commandant Duval et le capitaine Leroy se voient arracher leur croix d'honneur sur la poitrine, le sous-lieutenant Legrand qui se tient debout est renversé d'un coup de crosse ; nous sentons que l'heure fatale est arrivée, que les immolations ne cesseront qu'avec le dernier d'entre nous, quand un incident inattendu, un commencement de punition céleste vient enfin mettre un terme à cet abominable carnage. Les coups de feu cessent tout-à-coup, les sacrifices s'arrêtent, les meurtriers gesticulent, blasphèment, se rappellent les uns les autres et courent à l'arrière : aveugles dans leur furie, ils viennent de commencer à s'entre-tuer ; un des leurs est étendu à terre, mortellement touché par une balle fratricide.(1) Cette circonstance sauve les survivants. Un officier supérieur donne un ordre ; les soldats de l'escorte, toujours avec vociférations et menaces de mort, reprennent leurs places et nous font remettre en marche. Nous quittons ce champ de douleur et de désola-

(1) C'était un sous-officier de hussards bleus, qui se tenait immobile à gauche de la route en sortant de Passavant, vers la fin de la colonne, en face l'endroit où est érigé le monument. Notre ami Tavernier avait précisément par hasard les yeux fixés sur lui et le vit tomber de cheval, atteint d'une balle à la tempe. Ses camarades ne s'en aperçurent pas tout d'abord ; ce ne fut qu'au bout de quelques minutes que l'un d'eux, à pied, s'étant approché de lui et l'ayant palpé, plongea incontinent son sabre déjà rougi

tion, laissant là un grand nombre des nôtres tout-à-
l'heure pleins de vie et de santé, maintenant baignant
dans leur sang, gisant à terre, masses inertes et mé-
connaissables. Ah ! bien des fois depuis j'eus présent
devant les yeux ce navrant tableau ; bien des fois
depuis, dans mes nuits agitées par son souvenir, je
crus voir se dresser dans l'ombre les fantômes san-
glants de mes camarades égorgés ; et ma main trem-
ble encore en écrivant ces lignes, qui ne peuvent
donner qu'une bien faible idée d'un si barbare et si
épouvantable massacre !

Quelques derniers détails sur cette lugubre affaire.
Partis de Sivry à 843 comme on le sait, notre nombre
était réduit à 669 (officiers non compris). 174 mobiles,
dont 49 tués et 125 blessés, manquaient donc à l'appel.
Ces derniers furent répartis dans diverses ambulances
à Passavant, à Triaucourt, à Sainte-Menehould, à
Châlons, etc. Ceux des morts relevés le soir et le lendemain furent jetés dans une fosse commune ; mais on
en découvrit encore plusieurs jours après dans les
champs, dans les vignes, dans des bottes de paille, dans
des meubles, dans des caves, blottis dans des tonneaux
vides ; leur état de putréfaction seul trahissait leur
présence. Deux mois après même on retrouva dans

dans le corps du mobile le plus proche et se mit à crier de
toutes ses forces.

Après notre départ, les officiers allemands prétendant
que le hussard avait été tué par les habitants de Passavant,
voulaient brûler le pays et emmener en captivité le maire
et plusieurs notables ; enfin, l'autopsie faite en leur présence par le docteur Osiecki, de Sainte-Menehould, fit découvrir une balle prussienne.

Une balle égarée tua également un cheval de culture
dans son écurie.

la forêt, soutenus par les branches d'un chêne sur lequel il avait pu se hisser, les débris informes et décomposés d'un homme dont on put constater les mortelles blessures. 35 furent enterrés sans être immédiatement reconnus ; le 4 septembre, quelques personnes qui eurent le dévouement de se charger de cette triste mission, firent exhumer les cadavres et purent en reconnaître une douzaine environ. 623 prisonniers seulement arrivèrent en Allemagne ; c'est donc un nouvel appoint de 46 blessés qui essayèrent de suivre et qui restèrent en route.

Somme toute, le nombre des disparus à la suite de cette heure néfaste, donne au total un chiffre de 220, parmi lesquels plusieurs, mais bien peu, comme nous le disions plus haut, ont pu peut-être s'échapper sains et saufs. Beaucoup sont morts, plus ou moins de temps après, des suites de leurs blessures. A l'heure qu'il est, les plus grièvement atteints souffrent encore parfois cruellement.

On ne saurait rapporter tous les épisodes de cette terrible journée. Presque chacun a eu à noter un fait particulier. Citons-en deux au hasard.

Pendant le cours de cette orgie sanguinaire, un sous-officier allemand qui n'y avait pas pris part et en semblait révolté, passa sa gourde, remplie d'un excellent kirsch, aux mobiles Tavernier et Godinot qui se trouvaient près de lui.

L'armurier Caurier, de la batterie d'artillerie, blessé de deux coups de sabre derrière la tête, affaibli par la perte de son sang, est retrouvé dans les champs et d'abord considéré comme mort ; une heure après,

on vient le traîner par les pieds, le jeter sur un brancard et le conduire à l'ambulance. Mais auparavant
les Prusssiens chargés de cette besogne le fouillent,
comme ils font pour tous les autres. Caurier a sur lui
tout ce qu'il possède en valeurs et obligations. Ces
précieux papiers lui sont délicatement soustraits, ainsi
que sa montre, sans qu'il ait la force de protester.
Guéri au bout de deux mois, il s'échappe des mains
des Allemands et a le patriotisme de reprendre du service. Rentré dans ses foyers après la campagne, il
considérait sa petite fortune comme à jamais perdue
quand, chose absolument extraordinaire, il rentra en
sa possession. Les titres qui lui avaient été enlevés
furent retrouvés sur son voleur, mort ou tué aux environs de Paris. Un officier prussien les déposa chez le
maire de Meaux, où ils furent rendus à leur légitime
propriétaire.

Puisque nous citons des noms, n'omettons pas celui
de Bourgeois Célestin, de Coulvagny, qui succomba
non à la Basse ni à Passavant, mais près de Varimont.
Comme il avait des parents dans ce village, non loin
duquel nous passions à un moment donné, il avait
demandé la permission de se détourner pour les voir,
et y était allé en compagnie de Ludovic Bourlier.
(Tous les deux étaient de la batterie). Leur visite
faite, ils revenaient nous rejoindre, quand, à quelques
cents mètres du village, dans un chemin détourné, ils
se jetèrent dans une patrouille de trois cuirassiers
blancs et se battirent en désespérés. Nous avons dit la
fin tragique de Bourlier, blessé et traîné par un cheval.
Quant à Bourgeois, après avoir brûlé ses munitions,
il succomba à la place même où il s'était défendu

comme un lion ; son corps, percé de 17 blessures, fut retrouvé par des habitants de Varimont qui le transportèrent à la maison commune. Des Prussiens vinrent peu de temps après le fouiller et le voler ; ses parents, prévenus, purent venir le chercher et faire enterrer au cimetière de Coulvagny cette première victime de la mobile, car les faits dont nous parlons se passaient une heure ou deux avant notre arrivée à la ferme de la Basse.

.   .   .   .

Comme notre colonne avait changé d'aspect ! Le matin, toutes ces figures étaient riantes, animées ; toutes ces bouches parlaient ; maintenant tous étaient mornes, abattus, silencieux ; les visages étaient sombres, hâves, amaigris déjà ; les fatigues et les secousses de la journée commençaient à se faire péniblement sentir. De nombreux blessés, soutenus par leurs camarades, tâchaient de nous suivre ; mais bientôt, épuisés, ils tombaient sur la route, où, faute de soins, ils expiraient quelque temps après. En vain voulions-nous descendre de notre voiture et laisser la place à ces malheureux ; le moindre mouvement nous était interdit. Nous pûmes seulement hisser et recueillir M. de Trégomain qui prit la place de l'un de nous s'asseyant sur les genoux d'un autre. Les hommes ne pouvaient presque plus avancer ; mais il n'y avait pas d'arrêt, pas de repos : il fallait marcher encore, marcher toujours, sans oser proférer une plainte, sans pouvoir demander du secours !

A Grigny, notre escorte changea une seconde fois et fut composée d'infanterie. Nous espérions que ces

nouveaux soldats, n'ayant contre nous aucun sujet
d'animosité, nous regarderaient sinon d'un œil plus
favorable, du moins sans haine et sans colère ; mais
ceux qui allaient nous quitter eurent soin de les indis-
poser et de les indigner contre nous ; il nous fallut
subir de nouveaux sarcasmes, de nouvelles injures.
Quelques-uns des officiers eurent pourtant permission
de descendre et de se faire remplacer sur la charrette
par des blessés ; c'est ainsi que le commandant Duval,
pouvant à grand'peine se traîner. aidé par le capitaine Barillier, suivit jusqu'au village d'Aubercy, où
les Prussiens prirent des chevaux et des voitures de
renfort et nous firent tous remonter, nous pressant et
nous bousculant. Le commandant Michaut fut violemment heurté à la poitrine par un brancard et se res-
sentit longtemps de cette contusion. A son âge, 58 ans,
un choc semblable pouvait être mortel. Déjà affaibli
par les travaux multiples qui lui incombaient à Vitry,
cet officier supérieur ne se soutenait qu'à force d'énergie et de volonté. Du 1er au 25 août, sur pied de 3 heures du matin à 10 heures du soir, n'ayant pas d'éléments
pour lui venir sérieusement en aide, il était partout,
surveillant tout, déployant une dévorante activité.
L'administration, l'instruction, les travaux aux remparts réclamaient impérieusement et simultanément
sa présence. Les épreuves par lesquelles nous passions
étaient dures surtout pour ce vieux soldat habitué à
vaincre partout où il avait passé ; c'était un triste cou-
ronnement à une carrière militaire marquée par les
plus brillants états de services.

Il pouvait être environ 10 heures du soir quand

nous arrivâmes à Triaucourt, occupé par une division de la Garde ; nous devions nous arrêter là.

On nous fit attendre une demi-heure sur une place éclairée par quelques lanternes. pour prévenir le général, s'assurer de notre nombre, et je ne sais quoi encore. Les plus écharpés furent transportés à la mairie, transformée en ambulance ; tous les autres, nous compris, furent enfermés dans l'église où l'on plaça par endroits des sentinelles chargées de maintenir l'ordre. Nos hommes furent parqués dans les bancs et les officiers dans le chœur. Tout le monde endurait les tortures de la faim et de la soif sans avoir rien pour les apaiser ; pour ma part, j'avais machinalement ramassé sur le champ de bataille une croûte de pain desséchée et jetée par un soldat, que je fus bien heureux de trouver et de grignoter avant de m'endormir. Car on dormit cette nuit là, malgré les émotions dont nous étions encore sous le coup ; mais nous tombions de lassitude : nous avions marché pendant vingt et une heures, et, avec tous nos détours, fait près de vingt lieues depuis notre départ.

Dans un banc rapproché de nous se trouvaient cinq hommes qui, par leur âge déjà mûr ne pouvaient appartenir à la mobile. Ils nous apprirent qu'ils étaient habitants de Passavant et que, revenant de travailler aux champs, ils avaient été pris et poussés de force dans nos rangs. Les pauvres gens se lamentaient sur leur sort et sur l'inquiétude qui devait ronger leurs familles. Ce ne fut que plus tard, après une assez longue captivité, qu'ils parvinrent à se faire reconnaître et renvoyer dans leurs foyers ; encore l'un d'eux, Célestin

Maheux, mourut-il le jour même où ils devaient être rendus à la liberté. (13 décembre).

Quelques minutes après notre installation dans l'église régnait un silence complet, à l'exception des plaintes des blessés et du pas régulier de nos gardiens. Des cris et des bruits confus se faisaient entendre au dehors ; nous sûmes plus tard qu'une bande d'énergumènes amenait des bottes de paille contre les portes de notre prison et voulait à toute force l'incendier avec ce qu'elle contenait. Puis tout s'apaisa. Je me trouvais placé entre le commandant Duval et le lieutenant Vincienne ; je me roulai dans ma couverture, et je m'étendis sur les dalles, la tête sur la première marche du chœur.

CHAPITRE V.

Extraits divers. — Appréciations.

Avant de continuer cet historique, mettons sous les yeux des lecteurs divers passages de journaux ou d'ouvrages français et allemands ayant trait aux évènements qui précèdent. On verra combien ces comptes-rendus, quoique différents les uns des autres, sont loin de relater exactement la vérité.

Notre odyssée est peu connue; les historiens de la guerre de 1870 ont passé sous silence le combat de Sivry et ses suites, ou ont glissé dessus comme sur un incident de peu d'importance. Cela se comprend: la déroute d'un bataillon de mobiles pouvait passer inaperçue au milieu des luttes homériques de Wissembourg, Gravelotte, Sedan, etc ; il est néanmoins surprenant que le drame de Passavant, heureusement presqu'unique en son triste genre, n'ait pas été raconté par un plus grand nombre d'écrivains.

Citons d'abord la dépêche prussienne datée du 26 août au matin, lendemain de notre défaite, et envoyée de Triaucourt à Bar-le-Duc, au grand quartier général ; (ce ne fut qu'à une heure de l'après-midi qu'il se transporta à Clermont-en-Argonne.)

« *(Officiel)*. — La petite forteresse de Vitry s'est rendue. Seize canons sont tombés entre nos mains.

« Deux bataillons de la garde mobile ont été taillés en pièces par notre cavalerie ; 17 officiers et 850 hommes ont été faits prisonniers.

« Nous avons eu trois blessés ; le major de Friesen est grièvement atteint. »

Je n'eus connaissance de cette dépêche que vers les derniers jours de septembre, par le journal la *Gironde* que recevait un marchand de vins de Francfort-sur-Oder, où j'étais alors. Ainsi nos compatriotes, après notre départ, avaient eu le temps, sur nos quarante et une pièce, d'en jeter vingt cinq dans les fossés. Il y a là déjà contradiction avec le rapport du grand état-major, comme on le verra plus loin.

La véracité des dépêches ou rapports allemands a été à même d'être bien des fois contestée. Ainsi tout le monde sait qu'il n'y avait à Vitry qu'un seul bataillon de mobiles ; quant à avoir été taillé en pièces, il en reste, Dieu merci, encore de bons restes, et ses pertes eussent été bien légères sans le massacre de Passavant, dont le document ci-dessus se garde bien de faire mention. A 7 près, le nombre des prisonniers accusé est juste ; pour les officiers, le chiffre 17 doit être une faute d'impression, car nous étions précisément dix de plus, et il ne rentre pas dans les habitudes de messieurs les Teutons de rapetisser leurs victoires ou de diminuer leurs captures. Ils sont modestes sous le rapport de leurs blessés ; j'ai déjà dit ce qu'il en était à ce sujet. Le major de Friesen n'étant mort qu'au bout de quelques heures, ils ne pouvaient, à la vérité, qu'annoncer ses blessures.

Le 30 août, on lisait dans le *Journal de la Marne* :

« Les plus mauvaises nouvelles de la garde mobile de Vitry sont arrivées à Châlons.

On avait eu d'abord l'intention de défendre la ville de Vitry ; puis, au moment de l'arrivée des Prussiens, on se résolut à diriger vers Château--Thierry le bataillon de la garde mobile, composé, comme on sait, des jeunes gens des arrondissements de Vitry et de Ste-Ménehould. En même temps on enclouait et on jetait dans les fossés les canons qui garnissaient les remparts. Les Prussiens, toujours bien renseignés par les espions qu'ils entretiennent parmi nous, eurent vent de ce qui se passait et arrivèrent brusquement devant la ville.

« Au lieu de rester uni et compacte, le bataillon de mobiles se divisa. Une partie, dont nous n'avons pas eu de nouvelles précises, paraît s'être décidée à suivre l'itinéraire précédemment fixé. L'autre partie, composée des gardes mobiles appartenant à l'arrondissement de Sainte-Ménehould, voulut regagner cet arrondissement. En chemin, les mobiles furent attaqués par un corps de troupes prussiennes. Ils se jetèrent dans le bois pour échapper aux atteintes de la cavalerie ennemie, à laquelle ils tuèrent quelques hommes. L'infanterie les débusqua, et ils vinrent tomber sous le sabre des cavaliers.

« Alors se passa une scène affreuse. Ecrasés par le nombre, privés de munitions, peu exercés au maniement des armes, les mobiles demandent à se rendre prisonniers. Mais les Prussiens ne veulent pas voir en eux des soldats.

Ils les massacrent comme à plaisir. Ils s'acharnent sur ceux
qui sont déjà couverts de blessures ; ils les hachent à coups
de sabre. Déjà une cinquantaine de nos mobiles avaient été
tués ou blessés, lorsque plusieurs personnes, qui déployèrent
en cette circonstance une certaine énergie, prouvèrent au
chef du détachement, par des feuilles de route, qu'ils avaient
bien réellement affaire à des soldats... Alors le carnage
cessa. Les blessés furent transportés à Sainte-Ménehould.
Quelques-uns sont dans l'état le plus déplorable et ont reçu
jusqu'à douze coups de sabre. La sauvagerie avec laquelle
les Prussiens se sont comportés dans cette circonstance
n'est pas faite pour diminuer l'exaspération de nos populations. »

On voit ce qu'il y a de faux dans cet article. Une
scission en deux parties ferait supposer une insubor-
dination qui n'a jamais existé, et les mobiles de
Sainte-Menehould ne se séparèrent pas des autres
pour regagner léur arrondissement ; tout le bataillon,
toute la garnison de Vitry se dirigeait non du côté de
Château-Thierry dont il n'a jamais été question, mais
vers la forêt d'Argonne comme le conseil de défense
l'avait décidé. Nous ne nous jetâmes point dans les
bois, car nous en étions éloignés d'au moins deux
lieues ; enfin l'infanterie ne nous débusqua pas, puisque
les troupes qui nous attaquèrent ne se composaient
que de cavalerie et d'artillerie.

Seule, la dernière partie de ce récit renferme quelques vérités, entr'autres celles-ci : « Ecrasés par le
nombre, privés de munitions, peu exercés au maniement des armes. » Quant au massacre narré, on a
voulu parler de Passavant et confondu les deux affaires. Ce n'est du reste pas étonnant : ce journal du 30

août était imprimé de la veille ; nos affaires se passaient dans l'après midi du 25 ; cela ne fait donc que trois jours d'intervalle. Or, les communications étant très difficiles et très irrégulières, nos malheurs ne furent connus à Châlons que très indirectement, par ouï-dire, et reproduits par le rédacteur sans renseignements de source certaine. Voilà ce qui peut expliquer et excuser les grossières erreurs de la narration précitée et de celle qui suit, tirée du *Progrès de la Marne* du vendredi 31 août :

« Dans la nuit de mercredi à jeudi, la ville de Vitry fut évacuée par la garde nationale mobile et par les artilleurs. L'administration municipale, qui craignait un bombardement prochain, avait forcé le commandant de place à cesser la défense, et, vers une heure du matin, les canons des remparts avaient été encloués et jetés dans les fossés. Puis les gardes mobiles étaient partis en plusieurs détachements sous la conduite du commandant de place, du commandant Duval et des capitaines.

« Une personne qui arrivait de Vitry, jeudi dernier, nous avait rapporté que près de la côte de Gravelines, on remarquait des sacs, des pains, des cartouches, etc., et se montrait inquiète sur le sort des jeunes soldats. Il est probable que la garde mobile eut, en effet, à cet endroit, une espèce de panique, et s'est dirigée à travers champs, car nous savons qu'elle a traversé les territoires de Saint-Quentin, de Bassuet, de Vavray et de Vanault-les-Dames où elle a fait une halte.

« C'est dans ce village qu'ont été signalés des éclaireurs prussiens qui se sont mis à sa poursuite et l'ont harcelée. Le commandant de place fut fait prisonnier en cet endroit.

« Cependant sur toute la ligne les compagnies de mobiles

étaient traquées ; des coups de feu furent échangés, et un certain nombre de ces jeunes gens furent tués, blessés ou prisonniers.

« Il est regrettable que des ordres aient été donnés pour suivre une route si dangereuse et où l'ennemi était signalé de toutes parts.

« Aujourd'hui même la population de Saint-Amand rendait les derniers devoirs à un de ses enfants, le jeune Bourgeois (Célestin), qui s'est conduit dans cette circonstance en héros ; ce qui prouve, par un fait entre cent, de quelle ardeur et de quel patriotisme était animée toute cette jeune milice.

« Entre Somme-Yèvre et Varimont, son détachement fut attaqué par une bande de uhlans qui rencontrèrent là une vive résistance. M. Bourgeois, abrité par un arbre, se défendit comme un lion. Il put tirer sept coups de fusil qui tuèrent trois uhlans et en blessèrent trois autres. Mais les Prussiens, furieux de voir qu'il ne voulait pas se rendre, firent une charge sur lui. Le malheureux jeune homme succomba après avoir eu les doigts de la main gauche coupés, la tête fendue et le corps lacéré de nombreux coups de sabre et de lance. On compte seize blessures sur son corps meurtri.

« Les habitants de Saint-Amand se proposent d'élever à sa mémoire un monument qui rappelle le courage intrépide du jeune héros.

« Nous savons encore qu'un autre détachement de la garde mobile avait été fait prisonnier par les Prussiens ; mais en passant à Passavant, les femmes qui reconnaissaient leurs fils s'élancèrent pour couper leurs chaînes, les Prussiens répondirent à coups de sabres et les habitants de ce village ripostèrent par des coups de feu qui firent un instant reculer les soldats ennemis, et permirent aux prisonniers délivrés de pousser leur marche plus loin. Cependant nos renseignements particuliers nous font craindre de cruelles représailles pour Passavant.

« Dans ce départ précipité de Vitry, de graves fautes paraissent avoir été commises. Au lieu d'une retraite en bon ordre, l'évacuation a été un véritable sauve-qui-peut ; et cette marche de 50 kilomètres, sans avant garde ni éclaireurs, mais par détachements, au milieu de territoires qu'on savait occupés par l'ennemi, ressemble à une impéritie qui ne devait amener qu'un désastre. Les sentinelles avancées postées le mercredi soir, n'avaient même pas été relevées de garde, et n'ont su que le jeudi matin le départ de leurs camarades.

« Dieu veuille que le sang de ces jeunes héros fasse germer d'autres braves qui purgent le sol de notre patrie de ses vainqueurs d'un instant.

Les gardes mobiles ne partirent pas en plusieurs détachements et ne passèrent pas à Vanault-les-Dames ; les éclaireurs prussiens ne parurent pas sitôt, et ne harcelèrent pas sur toute la ligne. L'affaire Bourgeois est quelque peu dénaturée ; nous l'avons donnée dans toute sa vérité. Le détachement de Passavant, les femme qui coupent les chaînes, les habitants qui font reculer l'ennemi, l'évacuation qui est un sauve-qui-peut, etc., tout cela rentre dans le domaine de l'imagination.

Voici maintenant le rapport officiel rédigé par l'état-major du grand-duc de Mecklembourg-Schwerin, inséré dans la *Gazette Militaire de Prusse* et reproduit dans le *Journal de Breslau* du 2 septembre, que j'eus plus tard entre les mains :

« Clermont-en-Argonne, quartier général de S. M. le Roi, 28 août 1870.

« Près du village d'Epense, entre Verdun et Châlons-sur-Marne, le 25 août 1870, ont été faits prisonniers plus de huit cents hommes de la garde mobile française, qui n'étaient pas encore en uniforme, mais armés et conduits par trente cinq officiers. Ils voulaient probablement tourner Châlons.

« On connaît maintenant les détails. La division de cavalerie du grand-duc Guillaume de Mecklembourg se trouvait en marche vers l'Ouest, quand soudain elle aperçut sur les hauteurs du village sus nommé une colonne d'infanterie d'environ 1,500 hommes. Une reconnaissance fut faite, elle remarqua les armes et l'allure militaire de la troupe, ainsi que l'uniforme des officiers.

« On envoya à ces soldats quelques obus qui jetèrent le désordre dans leurs rangs; le 15e régiment de uhlans du Schleswig-Holstein (1) et le 16e de hussards poussèrent sur eux une charge vigoureuse. Ils se formèrent en carré, et reçurent le choc avec un feu très nourri, de sorte qu'on ne pouvait méconnaître le caractère entièrement militaire de cette troupe. Mais ensuite, après de nouveaux obus, une partie de ces hommes jeta ses fusils sur le sol, une autre partie se mit à fuir, mais le reste se défendit. Ce fut alors que le major de Friesen reçut une blessure si terrible, qu'il en mourut dans la journée. Deux uhlans et un trompette de son régiment furent aussi blessés.

« Un escadron du 16e régiment de hussards fut chargé du transport des prisonniers, mais il eut avec eux les plus grandes difficultés à surmonter. Arrivés au village de Passavant, la plupart essayèrent de s'enfuir et furent aidés en cela par les habitants. On fut obligé d'employer, et avec la plus grande résolution, les plus grands moyens et la plus grande rigueur contre ces transportés, et de les emmener au delà du village dans lequel ils étaient attirés, pour rétablir l'ordre. »

Cette relation, quoiqu'encore inexacte, est plus con-

____

(1) Remplaçant provisoirement dans la 15e brigade, le régiment des hussards de Zieten (3e), maintenu sous Metz.

forme à la réalité que la précédente. La « formation en carré », par exemple, est de pure fantaisie ; nos hommes n'avaient pas eu le temps d'apprendre même ce que c'est : mais les Prussiens ont voulu donner le mérite d'une petite bataille rangée à cette victoire qu'ils ont eu bien facile de remporter. Ils s'obstinent encore à n'avoir que 3 blessés, mais en accusent plus tard davantage ; jusque-là les journaux allemands ne peuvent que respecter la teneur de la dépêche officielle ; et comme la mort d'un officier supérieur ne peut passer inaperçue comme celle d'un simple troupier, ils sont obligés d'avouer la perte du major de uhlans.

Pour la tuerie de Passavant, ils nomment cela « la plus grande résolution et la plus grande rigueur. » C'est bénin, vague en tous cas. Ne pouvant complètement dissimuler la chose, ils emploient des expressions qui l'atténuent, qui ne la font pas supposer aussi grave et sont loin de faire soupçonner la barbarie de leurs actes.

En 1871 a paru une brochure contenant les discours de Mgr. l'Evêque de Châlons et du commandant Duval à l'inauguration du monument de Passavant. Ces discours sont précédés d'une *Notice historique* sur les évènements du 25 août 1870 ; mais cette notice, fort succincte, donne peu de détails.

Une des histoires de la dernière guerre les plus populaires et les plus répandues, celle de *A. Wachter*, parue en 1873, ne fait qu'effleurer notre aventure en ces termes :

« (Chapitre XX, page 363) : Le 25, la cavalerie du prince Albrecht occupait Vitry-le-François et enlevait en rase campagne le bataillon des mobiles de la Marne qui, après avoir évacué cette place incapable de toute résistance, essayait de gagner Châlons. »

Il y a là faute matérielle ; la cavalerie Albrecht (4e division), entrait en effet à Vitry, venant de Saint-Dizier, et marchait en avant du front de la IIIe armée (prince royal de Prusse) ; mais, comme on l'a vu, nous fûmes attaqués non par elle, mais par la 6e division, venant de la direction de Verdun, et précédant l'aile gauche de l'armée de la Meuse (1). Le gros de ces armées suivait de près les éclaireurs.

Dans l'*Annuaire Matot-Braine de 1879* on lit une histoire sommaire de notre courte et malheureuse campagne, signée Ch. Remy. Cet auteur s'étonne comme nous qu'il n'en soit que peu ou pas question dans la plupart des ouvrages écrits sur le conflit franco-allemand. Il fait erreur quand il dit :

« Arrivés à la ferme de la Basse, ils se virent entourés de nombreux détachements ennemis, dont les collines leur avaient jusque-là dérobé la vue...... ils se préparaient à manger le peu de provisions dont on les avait pourvus. »

Les Prussiens avaient été vus bien auparavant ; quant aux provisions, personne n'en avait, on ne songeait guère quand même à manger en arrivant à la ferme.

« Les officiers se trouvaient loin de ce théâtre sanglant, dont ils ne furent même pas les témoins (à Passavant). »

Nous ne savons où M. Remy a été puiser cette

---

(1) Cette armée était de nouvelle formation et comprenait la garde, les IVe et XIIe corps, ainsi que les 5e et 6e divisions de cavalerie, le tout sous les ordres du prince royal de Saxe.

bourde ; les officiers précédaient immédiatement les hommes sur leur charrette, d'où ils pouvaient embrasser du regard le théâtre de l'affaire mieux que qui que ce fut.

Il y a par contre beaucoup de choses bonnes et vraies dans le travail de cet écrivain, entre autres celles-ci :

« ..... Un certain nombre de jeunes gens qui connaissaient le pays en profitèrent pour s'échapper (dès qu'ils furent avertis de la présence des Prussiens). »

« .... Une ambulance fut dressée en la maison commune de Passavant, où les blessés reçurent les soins les plus empressés des habitants.... »

« ..... Les soldats ennemis qui aidèrent à recueillir les morts avaient soin de les dépouiller de ce qu'ils avaient de plus précieux, même de leurs vêtements, etc., etc. »

Le motif du massacre est ainsi indiqué :

« L'un d'eux s'étant écarté du milieu de la route pour aller puiser un peu d'eau dans un fossé fut abattu d'un coup de fusil. »

L'origine de ce coup de fusil n'a jamais été suffisamment démontrée pour pouvoir l'affirmer.

Le chiffre de 92 blessés, donné dans la relation en question, est bien au-dessous de la vérité.

Nous croyons qu'on lira avec intérêt les fragments suivants, tirés de la *Guerre franco-allemande de 1870-71* (1re partie, 7e livraison), rédigée par la section historique du grand État-major prussien, traduite par le chef d'escadron E. Costa de Serda, de l'État-major français, et parue en 1875. Ces passages fourniront la preuve irrécusable que plusieurs jours même

avant son évacuation, Vitry était entouré par un ennemi auquel nous aurions eu difficile d'échapper,
quelque chemin que nous prissions. Nous ne repro-
duirons ici, de cet ouvrage remarquable de netteté et
de précision, que juste les extraits nécessaires pour
faire comprendre le danger irrémédiable de notre position. Nous ne prenons que depuis le 20 août :

« Ce jour-là, la 6e division de cavalerie se trouvait à Ville-
sur-Yron (page 895) ; le 21, elle se dirigeait sur Fresnes ; le
22 conservait ses emplacements.

« Le 20 août, la 4e division de cavalerie (uhlans et dragons)
apprenait, par les partis qu'elle avait jetés en avant, la retraite de l'ennemi des environs de Saint-Dizier sur Vitry.
En conséquence, elle poussait son avant-garde jusqu'à la
Marne, vers Saint-Dizier, et venait avec son gros jusqu'à
Stainville, avec ses détachements de flanqueurs jusqu'à
Bazincourt et Savonnières. Une patrouille du 5e régiment
de dragons, qui de Saint-Dizier avait suivi l'adversaire dans
la direction du nord-ouest, parvenait auprès de Blesmes,
détruisait la voie ferrée à Favresse, et continuait, le lendemain, sa marche sur Vitry (page 900).

« Le peloton de la 4e division de cavalerie (un peloton du
5e régiment de dragons), jeté dans la direction de Vitry,
enlevait, le 21, dans le voisinage de cette ville, quelques
prisonniers appartenant à la division Goze, du 5e corps
français. La petite place de Vitry n'avait pas de garnison ;
au dire des habitants, les dernières troupes françaises en
étaient·parties la nuit précédente, pour gagner le camp de
Châlons. Cependant, les cavaliers prussiens ayant tenté de
prendre possession de la place, des hommes à demi vêtus
d'uniformes faisaient feu sur eux dans le faubourg et les
contraignaient à se retirer.

« Le 21, le 6e régiment de uhlans prenait le service d'avant
garde de la division ; ce même jour, les 3e et 4e escadrons

du 5ᵉ régiment de dragons partaient avec mission de rechercher l'ennemi et de s'attacher à ses pas. Cette troupe arrivait, le 22, à Outrepont, près de Vitry ; un détachement de flanqueurs envoyait un parlementaire pour sommer la place de capituler ; mais celui-ci était reçu à coups de fusil et ne pouvait s'acquitter de sa mission (pages 902. 903).

« Conformément à un ordre du grand quartier-général daté de Pont-à-Mousson le 21 août à 11 heures du matin, les deux armées allemandes (IIIᵉ et de la Meuse) commencent le 23 un mouvement simultané sur Paris. La 6ᵉ division de cavalerie gagne la Meuse à Génicourt (914).

« En avant du front de la IIIᵉ armée, le gros de la 4ᵉ division de cavalerie arrive à Saint Dizier. Son avant-garde se porte vers Perthes et lance des flanqueurs, au sud jusqu'à Eclaron, au nord jusque par delà Sermaize. Les deux escadrons du 5ᵉ régiment de dragons qui avaient pris les devants vers Vitry, arrivent à l'est de Châlons. Ils trouvent tous les villages complètement évacués par l'ennemi et une patrouille, s'étant avancée dans la vallée de la Marne, rapportait que la ville elle-même avait été abandonnée par les troupes françaises et qu'au dire des habitants, le camp ne serait plus occupé que par des mobiles...........

« L'état-major de la IIIᵉ armée prescrivait donc à la 4ᵉ division de cavalerie de franchir la Marne au sud de Vitry, et de pousser par la rive gauche sur Châlons, Vertus et Epernay, tandis que la cavalerie wurtembergeoise en ferait autant par la rive droite (915).

. . . .

« Le 24 août, la 6ᵉ division de cavalerie marchait sur Foucaucourt et jetait ses avant-postes jusque sur l'Ante ; plus au sud, la division de cavalerie de la garde arrivait entre Vaubécourt et Charmontois (922).

. . . .

« En avant du front de la IIIᵉ armée la cavalerie fouillait

le pays des deux côtés de la Marne et continuait à pousser vers l'ouest.

« La 4ᵉ division de cavalerie franchit la Marne à Larzicourt et à Norrois, au-dessous de Saint-Dizier, et porte son gros à Arzillières, son avant-garde sur Châtelraould. Le détachement de flanqueurs de droite, continuant sur la rive droite de la Marne, vient des environs de Sermaize sur Pogny, à 15 kilomètres au sud-est de Châlons. Les dragons rhénans, sous les ordres du major de Klocke, atteignant cette ville même, par Courtisols, après avoir dirigé un demi-escadron vers le camp de Mourmelon. L'ennemi l'avait déjà entièrement abandonné en incendiant les magasins principaux ; cependant les dragons y trouvaient encore des approvisionnements considérables en vivres et en fourrages, un millier de tentes, une quantité de grosses pièces sans affûts et beaucoup de matériel de toute nature (923)........

« Dans la matinée du 24 août, le quartier-général de la IIIᵉ armée, à Ligny, recevait de la 4ᵉ division de cavalerie divers rapports qui confirmaient l'évacuation des environs de Châlons et donnait une certaine vraisemblance à l'hypothèse d'une retraite de l'adversaire sur Reims (924).

« .... On regardait donc comme opportun de resserrer l'armée allemande vers sa droite, dans la continuation de la marche offensive (925). »

Ainsi, dès le 20 l'ennemi était dans nos environs et dès le 23 nous étions entourés. Même sans la dépêche de Châlons contredisant celle du ministre, il n'était déjà plus guère possible d'obéir à cette dernière. Le 25, la cavalerie Rheinbaben était à Sainte-Menehould avec son avant-garde à Dommartin-sous-Hans ; les dragons de Klocke étaient à Saint-Léonard, à quatre kilomètres de Reims ; la brigade de cavalerie wurtembergeoise arrivait à Courtisols et à Saint-Martin, à l'Est de Châlons ; la brigade de uhlans bavarois au Frêne, sur la Moivre. Le IIe corps bavarois était à Charmont ; le Ve corps à Heiltz-le-Maurupt et Heiltz-l'Evêque ; le XIe à Perthes et Farémont ; les avant-gardes des deux premiers de ces corps à Possesse et Doucey ; la 2e division de cavalerie à Chavanges, l'avant-garde du 6e corps à Montier-en-Der.

Nous n'ajouterons aucun commentaire à l'indication de ces emplacements de troupes, montrant suffisamment le peu de chances de réussite de notre retraite. La direction adoptée était certainement la plus rationnelle et la plus sûre sans le mouvement brusque sur la droite des armées ennemies cherchant le contact de celle de Mac-Mahon, mouvement qu'il nous était impossible de prévoir. Cette direction nous menait droit à l'armée française, qui les 21 et 22 août était à Reims, le 23 échelonnée entre Heutrégiville, Pontfaverger, Aubérive-sur-Suippe, les 24 et 25 entre Vouziers et Rethel. On aurait peut-être pu passer le 22 et même le 23, à condition de ne pas être aperçu par les éclaireurs ennemis, qui exploraient les routes à suivre et auraient pu rapidement prévenir leurs régiments. Mais le 24, jour de la dernière dépêche du ministre (3ʰ.10 soir), il était trop tard. Ajoutons que le 25, jour où la rencontre était inévitable, une troupe aguerrie aurait pu s'échapper, en perdant du monde, il est vrai, mais pas plus que nous n'en avons perdu à la Basse et à Passavant ; en continuant à marcher en bon ordre tout en se défendant, en ne se laissant pas entamer par la cavalerie, on pouvait atteindre la lisière de la forêt, dont nous n'étions plus distants que de 7 à 8 kilomètres. Mais on ne pouvait attendre cette cohésion de conscrits comme nous ; il eut fallu d'abord pour cela que nous ne fussions pas abandonnés par un tiers de notre effectif. Un dernier mot sur ces coupables, qui se croient aujourd'hui à tort assurés de l'impunité. En beaucoup d'endroits, dans les Ardennes entre autres, à Reims même, les déserteurs ou insoumis furent recherchés et punis. Ceux qui ne l'ont pas été sont encore sous le coup de la loi, en vertu de l'article 184 du Code de justice militaire, ainsi conçu :

« La prescription contre l'action publique résultant de l'insoumission ou de la désertion ne commence à courir que du jour où l'insoumis ou le déserteur a atteint l'âge de 47 ans. (Limite d'âge fixée par l'article 11 de la loi du 26 avril 1855).

« ART. 239. — Est puni de la détention tout déserteur en présence de l'ennemi (de 5 à 20 ans). »

L'ouvrage du général Thoumas intitulé : « *Les Capitulations,* » s'exprime ainsi sur les évènements qui nous occupent :

« A Vitry-le-François, mauvaise petite place dont les remparts auraient dû être démolis depuis longtemps, vrai nid à bombes, suivant l'expression des artilleurs et des ingénieurs, les choses se passèrent ainsi : la garnison se composait d'un millier de mobiles, ne sachant même pas tenir un fusil, et d'une trentaine de canonniers. Un chef d'escadron d'artillerie, investi *in extremis* du commandement de cette bicoque, travaille à la mettre en défense, mais le maire et le sous-préfet réclament au Gouvernement, et, par télégramme, le président de ce Gouvernement ordonne l'évacuation de Vitry. Le conseil d'enquête fait ressortir à ce sujet les sentiments peu patriotiques des autorités civiles. Le massacre des mobiles de Vitry commença la série de ces sauvageries commises de sang-froid par nos envahisseurs et dont il est bon de garder le souvenir. » (Livre 1er, Chapitre III. *Les populations civiles*, page 47).

« ...... A Vitry le-François : 35 artilleurs, que l'on avait appelés au dernier moment, y étaient venus s'ajouter à un millier de mobiles connaissant à peine leurs armes. » (Livre 1er, Chapitre IV. *Les garnisons insuffisantes*, page 98). »

« ...... Les mobiles étaient sans instruction militaire, à peine armés ; quelques-uns même, comme à Vitry-le-François, n'étaient pas habillés. » (Livre Ier, Chapitre IX. *Les places mal défendues*, page 219).

Terminons ces citations par le rapport du grand État-major prussien sur notre prise et celle de Vitry :

« La 6e division de cavalerie était venue, le 25, sur l'Ante supérieure, et, vers midi, elle s'était déjà cantonnée en partie à Vieil-Dampierre, quand l'escadron d'avant-garde de la 14e brigade signalait, à l'ouest d'Epense, un bataillon de gardes mobiles se dirigeant de Vitry sur Sainte-Menehould, pour gagner ensuite Paris par le chemin de fer (c'était le 4e bataillon de garde mobile du département de la Marne).

« A la nouvelle de cette apparition inopinée de fantassins ennemis, le commandant de la brigade, colonel comte von der Grœben, se porte promptement sur Epense avec ses deux régiments (1), puis remonte au nord, vers Braux, tandis que la batterie à cheval de la division, prenant position entre Vieil Dampierre et Epense, ouvre aussitôt son feu. Sur ces entrefaites, la nouvelle était parvenue égale-

---

(1) 6e cuirassiers et 3e uhlans. Les colonels comte von der Grœben et d'Alvensleben commandaient la 14e et la 18e brigade, à la place des généraux blessés à Vionville.

ment à la division, et la 18ᵉ brigade de cavalerie se rassemblait à Sivry, d'où son chef, le colonel d'Alvensleben, partait vers la ferme de la Basse, avec les premiers escadrons prêts.

« Le bataillon français se trouvait pris ainsi entre deux masses de cavalerie ; menacé sur ses derrières par la 14ᵉ brigade, il avait directement devant lui les 3ᵉ et 4ᵉ escadrons du 15ᵉ régiment de uhlans, auxquels s'était joint un peloton du 6ᵉ de cuirassiers. Devant les charges en échelons de ces dernières troupes, les gardes mobiles, qui marchent décousus, n'opposent qu'une faible résistance. Quelques groupes sont déjà enlevés par le 3ᵉ escadron, à la hauteur de la ferme ; les autres, qui avaient cherché un abri derrière les fossés et les broussailles, d'où ils fusillaient les uhlans, sont pris par le 4ᵉ escadron ; de tous ceux qui tentaient de s'enfuir plus loin, les uns sont immédiatement ramassés, les autres sont ramenés par le régiment de cuirassiers, qui arrivait sur Braux. L'ennemi perdait au total, en blessés 4 officiers et 18 hommes, en prisonniers 27 officiers et environ 1,000 hommes. Du côté des Prussiens, le chef des uhlans, major de Friesen, avait été mortellement atteint ; on comptait, en outre, 2 tués et 3 blessés.

« A une heure et demie de l'après-midi, la division rentrait dans ses cantonnements et jetait des avant-postes vers l'Ouest jusqu'à l'Yèvre. Les prisonniers, mis aussitôt en route sous la surveillance d'une escorte, cherchaient à s'enfuir à Passavant ; cette tentative échouait complètement, grâce au concours des fractions de la garde qui se trouvaient dans le voisinage ; mais un grand nombre de gardes mobiles y étaient tués ou blessés (p. 927). »

. . . .

« La 4ᵉ division de cavalerie débouche devant Vitry ; le bataillon des gardes mobiles dont il vient d'être parlé en était parti dans la matinée, et cette petite place n'avait plus pour toute garnison que 300 gardes nationaux ; som-

mée de se rendre et menacée d'un bombardement en cas
de refus, elle capitulait ; mais on y trouvait seulement 400
fusils et 2 canons encloués........ » (Page 928).

On voit que le fameux livre dont les Prussiens s'é-
norgueillissent tant et qu'ils considèrent comme la loi
et les prophètes, contient aussi quelques assertions
erronées.

En résumé, il faut conclure, pour être dans le vrai :
qu'il s'est passé le 25 août deux faits bien distincts
l'un de l'autre, ayant des causes et des effets essentiellement différents. Le premier, combat de Sivry-
sur-Ante, où, en somme, nous n'avons perdu que très
peu de monde ; le second, massacre de Passavant, qui
eut pour prétexte l'essai de fuite de quelques-uns, et
où nos pertes furent des plus sérieuses. Dans la première affaire, le nombre bien supérieur des ennemis
et leur artillerie leur assuraient la victoire à l'a-
vance ; dans la seconde, il leur était facile, armés
jusqu'aux dents, d'assassiner des hommes constitués
prisonniers, sans armes, sans aucun moyen de défense,
livrés à des bouchers comme des moutons à l'abattoir.
Mais il est probable qu'ils ont appelé cela deux triom-
phes, que ceux des leurs restés au pays ont arboré
leurs drapeaux et fait des réjouissances à la nouvelle
de ces deux « brillantes affaires, où les soldats allemands ont fait preuve de tant de courage, surmonté
tant de difficultés, et où ils ont perdu si peu des leurs. »
A leur retour, s'ils sont jamais revenus, on les aura
couronnés de fleurs, on aura chanté leurs hauts faits,
on leur aura prodigué sans doute les titres de vainqueurs de Sivry, héros de Passavant !

CHAPITRE VI.

L'occupation á Vitry.

Nous ne croyons pas superflu, quoique cela ne rentre pas précisément dans notre cadre, de raconter en peu de mots ce qui se passa à Vitry après notre départ.

Vers minuit, aussitôt l'évacuation décidée et pendant que nous nous réunissions dans la rue de Vaux, l'administration municipale prenait les mesures nécessaires pour faire détruire le matériel, comme elle l'avait formellement promis et d'après la teneur de la dépêche ministérielle du 23. Cette mesure eut quelque peine à être mise à exécution ; le bruit s'étant répandu parmi les gardes nationaux que nous allions partir, que l'ennemi allait arriver, la plupart venaient jeter leurs fusils au milieu de la cour de l'Hôtel-de-Ville et rentraient dans leurs foyers. Sur la prière de

M. Valentin, un officier de la compagnie de sapeurs-
pompiers essaya de réunir quelques-uns de ses hommes, mais ne put y parvenir. Cet officier, avec quelques anciens canonniers de la compagnie d'artillerie
dissoute en 1853, aidés par des gens de bonne volonté, enclouèrent les canons, en jetèrent dans les fossés la majeure partie, ainsi que les projectiles. Ces
personnes dévouées noyèrent aussi les poudres, ce
qui n'était pas sans danger, et roulèrent pour cela les
barils jusqu'à la fosse à moulin, où ils furent précipi-
tés. L'opération était à peine terminée au moment de
l'entrée des premiers Prussiens en ville. Les habitants du Bas-Village repêchèrent quelques-uns de ces
barils que le courant entraînait.

La nuit s'écoula. Au matin, la route de Blacy était
couverte de cavaliers ennemis, qui venaient jusqu'au
Pont-Vert et même jusqu'au café Joseph, aux Indes.
A 8 heures, un lieutenant de uhlans se présenta à la
porte du Pont en parlementaire, fut reçu par les quelques gardes nationaux qui avaient conservé leurs
armes, traversa la ville les yeux bandés suivant la
coutume, et fut introduit devant le conseil municipal
assemblé. D'après l'ordre du général commandant, il
venait, disait-il (1), demander à ce qu'on laissât passer, sans l'inquiéter, le XIe corps sous le canon de la
place. Après une courte délibération, ou plutôt un
semblant de délibération destiné à lui faire croire que
l'on pouvait faire autrement, on lui accorda ce qu'il

____

(1) Il pouvait à peine s'exprimer en français ; ses phrases
furent traduites par M. Bernard Léopold, qui rendit par
la suite de grands services comme interprète.

réclamait. Il repartit, toujours sous bonne escorte et avec le cérémonial accoutumé.

Il avait à peine retraversé la Marne que des cris et des menaces se faisaient entendre de ce côté. La rue et la route étaient pleines de monde, et une bousculade se produisait entre les deux ponts. Un espion venait, paraissait-il, d'être pris en flagrant délit de communication avec l'ennemi, et allait être passé par les armes. C'était un juif nommé Sommer, sacrificateur, qui affectait un patriotisme outré et était souvent en quête de renseignements auprès des mobiles scus prétexte de camaraderie. Près du café des Indes, on l'avait vu causant avec un groupe de Prussiens ; des personnes qui passaient en ce moment l'auraient même entendu dire : « Il n'y a plus de troupes en ville, vous pouvez y entrer ! » Ce propos a-t-il été exactement tenu, nous ne pouvons l'affirmer ; quoiqu'il en soit, Sommer, coupable d'avoir entretenu des relations avec l'ennemi, fut appréhendé à son retour en ville, bourré de coups de poing, menacé de mort ; il eut été certainement écharpé ou jeté à l'eau sans l'intervention de quelques gardes nationaux, qui le placèrent au milieu d'eux et le conduisirent en prison. Quelques jours après les Allemands le faisaient partir.

Cette scène avait fait diversion dans les esprits, qui commençaient à se leurrer de l'espoir que les Prussiens se contenteraient de tourner la ville sans chercher à y pénétrer. Cet espoir fut bientôt détrompé. Vers dix heures, un nouveau parlementaire se présenta. C'était un officier supérieur, suivi d'un aide-de-camp et d'un trompette. Tous trois furent amenés à l'Hôtel-de-Ville, et conduits dans la salle du conseil, toujours en séance. Quelques curieux entrèrent par derrière ; l'un d'eux ayant tenu un propos injurieux contre les troupes qui avaient évacué la ville, fut expulsé aussitôt. Nous ne nous appesantirons pas sur cet incident, dont l'auteur sentit tellement le ridicule qu'il reconnut ses torts aussitôt et fit des excuses. On débanda les yeux au second parlementaire, qui, possédant très correctement notre langue, demanda d'abord un verre de vin pour se remettre, dit-il, de la fatigue et de l'émotion que lui causait sa démarche. On lui donna de quoi se rafraîchir, ainsi que ses compagnons ; puis il tint à peu près ces propos : « Messieurs, le lieutenant qui a eu l'honneur de se présenter devant vous ce matin s'est mal fait comprendre et n'a pas rempli exactement la mission que lui avait confiée le général commandant notre corps d'armée. Ce n'est pas passer autour de la ville que nous voulons, c'est entrer dedans. Nous savons qu'il n'y a plus personne pour la défendre ; je viens donc vous sommer de nous en ouvrir les portes de bonne volonté, sans quoi nous procéderons immédiatement à son bombardement. Je vous donne dix minutes pour réfléchir et me rendre réponse. » Ces paroles achevées, il passa dans une salle voisine où l'attendait son officier d'ordonnance ; les dix minutes écoulées, il vint prendre sa réponse, qui ne pouvait être autre chose qu'un consentement à la capitulation. « Je vous félicite, ajouta-t-il avant de partir, de votre décision ; car si elle eut été contraire, il y a là sur les collines voisines 200 pièces de canon qui ont ordre de tirer sur la ville chacune deux coups aussitôt mon retour et en cas de résistance de votre part. »

A 11 heures 1/2 du matin, les premiers Prussiens faisaient leur entrée à Vitry par la porte du Pont. C'était un escadron de dragons, composé de tout jeunes gens, imberbes, ouvrant de grands yeux effarés. et semblant tout étonnés eux-mêmes de se présenter ainsi en conquérants. Ils chantaient leur hymne national, *Die Wacht am Rhein*.... Les gens de cœur se détournaient, se serraient les mains et pleuraient silencieusement.....

Entre 5 et 6 heures du soir, le gros du XIe corps d'armée se présentait aux portes de Saint-Dizier et de . Frignicourt ; 12 à 15.000 soldats de toutes armes pénétraient en ville, comme une vague humaine, les uns la traversant pour aller dans les villages voisins, les autres, la majeure partie, se groupant en masses compactes sur la Place et dans les rues, puis faisant irruption chez l'habitant pour s'y loger et s'y nourrir. Les fantassins entraient par toutes les portes, s'entassant le plus grand nombre possible suivant l'importance des maisons ; certaines en reçurent plus de cent. Les grandes rues et le centre de la ville étaient surtout occupés ; les quartiers excentriques en avaient moins, et les faubourgs n'en avaient pas du tout ; l'artillerie forma ses parcs sous la halle et autour, les canonniers restèrent à leurs pièces et passèrent la nuit sur leurs caissons ; la prudence était à l'ordre du jour chez nos envahisseurs.

C'était un fait accompli ; Vitry n'était plus à nous et devait être aux Allemands pendant plus de deux ans. Il serait trop long de dire toutes les vexations qu'ils firent endurer à la population, toutes les exigences auxquelles il fallut céder. Dès le premier jour ils demandèrent 50.000 francs ; mais devant l'impossibilité évidente de trouver immédiatement cette somme, ils se contentèrent de 15.000 francs d'argent et de 250 quintaux métriques d'avoine (ensemble environ 22.000 fr). Puis les réquisitions de tout genre, argent, vivres, vêtements, cigares, liquides, etc., se suivirent à peu de jours d'intervalle et jusqu'à la fin de la guerre. Il fallut un temps assez long pour mettre les comptes en ordre ; le 9 décembre 1871, on constatait dans la caisse municipale un déficit de 586.373 fr. 98 c., non compris les créances encore inconnues. Quant tout fut apuré, en additionnant les dettes contractées tant pour les impôts en argent que pour les contributions en nature, on arriva à un total de 1.558.700 francs. Ces sommes furent payées au moyen d'emprunts amortis successivement. En y ajoutant ce que les habitants eurent à fournir séparément et sans qu'il leur en soit tenu compte, on trouve que la guerre coûta à la ville de Vitry une somme d'à peu près deux millions, en chiffres ronds.

Le conseil municipal fit son devoir dignement et sans faiblesse ; il résista du mieux qu'il put et avec la plus grande fermeté aux prétentions du vainqueur, dont il eut souvent à subir les persécutions. M. Valentin, quoique rongé par la souffrance et la fatigue, n'abandonna pas le périlleux poste que ses concitoyens lui avaient confié ; il y mourut à la peine, comme le marin sur son banc de quart, comme le brave au champ d'honneur, regretté de tous, estimé même des chefs ennemis qui suivirent religieusement son convoi.

Le 28 janvier 1871, les Prussiens demandèrent une

liste minima de 50 notables destinés, à tour de rôle et
suivant qu'il serait jugé urgent, a accompagner les
trains de chemins de fer, montés sur la locomotive.
On parlait de francs tireurs arrachant les rails, et
ces notables étaient demandés en manière d'otages,
devant subir les premiers effets d'une destruction
éventuelle de la voie. 172 noms furent proposés et tirés au sort ; ceux qui sortirent furent :

MM. ROBIN — MARCHAND-MICHEL — ROBERT-LEGRIS
— CAGNION Henri — BRIOLAT père — GUÉRIN-FERRAND
— GILBERT — JULES DE FELCOURT — COLLARD, vété-
rinaire — DORTU — ROGER Eugène — BERNARD Gus-
tave, tanneur — Georges LAUNOY — ROUXBÉDAT —
LAURENT, épicier — GUERRIER père — GILLET-GILLET
— GUILLOCHIN — GIBRELLE — SALLERON — FERRAND-
JEANSON — ROBERT MAINGUER — ROUSSEL, huissier
— BARCHAT fils — LERICHE père — GODINOT — GIRAR-
DIN-CHEVALET — DELAUNAY-SALMON — CHAPRON —
CHRIST — CHASTELAIN — VALLET-ROUYER — GUÉRIN-
GUILLEMIN — BITSCH père — MOULÉ — BOUCHER-
DOLLÉ — GRIGNON Victor — CHOISY, architecte —
JEANSON-MAURUPT — MONVOISIN, limonadier — PÉRI-
NET, marchand de fers — BEAUFREMEZ Paul — ROYER-
POTHIER, hôtel du Renard — AMBLARD — HURAULT,
imprimeur — PARCOLLET-RENAUX — DEBERLY, véri-
ficateur des domaines — LEJEUNE-BOURGUIGNON —
VOISIN dit LACROIX, ancien boulanger — CAILLETTE
Jérôme — PÉRIN Gustave.

Bon nombre de personnes paisibles furent maltrai-
tées ; quelques-unes furent emmenées en captivité. Le
sous-préfet et le procureur furent conduits à Mayence,

traités comme officiers et décorés à la suite de ce petit voyage ; ils rencontrèrent dans cette ville le juif Sommer, qui semblait être là comme chez lui. On traîna jusqu'à Graudenz M. Bardin, alors secrétaire de la mairie. Ce courageux patriote, méprisant la mort dont il fut menacé vingt fois, excitait les jeunes gens à aller s'enrôler sous nos drapeaux, trouvant moyen de les faire traverser les lignes prussiennes et rejoindre l'armée française. Il paya cher son obscur et admirable dévouement à son pays. En butte aux plus cruels traitements, il passa de longs mois *in carcere duro,* et revint de Prusse n'étant plus que l'ombre de lui-même. Une médaille d'honneur fut la récompense de ses services : cela méritait mieux.

Par une étrange ironie du sort, Vitry eut à héberger, pendant le cours de l'occupation et durant un certain temps, le grand-duc de Mecklembourg, celui-là même dont la division avait attaqué les mobiles.

Terminons ce chapitre par la reproduction de pièces authentiques, que nous ne ferons suivre d'aucun commentaire, notre intention étant de rapporter simplement les faits sans les discuter en aucune manière. Ces pièces amenèrent entre les autorités civiles et militaires une polémique irritante et regrettable qu'il est inutile de rappeler.

Un conseil d'enquête, en vertu de l'article 264 du décret du 13 octobre 1863, fut institué le 30 septembre 1871, sous la présidence de M. le maréchal Baraguey-d'Hilliers, à l'effet de statuer sur les capitulations. Voici un extrait du procès-verbal de sa séance du 23 octobre 1871 :

« Le Conseil,

« Vu le dossier relatif à la perte de la place de Vitry-le-François ;

« Ouï MM. Terquem, chef d'escadron d'artillerie, commandant supérieur de la place de Vitry-le-François ;

« Et Hamen, capitaine de l'État-Major des places, commandant la place de Vitry le-François ;

« Ouï le rapporteur ;

« Après en avoir délibéré ; considérant que malgré les travaux de défense et d'armement opérés par la garnison sous l'active surveillance du commandant supérieur, du commandant de la place et de l'officier du génie, la place de Vitry-le-François n'était pas en état de soutenir un siège ;

« Que la garnison était exclusivement composée de gardes nationaux mobiles, complètement ignorants des exercices et du service militaire ;

« Que le 22 août seulement, elle avait été renforcée d'un détachement de 35 artilleurs, commandés par un officier ;

« Que la ferme volonté du commandant supérieur et du commandant de la place était de se défendre, mais que les autorités civiles manifestaient hautement l'intention de ne pas apporter leur concours à cette défense ;

« Considérant que, par dépêche du 21 août, confirmée le 23, le ministre de la guerre, informé de cette situation, prescrivait l'évacuation de la place et ordonnait d'enclouer les canons, et, en se retirant, de détruire les munitions de guerre, les ponts et tunnels du chemin de fer ;

« Est d'avis :

« Que le commandant supérieur de Vitry-le-François, le chef d'escadron Terquem, est blâmable de n'avoir pas, avant son départ, fait enclouer les canons, détruit les munitions de guerre, et de s'en être rapporté pour l'exécution

13

de ces prescriptions à des autorités civiles qu'il savait animées de sentiments peu patriotiques.

« Pour extrait conforme :

« Le président du conseil d'enquête,

« Signé : Baraguey-d'Hilliers. »

Sitôt cette décision connue, le Conseil municipal protesta en ces termes :

« Les soussignés, membres du conseil municipal de Vitry-le-François, tant en leurs noms personnels, comme habitants de Vitry, que comme ayant fait partie du conseil municipal en fonctions au moment de l'invasion ;

« Vu la décision du Conseil d'enquête sur les capitulations, en date du 23 octobre 1871, insérée au Journal officiel du 5 mai 1872 ;

« Attendu qu'en déclarant que les autorités civiles de Vitry-le François manifestaient hautement l'intention de ne pas apporter leur concours à la défense de la place, et qu'elles étaient animées de sentiments peu patriotiques, le Conseil affirme des faits contraires à la vérité ;

« Que cette décision ne peut être que le résultat d'accusations mensongères ;

« Que les soussignés, par la part active qu'ils ont prise aux affaires de la ville pendant ces temps douloureux, doivent accepter la responsabilité des actes émanés de l'autorité civile de cette époque ;

« Que l'administration municipale devait être entendue dans une affaire qui intéresse à un si haut point l'honneur de la population de Vitry tout entière ;

« Protestent avec indignation contre la décision du Conseil d'enquête ;

« Et demandent qu'il soit procédé, sans délai, à une contre-enquête contradictoire sur les faits qui ont précédé l'évacuation.

« Les soussignés repoussent les accusations dont ils ont été l'objet, de quelques sources qu'elles puissent venir, et sont prêts à produire les documents nécessaires pour arriver à la manifestation de la vérité.

Fait à Vitry-le-François, le 8 mai 1872.

LAFFRIQUE — FOURNEL — SALLERON — CAMUT — WIBERT — CROCHET — PESTRE — BRION — VAST-VIET — MARTIN — LAUNOY — DUBÉ — LECLÈRE-CICILE — CICILE-BÉNIT — GODARD-OURY — Emile CHAVANCE — PÉRINET — PATIN — BERNARD-JACQUINET — PIAT — COSQUIN — Marcel PÉRIN — Bernard LÉOPOLD.

Cette protestation fut envoyée à M. Flye-Sainte-Marie, avec prière de l'appuyer auprès de qui de droit. Mais le député de Vitry ne voulut pas se charger de cette affaire, tout en reconnaissant que l'administration municipale aurait dû au moins être entendue par le Conseil d'enquête. Il renvoya au maire, M. Laffrique, le document en question, « engageant, par deux lettres différentes, ses signataires à y renoncer, trouvant dans la note justificative y annexée tout ce qu'il fallait pour faire rendre un verdict tout pareil au premier, plus déterminé même, ayant encore plus d'éclat et d'autorité. »

La protestation parvint néanmoins au Président de la République, qui fit faire cette réponse :

RÉPUBLIQUE
FRANÇAISE.   « Versailles, le 19 mai 1872.

—

« Monsieur le Maire,

« Vous avez envoyé à M. le Président de la République et j'ai placé sous ses yeux une protestation du Conseil municipal de Vitry-le-François contre la décision rendue par le Conseil d'enquête sur la capitulation de cette ville.

« J'ai l'honneur de vous informer que cette protestation a été transmise à M. le Ministre de la guerre, qui seul est compétent pour y donner la suite qu'elle peut comporter.

« Agréez, Monsieur le Maire, l'assurance ds mes sentiments très distingués.

« Le représentant du peuple,

« B. St HILAIRE. »

Le ministre de la guerre écrivit au maire la lettre qui suit :

« Versailles, le 28 mai 1872.

« Vous avez fait parvenir à M. le Président de la République une protestation du Conseil municipal de Vitry-le-François contre l'avis exprimé par le Conseil d'enquête sur les capitulations, dans son procès-verbal relatif à l'évacuation de la place de Vitry-le-François, en ce qui concerne l'attitude des autorités civiles en fonctions dans la localité, au moment de l'invasion.

« J'ai l'honneur de vous informer que je renvoie cette protestation à M. le maréchal Baraguey-d'Hilliers, président du Conseil d'enquête.

« Recevez, etc. « DE CISSEY. »

L'affaire en resta là et n'eut pas d'autres suites. En raisonnant froidement les choses, avec pièces et dates à l'appui, on arrive à n'accuser personne et à ne trouver que ce mot : fatalité !

La municipalité et la population ne pouvaient pas grand'chose ; son envoi dans une place non défendable fut un malheur pour le commandant Terquem. Cet officier, un des plus distingués de l'artillerie française, fut profondément attristé du blâme qui lui avait été infligé, et mourut peu de temps après.

A son retour, le commandant Duval fut lui-même attaqué de la façon la plus violente par des gens incompétents ou malintentionnés, qui ne se doutaient pas qu'il n'était qu'en sous-ordre, et qu'au commandant supérieur Terquem seul incombait toute responsabilité. Un mobile éhonté et qui aurait été sévèrement châtié si la mort ne fut venue le surprendre, osa même employer la voie de la presse pour incriminer et vilipender son ancien et honorable chef. Celui-ci eut le tort de répondre à ces absurdes et ineptes calomnies ; les gens sensés ont su le cas qu'il fallait en faire, et l'estime dont a toujours joui le commandant Duval ne s'est pas démentie un seul instant. Un homme tel que lui, dont la bravoure et l'honnêteté sont proverbiales, est au-dessus des mensonges débités sur son compte ; il peut porter haut le front, et mépriser les ridicules outrages qui sont retombés du reste sur la tête de leurs auteurs (1).

(1) Ancien capitaine aux chasseurs à pied de la garde impériale, officier de la Légion-d'Honneur, M. Duval avait été, le 25 mai 1869, et malgré de nombreux concurrents, promu au choix au grade de chef du 4e bataillon de la garde mobile de la Marne. Il jouissait, et à bon droit, de toute la confiance des autorités supérieures. Nous avons sous les yeux deux lettres que le général baron de Susbielle lui adressait avant son départ de Châlons, et qui contiennent des phrases comme celles-ci :

« ..... Je ne puis qu'approuver toutes les mesures que vous avez prises..... »

« ..... Je suis donc tranquille de votre côté et de celui du commandant Michaut..... »

« ..... Toutes vos mesures sont excellentes ; elles déno-

Des souscriptions pour la libération du territoire, des représentations théâtrales données par des amateurs au profit de cette œuvre, et surtout l'emprunt national de trois milliards des 28 et 29 juillet 1872, quarante fois couvert, hâtèrent l'évacuation de la Marne, définitivement terminée le mardi 12 novembre de cette même année. Il passa des Allemands à Vitry jusqu'au samedi 9 ; mais dès le 5 la garnison quittait la ville, remettant aux pompiers les postes qu'elle occupait. Derrière les derniers soldats Prussiens sortait à toutes les fenêtres le drapeau tricolore, qu'on n'avait plus vu depuis si longtemps : « Pas si vite ! cria un officier en se retournant ; ne vous réjouissez pas tant : nous reviendrons peut-être ! » A nous de ne pas laisser s'accomplir cette menace.

L'uniforme français ne devait faire sa réapparition dans notre ville que deux mois et demi après. Le 22 janvier 1873, à 8 heures et quelques minutes du soir, arrivait en gare, venant d'Orange, la 5ᵉ compagnie de remonte (avant la guerre à Sampigny). Notre nouvelle garnison, accueillie avec enthousiasme par les habitants, se composait d'un chef d'escadron, le commandant Joseph, 7 officiers et 119 hommes, parmi lesquels se retrouvait par hasard Ruhlmann, l'ancien ordonnance du commandant Terquem.

Revenons maintenant aux aventures de la mobile.

tent un esprit pratique et énergique qui nous garantit la réalisation de vos espérances, etc...... »

Ces lignes prouvent suffisamment que le commandant Duval était loin d'être le premier venu, et que les stupides et ignobles accusations lancées contre lui n'ont pu l'atteindre.

CHAPITRE VII.

De Triaucourt à Saint-Mihiel.

Nous en étions restés à notre emprisonnement dans l'église de Triaucourt.

A la pointe du jour (26 août) tout le monde était éveillé, mais le plus morne silence continuait à régner. J'essayai de me lever ; j'eus grand'peine à y parvenir. Je m'étais étendu en nage sur la pierre, mais j'étais maintenant transi de froid ; j'avais les membres comme brisés, et j'éprouvais de vives douleurs dans les reins et dans les épaules. Mes voisins se plaignaient également, et constataient comme moi que les dalles d'une église n'ont rien de commun avec les sommiers Tucker ; on en était arrivé au point de regretter les maigres paillasses du quartier. Après avoir fait plusieurs fois le tour du chœur au pas gymnastique, me trouvant un peu remis et réchauffé,

je repris ma place sur les marches, et je me mis à
considérer le spectacle que j'avais sous les yeux.

L'aspect de ce temple, rempli à une heure aussi matinale de tous ces gens qui ne ressemblaient en rien
aux fidèles qui s'y donnent rendez-vous d'habitude,
avait quelque chose d'extraordinaire. Ce n'était plus
que la forme d'un édifice religieux ; les nefs et cha-
pelles étaient dépouillées de tous leurs ornements :
plus de statues, plus de tableaux, plus de croix, plus
de flambeaux. Tout était triste et nu ; nous étions
dans une véritable prison. Ainsi, dans ces temps malheureux, non-seulement les habitations particulières
étaient pillées, envahies, mais même la maison sainte
ne pouvait être respectée : il fallait y coucher, y fumer, et le reste ; le derrière de l'autel était converti
en water-closet.' Au réveil, la première impression
était l'étonnement de se trouver dans un pareil endroit et dans de semblables conditions : puis peu à
peu revenaient les souvenirs de la veille avec tous
leurs détails horribles. On était plus ému, plus effrayé
encore ce matin : hier, on marchait machinalement,
sans réflexion ; on regardait tuer sans presque avoir
conscience des scènes affreuses qu'on ne pouvait se
dispenser de voir ; mais après le repos de la nuit,
toutes les particularités du massacre vous revenaient
à l'esprit avec une effrayante lucidité. Aussi quel
aspect lamentable avaient toutes ces figures sales,
décharnées, sinistres, aux bouches béantes, presque
stupides, aux yeux hagards et fixes, comme s'ils eussent été attirés par des points invisibles et hideux
dont ils ne pouvaient se détacher ! Et puis des blouses
déchirées, des paletots blancs de poussière, des têtes

nues, des chapeaux enfoncés, des bras en écharpe, des
cheveux pleins de sang coagulé : c’était en un mot
un pêle-mêle qu’on ne saurait décrire, un assemblage
étrange d’hommes bien différents de traits et de cos-
tumes, mais portant tous sur leur visage la même impression d’effarement, de fatigue et de douleur.

Vers les six heures, les portes s’ouvrirent avec
grand fracas, et quelques soldats entrèrent, précédés
d’un sous-officier nous annonçant que nous allions
être dirigés sur Saint-Mihiel, distant de quarante-
quatre kilomètres. Les préparatifs du départ ne furent pas longs. On nous fit sortir en nous comp-
tant de nouveau à la porte, contrôle parfaitement inutile, car nul n’avait eu l’idée d’une fuite matériellement impossible ; et puis nous n’avions pas encore
oublié le châtiment réservé à de semblables tentatives. On nous rangea sur la place ; notre escorte se
composait d’une compagnie d’infanterie et, comme
éclaireurs, d’un peloton de hussards de la garde, au
costume rouge à tresses jaunes. Les fusils furent
chargés en notre présence, chose significative, et l’on
se mit en route. La plupart des blessés restaient à
Triaucourt ; mais comme l’ambulance s’encombrait
de malades prussiens, ils furent ensuite transportés
aux endroits dont nous avons déjà parlé ; quelques-
uns eurent l’autorisation de revenir se faire soigner
chez leurs parents.

On marchait d’un bon pas. Bientôt on arriva à Vaubecourt, que l’on traversa au milieu des soldats dont
le village était rempli. Ils se pressaient pour nous voir,
formant une haie épaisse, nous insultant et nous je-
tant des pierres : l’un d’eux alla même jusqu’à tirer

son sabre et vouloir tomber sur nous, ce qu'un sous-officier eut bien difficile à l'empêcher d'exécuter. Nous sortîmes de Vaubecourt non en suivant la route, mais en prenant plus à gauche un chemin de traverse. A environ un kilomètre de là, on nous fit entrer à droite dans les champs pour faire une première halte. Quelques mobiles, encore terrifiés par les cruautés de la veille et voyant les fantassins se ranger en bataille devant nous, me demandaient avec angoisses : « Est-ce que c'est là qu'on va nous fusiller ? » J'eus grand'peine à les rassurer et à les persuader qu'on nous conduisait dans une forteresse allemande.

La fatigue un peu calmée par le repos de la nuit, si toutefois on peut appeler repos quelques heures passées dans des bancs de bois ou sur des dalles de pierre, c'était maintenant la faim qui recommençait à se faire vivement sentir. Et rien pour l'assouvir ! Rien, tandis que tout autour de nous, ayant l'air de nous narguer, nos argousins dévoraient gloutonnement d'énormes morceaux de pain et de lard. Nous fîmes part de notre besoin au commandant de l'escorte, un tout jeune homme qui nous écouta avec bienveillance et offrit d'envoyer chercher des vivres pour les officiers seulement, offre que, malgré sa restriction, nous acceptâmes bien entendu sans nous faire prier. Nous souhaitions de tout cœur voir nos camarades manger aussi ; mais nous ne fîmes pas de jaloux : il n'y avait absolument plus rien dans le village ; les troupes qui l'occupaient ou qui y avaient passé avaient épuisé toutes les provisions.

Les deux hussards envoyés pour tâcher de nous trouver quelque chose à mettre sous la dent, eurent bien du mal à déterrer un de ces cantiniers marrons qui suivaient l'armée allemande, et à le décider à les suivre. Ce brave négociant daigna consentir à se dé- saisir en notre faveur de trois pains d'à peu près trois livres chacun et de quelques bidons de vin qu'il ve- nait de voler dans une maison, moyennant la modique somme de trente-cinq francs, dont il exigea le paie- ment à l'avance. Nous ne lui inspirions pas beaucoup de confiance, apparemment. Voilà un homme au moins qui entendait les affaires, et qui, s'il a continué à pratiquer cette petite industrie, a dû se ramasser une jolie poire pour la soif de ses vieux jours. A moins qu'il n'ait été pendu en route, ce dont je con- serve la douce conviction.

Ce fut à peine si chacun de nous pût manger une bouchée de ce pain, car les pauvres mobiles, affa- més, tendaient les mains vers nous et nous sup- pliaient de partager avec eux, ce que nous faisions bien volontiers. Mais quel partage ! pas même 5 kilo- grammes de pain entre plus de six cents hommes ! Ils se précipitaient sur les morceaux, se les arrachaient des mains ; une trentaine, tout au plus, purent avoir quelques bribes. Malgré notre bon vouloir, et à notre grand regret, nous ne pouvions les satisfaire tous.

Cet arrêt avait duré de trente à quarante minutes ; il était près de neuf heures quand nous nous remîmes en marche. Nous étions heureux de rencontrer quel- ques flaques d'eau croupissant dans les ornières, et d'en puiser en passant quelques gouttes pour humec- ter nos lèvres desséchées. On traversa Rembercourt- aux-Pots et l'on s'arrêta une seconde fois à l'extré-

mité de cette commune. Le lieutenant Buache, qui y
avait un parent, demanda la permission de l'aller
voir. Cette permission lui fut octroyée ; il partit, et
bientôt nous le vîmes revenir avec un gigot et une
moitié de poulet qui, au moyen du couteau que seul
j'avais pu conserver, furent découpés, partagés en un
clin d'œil et engloutis de même. Ces viandes, les seules qu'il eût à sa disposition, nous étaient envoyées
par l'honorable parent de M. Buache, qui mit également à notre service une grande voiture dans laquelle
montèrent les plus fatigués.

Notre triste cortège, ayant repris la route, passa
ensuite à Chaumont-sur-Aire, où nous eûmes encore
à supporter les injures des Prussiens, qui pullulaient
dans ces contrées dévastées. Car ils faisaient le vide
en tous les endroits souillés par leur présence, et
pouvaient presque dire, comme le roi barbare, que
l'herbe ne repousserait jamais partout où leurs chevaux avaient passé. Pour combler la mesure de nos
peines, à hauteur de Longchamp-sur-Aire, que nous
laissions sur la droite, le ciel s'étant couvert subitement, un orage épouvantable se déchaîna sur nous.
Nos hommes, vêtus pour la plupart seulement d'une
blouse, trempés jusqu'aux os, grelottaient de froid.
Ma couverture, dont j'appréciais de plus en plus l'utilité, fut transformée en manteau, et je m'en envelop-
pai des pieds à la tête. Ce vêtement, d'une coupe nouvelle, était peu commode et rendait la marche très
difficile ; heureusement je ne marchai plus longtemps.
Deux de ces petites voitures, dites voitures à bou-
cher, eurent la mauvaise chance de nous rencontrer
au sortir de Pierrefite. Le chef de l'escorte les arrêta,

y fit monter les quelques officiers qui restaient à pied,
et ordonna aux conducteurs, qui auraient bien voulu
être ailleurs et faisaient triste mine, de retourner à
Saint-Mihiel, d'où ils revenaient. Les plus pressés
s'étaient empilés dans le premier véhicule ; je me
trouvai seul dans le second avec le lieutenant Thiérion, et quoiqu'il manquât complètement de ressorts,
ce fut avec un certain sentiment de satisfaction que
nous prîmes place sur ses planches. Il nous restait
encore dix-huit kilomètres à arpenter pour parvenir
à notre gîte d'étape. Nous rejoignîmes au-delà de
Rupt la grande route de Bar-le-Duc à Nancy, et à
trois heures et demie nous étions à Fresnes-au-Mont,
où il n'y avait pas de troupes pour le moment ; un
peu plus loin, on fit une halte de dix minutes devant
quelques maisons isolées à gauche. Autour s'étendaient des vergers, des jardins ; nos gardes-chiourme
se mirent à en franchir les haies, à en briser les clô
tures, et en un instant dépouillèrent les arbres de
leurs plus beaux fruits. Non contents de cette dépré-
dation, quelques-uns, voulant entrer dans une maison
dont les propriétaires étaient absents, enfoncèrent la
porte et les fenêtres à coups de crosse et de grosses
bûches, dont ils se servaient comme de béliers. Quand
ils eurent volé ce qui leur convenait, ils sortirent, et
la marche fut reprise. Arrivés à Chauvoncourt, à un
kilomètre de notre destination, on nous fit descendre
de voiture. Un peu auparavant, notre cocher malgré
lui avait essayé de nous faire remarquer les Voûtes,
espèces de souterrains creusés dans le roc, et une table énorme, d'un seul morceau, taillée sur le sommet
d'une montagne ; mais dans la disposition d'esprit où

nous nous trouvions, nous ne pensions guère à admirer les beautés du paysage.

Enfin le but du voyage de notre journée était proche ; c'était à grand'peine que beaucoup avaient pu marcher jusque-là. On atteignit le faubourg de Bar, on passa la Meuse et on entra dans Saint-Mihiel vers six heures et demie du soir. Nous suivions des rues qui offraient peu de prise à notre curiosité, la ville n'ayant rien de remarquable, si ce n'est le fameux sépulcre de Léger Richier, que nous ne pouvions songer à voir. Les habitants, les larmes aux yeux, nous regardaient passer avec un sentiment de pitié profonde. On nous fit entrer, auprès d'une église, dans un vaste établissement que nous reconnûmes pour le collège ; nous fûmes rangés dans la cour, où quelques bottes de paille étaient éparses çà et là. Des officiers ennemis nous comptèrent, puis se retirèrent en laissant un poste à la porte par laquelle nous étions entrés et qui paraissait être l'unique sortie de notre seconde prison. C'était en effet dans cette cour, en plein air, que nous allions passer la nuit. Voyant décidément qu'il fallait en prendre son parti, chacun chercha à se caser du mieux possible. Tous se précipitèrent à l'envi sur la paille, et heureux qui pût en avoir trois ou quatre poignées ; nous eûmes fort malaisé à nous en procurer pour notre compte.

La nuit était venue, noire, serrée, humide. Chacun improvisa son lit, ou plutôt sa litière, du moins mal qu'il put, à l'endroit où il se trouvait, sans ordre, pêle-mêle. Les officiers étaient dans un coin, à l'abri de quelques arbres, et se formaient en petits groupes. Je m'associai, pour le partage de notre grabat, avec le commandant Michaut, les lieutenants Henriet et Pestre, et le sous-lieutenant Legrand. Nous nous allongeâmes sur la paille, en ayant soin de nous serrer l'un contre l'autre, car avec la nuit était venu le froid, et ma précieuse couverture étalée sur nous. Malgré des tiraillements d'estomac fort désagréables, nous commencions à tâcher d'appliquer le proverbe : « Qui dort dîne, » quand, entre dix et onze heures, des cris partis de l'autre bout de la cour, des bousculades, nous annoncèrent quelque chose de nouveau : mais cette fois ce n'était pas un malheur, au contraire. Les habitants de la ville, touchés de notre position, avaient pu obtenir, à force de prières et de démarches, l'autorisation de nous préparer de quoi manger ; des soldats, portant dés baquets de soupe, traversaient la cour, et étaient littéralement assaillis par les prisonniers. Nul ne mit de retard à se lever pour faire honneur au repas, qui était le premier depuis Vanault-le-Châtel, pour beaucoup même depuis Vitry, c'est-à-dire depuis plus de quarante-huit heures. Plusieurs cuillers furent distribuées, mais personne n'avait eu la patience de les attendre ; le creux de nos mains en avait tenu lieu. Après la soupe circulèrent des morceaux de pain et de bœuf, suivis de deux ou trois seaux d'un vin que purent déguster un petit nombre de veinards, *quorum ego*. Le sous-lieutenant Charles avait retrouvé au fond d'une poche un de ces petits ustensiles dits « cocos » dont nous appréciâmes fort l'utilité. En peu de temps vivres et liquide avaient disparu ; chacun reprenait sa place et ne tardait pas à s'endormir.

Vers le milieu de la nuit nous fûmes réveillés par

quelques coups de feu dont nous n'avons jamais connu
la cause. Puis vint à tomber une averse qui n'avait
rien de précisément récréatif. Les arbres nous proté-
geaient bien un peu ; mais la pluie passée, les feuilles
continuèrent longtemps encore à dégoutter sur nous.
Malgré ce léger inconvénient, nous nous laissâmes
arroser consciencieusement, et nous n'eûmes ni la force
ni le courage de nous tirer de notre couche pour
changer de place ; la lassitude et le sommeil nous
plongeaient dans un état complet de prostration. A six
heures du matin (27 août) tout le monde était réveillé,
et de nouveaux gardiens entraient dans la cour pour
nous presser à repartir.

CHAPITRE VIII.

De Saint-Mihiel à Pont-à-Mousson.

Il fallait repasser un à un par l'étroite porte qui s'était refermée sur nous la veille, et plus d'un des nôtres, en la franchissant, reçut des soldats du poste un coup de crosse dans le dos, ou un coup de pied dans un endroit qu'il ne serait pas bienséant de nommer. Cette fois, c'était un détachement de la landwehr qui allait nous servir d'escorte. Ces hommes, obligés par la guerre de quitter leurs occupations, leurs familles, leurs foyers, étaient furieux contre les Français. Ils chargèrent leurs armes en nous roulant des yeux féroces, et l'on partit par la rue du Vaux, longeant l'espèce de ville haute appelée le Bourg. On passa la porte de la ville et le faubourg de Nancy, et l'on commença à monter une côte assez escarpée. Chemin faisant, nous apprîmes que nous allions coucher à Pont-à-Mousson, éloigné de quarante-et-un kilomètres. La perspective de cette troisième étape était loin de nous causer un vif plaisir ; cette pente que nous gravissions semblait interminable ; nous traversions une forêt où tous les moustiques de la création semblaient s'être donné rendez-vous ; nous nous sentions bien lourds, et beaucoup, comme on dit vulgairement, traînaient la semelle.

A huit heures nous descendions à Apremont, village assez important, au pied de cette montagne élevée d'où vient apparemment son nom. La température était tropicale ; nous étions tourmentés par une soif ardente. Nous demandâmes au capitaine commandant le convoi qu'il voulût bien nous laisser arrêter un instant pour nous désaltérer à la fontaine de la place ; mais il refusa impitoyablement.

Cet officier était un homme de petite taille, au ventre proéminent, à la face cramoisie, à la moustache rousse et aux petits yeux méchants ; son ensemble avait quelque chose du bouledogue. Il affectait beaucoup d'importance et paraissait se prendre pour un général d'armée. Une petite fraction de cavalerie se croisant avec nous, il poussa l'impudence jusqu'à dire à son chef que c'était lui qui avait fait notre capture. Il semblait n'avoir que de très vagues notions sur l'équitation ; de temps en temps, il descendait de cheval pour varier un mode de locomotion qui lui était fatigant et auquel il ne devait pas être habitué. Il exécutait tant bien que mal le commandement « pied à terre » qu'il se faisait *in petto* ; mais pour remonter. c'était une autre affaire : il lui fallait d'abord trouver un tas de cailloux ou une éminence quelconque près de laquelle une manière de groom, qui le suivait à pied, approchait sa monture, qui heureusement pour lui n'avait rien de la fougue de Bucéphale ; puis il grimpait dessus avec grands efforts, aidé d'un soldat qui lui levait la jambe, d'un second qui le poussait par derrière, et d'un troisième qui pesait de toutes ses forces sur l'étrier hors montoir. Son groom portait une gibecière remplie de provisions, et de laquelle sortait le col de deux flacons qui ne lui avaient sûrement pas coûté cher. Pendant tout le trajet, nous n'eûmes qu'à nous plaindre des procédés de cette brute en uniforme ; les temps d'arrêt étaient peu fréquents et très courts, la marche rapide et toute réclamation interdite. En revanche il avait deux ou trois sous-officiers plus civilisés, qui comprenaient, eux, que d'un jour à l'autre ils póuvaient se trouver dans notre situation ; aussi étaient-ils très doux, très polis, et partageaient-ils même leur pain et leur vin avec quelques affamés. En nous quittant à Pont-à-Mousson, ils emportèrent nos regrets et nos remercîments.

A neuf heures moins un quart l'ours-capitaine ordonna une halte dont nous n'avions nul gré à lui savoir. Il était forcé de laisser passer un régiment d'infanterie se dirigeant sur Saint-Mihiel, et suivi d'une longue file de voitures chargées de munitions et de vivres. On nous fit ranger à droite dans les champs, près de l'endroit où le ruisseau des Aulnes coupe la route ; mais il ne fut pas permis d'y aller boire ni de s'éloigner pour n'importe quel motif. Sitôt le défilé terminé, ce qui dura une trentaine de minutes, on repartit, longeant un étang que nous regardions avec des désirs de Tantale, et l'on arriva trois

quarts d'heure après à Bouconville, sans s'y arrêter.
Dans ces parages le télégraphe de campagne prussien
était installé et fonctionnait déjà ; il suivait le long
de la route, monté sur de petits poteaux, ou plutôt
sur des bâtons d'une hauteur approximative de deux
mètres et peints aux couleurs nationales. En face la
route de Commercy, que nous laissions à droite, s'é-
lève au milieu des champs, isolée et entourée d'une
grille, une petite chapelle consacrée à la Vierge. Peu
d'entre nous, je crois, se piquaient d'ordinaire d'être
fort religieux ; mais à ce moment bien des yeux se
tournaient vers cette chapelle, et plus d'un mobile
avait l'air en passant d'y adresser une prière ou une
action de grâces : une prière, car notre position était
passablement critique et avait grand besoin d'être
améliorée ; un merci, car malgré tous les maux qu'il
nous fallait endurer, on était encore bien aise de se
sentir vivant et de s'assurer, en se palpant les côtes,
qu'on avait été épargné par les lances, les balles ou
les obus de l'ennemi.

Vers dix heures et demie nous arrivions près de
Rambucourt ; le capitaine-bourru nous faisait faire
halte pour la deuxième fois, un peu en avant du village. Nous étions tout surpris de cette condescen-
dance de sa part, mais nous fûmes bientôt édifiés à ce
sujet. Ce n'était pas le moins du monde la commiséra-
tion qui lui dictait cet ordre de repos ; mais c'était
que son Excellence estimait arrivé pour elle le moment psychologique de se refaire un peu des fatigues
du voyage. Cet intéressant personnage jeta la bride
de son cheval à un fantassin, se laissa glisser en bas
en se cramponnant et en soufflant comme un phoque ;

puis, après quelques minutes consacrées à le remettre
du bouleversement causé par cette opération, il se
laissa lourdement choir sur un tas de pierres et hêla
son domestique. Celui-ci s'empressa d'accourir et
d'exhiber ses comestibles, que son maître se mit à
faire disparaitre avec une voracité remarquable. En
trois gorgées le contenu d'une des bouteilles, dont la
forme trahissait l'origine bordelaise, passa dans son
estomac en lui chatouillant sans doute délicatement le
palais, car après chaque coup il faisait claquer sa
langue d'une façon particulière et sonore. Pendant ce
temps nous étions assis dans les fossés de la route,
d'où nous avions le droit de contempler notre conducteur se livrant au noble travail de la déglutition.
Quelques-uns des nôtres mangeaient un peu de pain
qu'ils avaient eu la prévoyance de conserver la
veille. Les habitants de Rambucourt, sortis peu à peu
de leurs maisons, essayaient en vain de s'approcher
de nous, maintenus à distance par le cordon de soldats qui nous entourait. Pourtant, à force d'instances,
ils décidèrent nos gardes à les laisser passer pour
nous apporter de l'eau. Ils s'empressèrent d'en aller
chercher et de circuler dans nos rangs avec des seaux
et des verres ; les pauvres gens auraient bien sou-
haité pouvoir nous donner du vin : mais tout ce qu'il
y avait dans les caves avait été bu ou gaspillé les
jours précédents par les troupes qu'il leur avait fallu
héberger. Un bon curé, aux cheveux blanchis par
l'âge, vint aussi nous trouver, nous prodiguer des
consolations et des encouragements ; afin de donner
plus de poids à ses paroles, il nous partagea charita-
blement quelques bouteilles d'un vieux vin qu'il avait

pu cacher et sauver du naufrage. Comme tous les
camarades, je me souviendrai longtemps de ce brave
homme, qui avait tant de droits à la vive reconnaissance que nous lui exprimâmes.

Quand le *herr hauptmann* se trouva suffisamment
repu, il se hissa sur sa Rossinante, toujours avec le
concours de ses esclaves, et donna le signal du départ. On traversa le pays au milieu des pleurs et des
gémissements des habitants. Une femme tendait un
morceau de pain à un prisonnier ; un Prussien voulant s'en emparer, elle le retira vivement et le jeta au
milieu de nous, en lançant au soldat ébahi, et de sa
voix la plus aigüe, une seconde édition du fameux
mot de Cambronne. Quoique nous n'en ayions guère
envie, nous ne pûmes nous empêcher de rire de l'incident.

Un kilomètre plus loin que Rambucourt, nous dé-
passions la borne-limite départementale, et nous entrions dans la Meurthe. Le premier village que l'on y
rencontre sur la route est Beaumont, où nous arrivions à onze heures et demie ; là nous quittions la
route de Nancy et nous engagions sur la bifurcation
de Metz.

Jusqu'à Flirey, qui vient ensuite, l'aspect de la contrée, sauf quelques bouquets de bois, est peu varié. Il
n'y avait de troupes prussiennes dans aucun des
endroits traversés depuis le matin ; mais à Limey, où
nous passâmes à une heure trois quarts, grouillaient
les casques et les casquettes ; les rustres abrités dessous nous accueillirent par des bordées de quolibets
et de grossièretés. Le paysage devenait plus accidenté,
et la marche plus pénible ; les collines succédaient aux

collines, les montées aux descentes ; l'auberge de
Saint-Pierre, au coin du chemin de Thiaucourt, aurait fait de bonnes affaires avec nous si nous avions
pu aller faire sa connaissance. De Limey à Montauville, où nous étions vers quatre heures et demie, on
compte onze kilomètres, que nous fîmes en rencon-
trant à chaque instant des détachements de troupes
et des voitures de bagages. A Montauville nous comptâmes cent de ces carrioles arrêtées sur la route, nu-
mérotées et se suivant par ordre. C'étaient des chariots de réquisition allemands, étroits, bas, sales,
primitifs, construits à coups de serpe, ayant beaucoup de ressemblance avec les appareils de transport
des Bohémiens misérables qui rôdent dans nos campagnes ; mais ils étaient attelés chacun de deux bons
chevaux et devaient faire régulièrement leur service.
Ces convois, qui cheminaient sans aucune escorte,
auraient été facilement enlevés par quelques hommes
déterminés qui n'auraient eu maille à partir qu'avec
les conducteurs, des *trainglots* de la landwehr ; mais
ceux-ci savaient qu'il n'y avait plus ni soldats français
ni francs-tireurs dans le voisinage, et voyageaient en
toute sécurité. Nous rencontrâmes encore cent de ces
mêmes voitures à Maidières, où l'on nous fit arrêter
et ranger sur la gauche de la route, dans un champ
où l'on voyait des traces récentes de campement ; un
homme fut détaché pour aller annoncer notre arrivée
à Pont-à-Mousson, dont nous n'étions plus guère éloignés que de cinq ou six cents mètres et que nous
apercevions devant nous.

Les horloges marquaient six heures quand nous entrâmes dans cette petite ville, qui est assez agréable

et pittoresquement située. La Moselle, qui la sépare
en deux parties, est belle et large ; les deux flèches
de l'église principale ne manquent pas d'une certaine
élégance ; la place, vaste et triangulaire, est entourée
de galeries couvertes, de monuments publics et privés
bâtis avec goût. En face, sur le sommet de la montagne qui domine la plaine de plus de cent mètres et
où est perché le petit village de Mousson, se dresse
un vieux château-fort du haut duquel on doit jouir
d'un coup d'œil splendide.

La plupart des édifices affectés à un tout autre usage
étaient transformés en ambulances ; devant même
beaucoup de maisons particulières flottait le drapeau
blanc à croix rouge. Comme l'avant-veille, on nous
assigna, pour passer la nuit, une église froide, nue,
lugubre comme celle de Triaucourt. Les officiers furent placés dans le chœur, avec le luxe de quelques
bottes de paille : on nous traitait en vrais sybarites.
On négligeait pourtant toujours soigneusement de
nous donner à manger, exercice auquel nous ne nous
étions pas livrés depuis le soir à Saint-Mihiel, c'est-à-
dire depuis vingt-quatre heures. Le commandant
Duval demanda audience au commandant d'étapes,
lui représenta que nous ne pouvions continuer à marcher dans de pareilles conditions, et lui exposa en
outre que les blessés qui pouvaient encore nous suivre
n'avaient pas été pansés depuis trois jours et devaient
l'être d'urgence. Le chef prussien promit d'aviser ; il
accorda en outre à deux ou trois prisonniers la permission d'aller, sous escorte, voir des parents ou des
amis qu'ils avaient en ville. A la nuit tombante, on
nous apporta des marmites contenant une sorte de

soupe fangeuse et fétide, dans laquelle nageaient les os d'un animal qu'on ne pouvait reconnaître, mais à coup sûr décédé de longue date ; encore n'y en eut-il pas pour tout le monde. La plupart durent se contenter d'un petit morceau de pain dur, avarié, moisi. Si les repas étaient peu fréquents, ils étaient aussi d'une abondance assez discutable : aussi je ne crois pas qu'on ait eu à constater ce soir là un seul cas d'indigestion.

La cérémonie faite (c'est du festin que je parle), chacun s'en fut coucher, comme dit un vieux refrain populaire, et s'arrangea du plus commodément possible. Une botte de paille fut mise en commun entre le commandant Michaut, le lieutenant Henriet et moi, et tous trois, les marches de l'autel nous servant d'oreiller, nous nous efforçâmes de chercher dans le sommeil le repos et l'oubli.

CHAPITRE IX.

De Pont-à-Mousson à Remilly.

Tout est relatif : on ne se trouvait pas trop mal
couché si l'on songeait à la façon dont on avait passé
les deux nuits précédentes ; et puis, on commençait
à s'habituer à coucher dans les églises, fantaisie que
ne s'était jamais passée auparavant aucun de nous,
selon toute probabilité. Seulement, comme à Triaucourt, le voisinage de l'autel était chose assez désagréable ; c'était un endroit tout indiqué pour un
buen retiro, et il était fréquenté sans discontinuer.
Des cas assez nombreux de dysenterie, causés par la
fatigue et les privations, se manifestaient déjà. A cinq
heures du matin arrivèrent un chirurgien et quelques
infirmiers qui allaient enfin pour la première fois
panser ceux des blessés qui nous suivaient depuis la
Basse ou Passavant. Il y avait aussi bon nombre d'é-

clopés, dont les pieds étaient meurtris, et qui étaient obligés de marcher sans chaussures. On plaça sur l'autel une chandelle implantée dans une bouteille fêlée, et les hommes qui avaient besoin de soins vinrent tour à tour dans le chœur recevoir ceux qu'exigeait leur état. La plupart n'avaient que des blessures légères ; quelques-uns cependant étaient fort maltraités, entr'autres un sous-chef artificier du 2e d'artillerie, qui avait l'épaule brisée et la tête fendue en plusieurs endroits ; il fut cependant assez énergique pour faire la route complète. C'était d'ailleurs un garçon intelligent et instruit, qui se rendit par la suite fort utile à ses camarades. Je me rappelle encore ce pauvre lieutenant Pestre, mort depuis, se faisant passer des sétons dans d'énormes ampoules qu'il avait aux talons. L'intérieur de l'église, vide et triste comme notre première prison, offrait un aspect plus étrange encore ; cette seule lumière, ne projetant que de faibles rayons, laissait entrevoir comme des formes fantastiques qui s'agitaient dans l'ombre. Les hommes paraissaient des fantômes.

Quelques officiers étant entrés, nous leur demandâmes s'il nous était permis de faire connaître notre sort à nos familles. Sur leur réponse affirmative, et même sur leur assurance que nos lettres arriveraient immédiatement à destination, chacun se mit à déchirer de nouvelles feuilles aux carnets et à barbouiller au plus vite un billet que l'on remettait dans le chœur à un endroit désigné.

Le tas de ces petits papiers devint bientôt énorme. Comme à notre départ ils étaient encore là et que nul ne semblait songer à les faire partir, nous croyions bien avoir fait inutilement des frais d'écriture. Pourtant je sus plus tard que mon billet daté de ce jour (28 août) parvint à mes parents le 4 octobre suivant; ainsi il avait mis trente-huit jours pour aller de Pont-à-Mousson à Vitry, trajet que nous venions de faire en trois, et sans autre moyen de transport que nos jambes.

Ce matin-là, était-ce pour nous faire fêter la solennité du dimanche, ou plutôt parce que nos hôtes, jusque-là si parcimonieux, avaient un superflu de provisions, on nous distribua du pain noir avec un liquide infect, noirâtre, brûlant, épais, que les moins exigeants comparaient à du café. Ce n'était en réalité qu'un breuvage affreux, amer et dégoûtant ; on y trouvait aussi bien de la graisse que des cailloux, et le récipient qui le contenait avait dû séjourner dans la boutique d'un perruquier : aussi n'en fis-je qu'une consommation très modérée. Je me gardai bien de faire bis, comme disent les buveurs de profession, et je m'empressai de passer à mon voisin le calice commun.

A sept heures on nous fit sortir de l'église. Le temps était sombre et pluvieux. Nous allions avoir pour escorte des uhlans de la garde, un des plus beaux corps de l'armée prussienne. Il est composé d'hommes généralement grands et forts, qui, montés sur de magnifiques chevaux, portent la lance, la tunique blanche et le casque de fer à paratonnerre de cuivre. Ils s'étaient décidés à avoir quelque pitié pour les blessés et quelques égards pour les officiers : plusieurs chariots garnis de paille attendaient dans la rue. On s'y installa tant bien que mal, plutôt mal que

bien, et quoiqu'on n'y fut guère à l'aise, c'était encore
préférable à la marche. Le hasard me fit monter dans
la première voiture près du conducteur, un vieux
schwabe bavard, sale et déguenillé. Il s'obstinait à
m'interpeller, quoique devant s'apercevoir que je ne
le comprenais pas. J'avais bien une certaine teinture
de la langue allemande ; mais l'affreux patois avec
lequel il m'écorchait le tympan était pour moi un
idiôme absolument inintelligible. Sa langue s'arrêta
enfin, quand il vit que je lui tournais le dos d'une manière peu polie, mais significative. Il fit claquer deux
ou trois coups la mèche de son fouet en sifflotant un
aria di bravura ; puis il alluma sa longue pipe en
porcelaine, et, de guerre lasse, me laissa tranquille le
reste du voyage. On lui fit charger sur sa voiture une
des deux malles appartenant à des capitaines du 65ᵉ ;
cette malle s'étant ouverte à force de chocs, il en
retira délicatement une chemise qu'il fourra à la hâte
dans son sac sur lequel il s'assit ensuite. Il pensait,
et avec raison, qu'on ne viendrait pas la rechercher
là. Ce moyen de se procurer du linge exige une conscience assez élastique : mais le pauvre diable en
avait tant besoin !

Tout le monde casé, on partit. Dans les rues, les
Mussipontins, navrés de nous voir passer en cet état,
se découvraient devant nous. On tourna au coin du
cimetière pour prendre à gauche la route de Metz ;
on passa devant un nouveau cimetière, celui des
juifs, ce qui n'était pas fait pour inspirer des idées
gaies. puis on s'engagea à droite sur la direction de
Faulquemont. Nous ne pouvions en effet aller à Metz
puisqu'il était encore au pouvoir de nos armes ; nous

devions gagner ce jour-là Remilly, station du chemin
de fer sur la ligne de Sarrebruck, et éloigné de Pont-
à-Mousson d'une trentaine de kilomètres.

Nous passâmes à Heminville, les Ménils, deux villages tout rapprochés, dont les habitants sortirent en
foule et nous présentèrent des fruits, car il n'y avait
plus que cela de laissé par l'insatiable ennemi. Le
long de la route et la traversant à certains endroits,
nous rencontrions de nombreux soldats allemands
qui, armés de pioches et de pelles, travaillaient la
terre et construisaient une espèce de terrassement.
Un sous-officier de l'escorte nous apprit que ces soldats étaient des pionniers, et que ce terrassement
était un chemin de fer. En attendant la chûte de
Metz, de Moltke, en habile tacticien, voulait une voie
rapide entre Remilly et Pont-à-Mousson pour transporter ses hommes et son matériel. L'invasion datait
de quelques jours à peine, et déjà étaient fort avancés
ces travaux d'une importance capitale. L'armée de
Metz, paraît-il, inquiétait de temps en temps les travailleurs et détruisait une partie de leur ouvrage ;
cette ligne audacieuse passait en effet non loin de la
place, et s'il y avait eu ce jour-là une sortie de ce
côté, nous aurions fort bien pu être intéressés à l'affaire.

Vers neuf heures et demie nous traversions la
Seille et entrions dans le département de la Moselle.
Nous fûmes bientôt à Cheminot, puis à Louvigny, et
nous traversions un peu plus loin la route de Nomény
à Metz. La pluie, qui avait commencé à tomber au
sortir de Pont-à-Mousson, ne cessait pas et ne cessa
pas de la journée. Nous étions mouillés jusqu'aux os;

sur les voitures on était transi de froid. Ceux qui marchaient étaient plus malheureux encore ; la route, défoncée par les innombrables trains d'équipages et d'artillerie, par les hommes et les chevaux qui ne cessaient de la suivre, fut bientôt complètement détrempée ; c'était un véritable lac. Les prisonniers marchaient dans l'eau, dans la boue jusqu'à mijambe ; ceux qui n'avaient pu remettre leurs souliers laissaient derrière eux des traces sanguinolentes. De temps en temps il en tombait un d'épuisement et de fatigue ; on le relevait couvert de fange, et on le plaçait sur une des voitures, déjà toutes pleines. Il n'y avait plus guère d'hommes véritablement valides ; les privations et les maladies commençaient leur œuvre et il n'eût plus guère été possible de marcher encore le lendemain. Une soif ardente, la soif des fiévreux, nous tourmentait tous ; certains suçaient leurs mouchoirs, après les avoir trempés dans les flaques bourbeuses du chemin ; d'autres tendaient leurs chapeaux et essayaient d'y recueillir quelques gouttes de l'eau de la pluie. Notre désolante procession passa ainsi à Vigny à onze heures trois quarts ; à Buchy, vers une heure, laissant à droite les bois de Solgne, et après une petite halte, la seule du trajet. Là nous n'étions éloignés que de dix-sept à dix-huit kilomètres de la forteresse ancienne capitale du royaume d'Austrasie, de quinze kilomètres du fort de Queuleu, et de douze à peine de Peltre, qui était incendié le 28 septembre, après la tentative infructueuse des Français sur Courcelles.

Un kilomètre après Buchy, nous coupions la grande route de Château-Salins ; il y avait là, à gauche, l'auberge du Cheval-Blanc, et de l'autre côté, coïncidence bizarre, sept ou huit chevaux morts.

Nous étions à une heure trois quarts à Luppy, après avoir suivi la lisière du bois du même nom ; à Béchy, à deux heures un quart. Tous ces villages étaient remplis de soldats qui naturellement nous brutalisaient au passage et joignaient leurs insultes à celles dont nous abreuvaient nos gardes, que le temps ne disposait pas à l'indulgence ; mais on finissait par se faire à ces aménités et l'on s'efforçait de n'y plus prêter attention. Enfin à trois heures et demie, après avoir dépassé un étang qui se confondait presque avec la route, nous arrivions à Remilly. Il était temps : la colonne s'allongeait démesurément, un grand nombre de malheureux se laissaient tomber et se traînaient sur les genoux. Nous longeâmes le village, entendant un bruit qui ordinairement ennuie, agace, irrite, mais qui cette fois nous causait un plaisir réel : le sifflet d'une locomotive. Nous n'y étions plus habitués. Il semblait qu'on retrouvait trace d'une civilisation depuis longtemps disparue. Et pourtant ce chemin de fer allait nous emmener loin de la France !

On nous fit traverser la gare, et on nous parqua en face dans un hangar en planches, sous lequel étaient disposés dés matelas et de la paille. Ce hangar servait d'ambulance provisoire aux blessés qu'on embarquait de là pour l'Allemagne. Les hommes furent laissés en plein air, dans la petite prairie bornée d'un côté par la voie et entourée de l'autre par la Nied française ; on leur donna d'énormes morceaux de lard fumé dans lesquels ils mordaient tour à tour, n'ayant à leur disposition aucun instrument tranchant pour le partager. Les officiers furent accueillis de la façon la plus hospitalière par des membres de la Société internationale de secours aux blessés. De jeunes médecins, de jeunes femmes, portant le brassard blanc à croix rouge, allaient et venaient de l'un à l'autre avec une bonté et une affabilité qui nous paraissaient extraordinaires après les traitements que nous venions de subir. Ayant l'habitude et la mission de recevoir et de soigner les blessés, ces personnes dévouées étaient pourvues en abondance des choses nécessaires à la vie, et nous apportèrent des provisions dont nous avions grand besoin. Chacun eut une tasse d'un excellent bouillon, du vin, deux œufs durs et des tartines beurrées avec du jambon. On fit ensuite circuler du café et des cigares : c'était un repas complet. Les uns mangeaient debout, les autres assis sur des matelas, mais tous de fort bon appétit. Je ne dirai pas que la gaîté commençait à revenir ; mais nous nous familiarisions déjà avec nos hôtesses et avec nos hôtes, avec lesquels nous causions comme on cause quand on a l'estomac satisfait. Il y avait là des Français, des Suisses, des Italiens, des Allemands même ; tous nous accueillaient avec la même cordialité. On nous offrit des cartes de correspondance, du papier, des enveloppes ; chacun se mit à écrire à ses parents. La Société internationale se chargeait de faire parvenir les lettres, qui arrivèrent à Vitry un mois après.

Bien restaurés, un peu réchauffés, nous ne savions plus que faire et nous demandions quel sort nous était réservé, quand un officier prussien vînt nous

annoncer la visite du général commandant à Remilly.
Nous sortîmes de la baraque pour l'attendre ; il ne
tarda pas à se présenter. C'était un homme petit,
maigre, presqu'un vieillard, au physique doux, qui,
après les salutations d'usage, voulut nous adresser la
parole : « Messieurs, dit-il, je regrette,..... je regrette..... que..... eu..... enfin,..... vous me com-
prenez. » Nous ne comprenions pas du tout. L'étude
qu'il avait faite de notre langue ne lui permettait pas
d'en dire plus long. Il fut obligé, pour exprimer sa
pensée, de s'adresser à l'aide-de-camp qui l'accompa-
gnait, et qui nous la transmit en fort bon français. Ce
pauvre général avait une grande démangeaison de
parler ; à chaque instant il essayait de balbutier
quelques mots, mais ses essais finissaient toujours
par son invariable « vous me ·comprenez. » Heureusement l'officier d'état-major était là pour achever la
phrase si peu commencée par son Excellence, titre
qu'il donnait au général.

Nous dûmes signer un écrit par lequel nous promettions, sous la foi du serment, de ne tenter aucun
moyen de nous échapper pendant le trajet que nous
allions faire. On formait un train exprès pour nous,
et dans quelques heures on allait nous diriger sur
Mayence.

La nuit vint. Le temps s'écoulait à fumer, à
causer des derniers évènements et à faire des supposi-
tions sur ceux à venir. A neuf heures du soir on vint
nous chercher pour nous embarquer. En arrivant
sur le quai de la gare, nous vîmes nos hommes
emballés dans des voitures de marchandises et de
bestiaux, qui avaient servi déjà au transport des trou-

pes allemandes. Le chef de gare français était remplacé par un capitaine prussien, qui nous adressa fort poliment la parole, plaignant notre sort et celui de notre belle France, pour me servir de son expression. Je me trouvai à monter dans un wagon de seconde classe avec MM. Michaut, Henriet, Charles, Chastelain, Ledreux et deux voyageurs allemands, qui me parurent être, d'après leur conversation, fournisseurs des armées. Chacun se plaça à sa guise, et le train démarra. Je ne sais ce qui se produisit, mais au bout de dix minutes environ, avant même d'avoir atteint la première station. Herny, il s'arrêta tout à coup et recula jusqu'à Remilly ; ce ne fut qu'une demi-heure après qu'il repartît définitivement, mais avec une grande lenteur.

CHAPITRE X.

De Remilly à Mayence. — La citadelle.

Il était minuit quand nous passions à Forbach, de triste mémoire. On arrêta à Stiering et deux ou trois fois en pleine voie. Le train allait si peu vite qu'il nous fallut deux heures pour aller jusqu'à Sarrebruck, que l'on atteint ordinairement en moins de vingt minutes, et où nous restâmes jusqu'à quatre heures vingt minutes du matin (29 août). Nous étions en Prusse. A l'arrivée, on nous fit passer un potage au riz que personne ne refusa, puis nous eûmes le temps d'examiner les dégâts commis par le bombardement. La gare était fort maltraitée ; presque toutes les vitres étaient brisées et l'on voyait sur les murailles les traces de nombreux projectiles. Beaucoup de wagons, dont un certain nombre de français, étaient endommagés et relégués sur des voies d'évitement.

On voyait que la guerre avait passé par là ; et en considérant tous ces ravages, nous nous rappelions avec amertume ce funeste et ridicule début de la campagne.

Le jour était arrivé, et nous avions au moins la distraction de regarder les sites que nous traversions. Nous passâmes à Dudweiler, auprès des fameuses mines de houille qui font la richesse de ces contrées. On apercevait de nombreuses fabriques, des hauts-fourneaux, des verreries dans tous les environs jusqu'à Sultzbach. Notre premier arrêt fut à Friederichsthal, notre second à Neunkirchen. Là, au lieu de continuer sur la ligne de Hombourg, nous prîmes à gauche l'embranchement du chemin de fer de la Nahe. Nous entrions dans un pays très accidenté, très pittoresque ; les tunnels se succédaient, généralement peu longs, mais fréquents. D'une montagne élevée, aux rochers de pierre rouge,.on passait subitement à une vallée magnifique, arrosée de quelque petite rivière baignant de ses ondes claires de fort beaux villages. Ici, c'était un moulin isolé au milieu d'un bouquet d'arbres verdoyants ; là, un gracieux chalet sur le versant d'une colline, au pied de laquelle paissaient de paisibles troupeaux ; plus loin, une immense forêt ; de tous les côtés enfin nous étions entourés de ravissants points de vue. Mais le train filait toujours et passa bientôt à Reden, Ottweiler, St-Wendel, où il s'arrêta longtemps, Birkenfeld, Heinsbach, Kromweiler,au pied d'une montagne couronnée d'un de ces antiques manoirs aux légendes fantastiques. On rencontrait beaucoup de ruines de ce genre sur tout le parcours, entr'autres à Oberstein, où des bouteilles

de Bordeaux nous furent distribuées par des membres
de la Société internationale. Faisant partie de la
principauté de Birkenfeld appartenant elle-même au
duché d'Oldenbourg, quoiqu'en étant assez éloignée,
cette ville d'Oberstein est très curieuse. Bâtie sur un
haut versant, au-dessus de la Nahe, ses vieilles maisons de bois bizarrement ouvragé se dressent contre
le roc, les pieds dans l'eau, abritant de nombreux ouvriers travaillant l'agate, que le sol fournit en abondance. Deux montagnes avec leurs châteaux tradi-
tionnels dominent le tout ; sous l'un d'eux, dans une
caverne, est blottie une petite chapelle gothique dont
le clocher seul s'avance au dehors. Après Kirn, Muns-
ter-am-Stein, nous arrivâmes à Creuznach, ville
d'eaux très fréquentée, et près de laquelle sont exploi-
tées de vastes salines appartenant au grand duc de
Hesse-Darmstadt. Là on nous donna à chacun un
morceau de pain et d'un fromage qui ressemblait
assez au gruyère ; il était à peu près deux heures de
l'après-midi. Nouvel arrêt à Longenlonsheim, puis à
Bingerbrück et à Bingen, à l'embouchure de la Nahe.
Nous avions en cet endroit sous les yeux le magnifique panorama du Rhin et de ses bords : d'un côté
la ville, coquettement bâtie ; de l'autre, d'imposantes
hauteurs surplombées des débris de la tour de Klopp,
et couvertes de ces vignes qui produisent un vin si
renommé ; au milieu du fleuve, une île avec une sorte
de petit fortin ; puis le fleuve lui-même, large, bleu,
rapide, avec sa cataracte de Bingerloch qui en rend
la navigation assez dangereuse, mais sillonné néanmoins en tous sens par des bateaux de toutes formes
et de toutes grandeurs. C'était un admirable spec-

tacle, que nous ne pûmes contempler aussi longtemps
que nous l'aurions voulu ; on poussa jusque Mombach
et enfin, à six heures du soir, nous entrions dans la
forteresse de Mayence. Ce n'était pas sans une certaine émotion que nous faisions connaissance avec
cette place célèbre, entourée de dix-huit forts ou re-
doutes, la clef de l'intérieur de l'Allemagne, si souvent
assiégée, et dont certains visionnaires croyaient encore s'emparer huit jours après la déclaration de
la guerre. Nous nous souvenions de ces héros de
1793, les Mayençais ; les noms des Meusnier, Doyré,
Aubert-Dubayet, Kléber, Rewbel, Merlin de Thion-
ville, etc., etc., nous venaient tout naturellement à
l'esprit.

Après avoir traversé trois lignes de fortifications,
nous arrivâmes à la gare, où une foule nombreuse
nous attendait. Deux ou trois mobiles, s'étant couchés
dans un wagon ayant contenu du goudron, étaient
collés sur le plancher et en furent à grand'peine arrachés, à moitié morts. Comme d'habitude, on nous
rangea, on nous compta et on nous conduisit à travers les rues sous bonne escorte. Malgré notre rapide
passage, nous ne pouvions méconnaître l'aspect d'une
grande ville (60.000 habitants), à l'animation qui régnait partout, aux constructions élevées qui bor-
daient les avenues, aux monuments grandioses que
l'on rencontrait à chaque pas. Parmi les curieux qui
nous entouraient et qui nous suivaient, les uns étaient
hostiles, les autres bienveillants ; certains nous jetaient des pierres, certains lançaient leurs coiffures à
ceux des nôtres qui en manquaient. Au tournant
d'une rue, près d'une immense manutention militaire

et fabrique de vivres de campagne, on nous fit monter
une chaussée escarpée creusée dans le roc et condui-
sant à la citadelle, dans laquelle nous pénétrions au
bout de quelques minutes. Cette citadelle est véritablement une position formidable. Située sur un som
met dominant le corps de place, elle est défendue par
des ravins naturels très profonds, des fossés, plusieurs
enceintes, des travaux de fortification et de terrassement qui sont le dernier mot de la science, et à l'en-
tretien desquels sont constamment employés des
légions de soldats du génie. De vastes casernes, toutes
occupées, s'élèvent à l'intérieur, et les remparts sont
garnis d'une artillerie formidable. De tous côtés on
entend les commandements des officiers, les notes
aiguës des fifres, la sonnerie des clairons, le roule-
ment des tambours, le cri d'appel aux armes *(Heraus !)*
poussé par d'innombrables sentinelles. Il nous fallut
traverser plusieurs ponts, passer sous quelques voûtes, tourner toutes sortes d'ouvrages avant d'arriver à
l'endroit qui nous était désigné pour passer la nuit.
C'était un des bastions les plus reculés de la citadelle,
dans une enceinte resserrée entre trois murailles élevées et une solide barrière à la gorge. Deux vastes
casemates devaient nous abriter ; l'une était destinée
aux hommes, l'autre à nous-mêmes et aux ordonnances, qui couchèrent au premier étage ; quant aux
officiers, ils eurent pour logis deux chambres au rez-
de-chaussée, deux caves plutôt, précédées d'un poste
bien gardé. Ces chambres servaient ordinairement
de prison aux sous-officiers. Des lits en bois, très
courts, avec une paillasse, une couverture et un sac
servant de draps, suivant l'habitude allemande.

18

une table, un pot à l'eau, voilà l'ameublement.

Avec la nuit maître Gaster se mit à réclamer. Mais l'heure passait, et le gouvernement de M. de Bismarck, estimant sans doute que c'était déjà bien beau de sa part de nous payer le voyage, ne semblait nullement songer à notre souper. Un *Feldwebel*, à qui je m'adressai pour avoir des renseignements à ce sujet, nous indiqua une cantine, et nous dit, en ayant encore l'air de nous faire une concession, que nous avions le droit d'y acheter ce qu'on y trouvait. C'était bien le moins.

On se cotisa donc pour se payer du pain de seigle, du cervelas et de la bière, les trois seules choses possibles à rencontrer dans ce bouge immonde et crasseux pompeusement dénommé cantine. Le mastroquet apporta sur notre table une lampe puante et fumeuse, pour nous éclairer, prétendait-il ; mais cet engin primitif ne remplissait pas du tout sa mission et laissait soigneusement à deux pas les objets dans l'obscurité la plus profonde. Aussi veux-je bien croire pieusement que c'est du saucisson que j'ai mangé ce soir-là, quoique je n'en sois pas parfaitement sûr. Je puis seulement affirmer une chose, c'est que l'objet inconnu que je me mettais sous la dent était flasque, spongieux, poivré outre mesure, et exhalait une odeur rappelant vaguement celle d'un rongeur traîtreusement et depuis longtemps empoisonné. Je n'eus aucune tentation de remettre une seconde fois la main au plat pour pêcher une seconde portion. Je dis « la main » avec préméditation, les fourchettes et les assiettes ayant été considérées comme un luxe inutile. J'avais cependant encore bien faim ; mes compagnons, qui souffraient de la même maladie, jugèrent également prudent de s'arrêter aux premières bouchées ; d'où je conclus que le mets qu'on nous avait servi n'était décidément que d'un choix ultra secondaire.

Si les exigences de l'estomac n'étaient que médiocrement calmées, on espérait du moins, en passant une bonne nuit, se remettre un peu des fatigues et des privations endurées jusqu'alors. Erreur, illusion, chimère ! Nous comptions sans notre hôte, ou plutôt sans nos hôtes, car ils étaient nombreux : nos lits étaient habités. Mais, non prévenus de ce détail, nous nous déshabillâmes pour la première fois depuis Vitry, et nous fourrâmes dans le sac en toute confiance. En m'étendant sur ma maigre paillassse, je m'aperçus d'abord qu'une ou deux des planches qui la soutenaient étaient enlevées et laissaient un large trou vers le milieu ; de sorte que j'avais le dos dans ce trou, la tête un peu plus élevée et les jambes tout-à-fait en l'air. J'étais plié en deux, position fort incommode pour dormir, ce que je constatai pour la première fois, ne l'ayant jamais essayé auparavant. C'étaient de véritables lits de nains, que ces boites grossièrement taillées ; nos pieds allaient s'égarer dans le vide bien au delà de la couverture. Mais ces inconvénients n'étaient pas faits, pour ennuyer longtemps des gens aussi harassés que nous l'étions. Je commençais donc à m'assoupir, mais voilà que de tous côtés je sens de nombreuses piqûres, et voilà qu'une armée de puces, de punaises, avides de sang français comme tous les habitants du pays, fait invasion dans ma couche et me harcèle sans trève ni relâche. Je n'eus pas une minute de repos et ne fermai pas l'œil de la nuit. Ce qui me consolait un peu, c'est que je n'étais pas la seule proie sur laquelle s'acharnaient les parasites sus nommés ; de tous côtés j'entendais des plaintes accentuées, des jurons énergiques m'indiquant assez que Morphée, dans sa justice, ne répandait pas plus ses pavots sur mes voisins que sur moi. Dans un coin pourtant il y en avait un insensible aux morsures des innombrables insectes qui lui couraient sur le corps ; on entendait partir de son lit des sons bruyants et prolongés ressemblant à s'y méprendre aux ronflements du tuyau de seize pieds bouché d'un orgue de cathédrale. J'ai toujours supposé que ce dormeur intrépide était intimement lié avec M. Burnichon, et qu'il s'était fait copieusement saupoudrer avant de partir.

Le jour arriva enfin, (30 août) à notre grande satisfaction. Nous nous empressâmes de nous retirer de nos instruments de torture et de nous nettoyer, ce dont nous avions grand besoin : il y avait six jours que la chose ne nous était arrivée. On était sale, noir, dégoûtant ; la sueur, la poussière, la pluie, le soleil avaient fait sur les visages d'étranges marbrures. Les habits était tout fripés, les pantalons et les souliers couverts de boue ; il fallut quelques heures pour se mettre dans un état relativement convenable. Puis chacun profita d'une pompe qui se trouvait au dehors pour lessiver son linge, c'est-à-dire son unique mouchoir ; pendant ce temps ceux qu'un besoin nasal tourmentait étaient obligés d'employer le moyen prussien. Mais il y en avait de bien maladroits ; on voyait que l'habitude manquait.

Il faisait un grand froid sur ce bastion ; le vent qui s'engouffrait avec violence entre les murailles, nous glaçait littéralement. Le capitaine Leroy était rentré en possesion de sa malle ; celle du capitaine Charvais, resté à Triaucourt dans un état qui ne lui permettait pas le voyage, avait continué à nous suivre. Dans l'intérêt de son propriétaire et en même temps pour nous être utile, le capitaine Barillier, son ami, proposa de nous vendre le linge qui y était renfermé. On accepta avec plaisir, et chacun prit ce qui lui convint. Le cantinier, témoin de cette vente, courut chercher un fripier de sa connaissance, qui arriva bientôt avec une cargaison de chemises, gilets, caleçons, chaussettes, ceintures de flanelle, quelques cabans, des pipes, du tabac, etc ; il se défit du tout en un instant et à des prix absolument usuraires.

Vers dix heures, un officier vint nous annoncer que nous partirions à onze. Où ? Les uns disaient à Cologne, les autres à Spandau ; mais à la vérité personne ne le savait. On déjeuna, comme la veille on avait dîné, avec du pseudo-saucisson acheté de nos deniers et dont un vieux matou rogneux qui rôdait dans nos jambes eut la meilleure part. Nous avions terminé notre modeste repas quand des soldats apportèrent un baquet de soupe et des portions de bœuf. (?) On laissa la soupe et on prit la viande, en prévision des besoins de la route ; nous devenions gens de précaution.

Un détachement d'infanterie vint nous prendre à l'heure dite ; nous dûmes encore prêter serment entre les mains de son chef. On nous fit sortir de la citadelle, traverser la ville par les rues que nous avions déjà suivies, et nous arrivâmes à la gare, toujours escortés d'une affluence de badauds. Chemin faisant,

le lieutenant Vincienne rencontra un nommé Weiss-
smann, courtier de commerce, qu'il connaissait et qui
vint nous accompagner, voulant à toute force nous
offrir au buffet un verre de vin du Rhin. Quelques Français faits prisonniers avant nous et internés jusque-là
à Mayence étaient déjà au chemin de fer et devaient
prendre notre train. Il y avait là le sous-lieutenant
Carles, du 95ᵉ de ligne; un chasseur à pied, fils du préfet de Lille, engagé volontaire pour la durée de la
guerre ; un grenadier de la garde, nommé Breuil, et
cinq turcos blessés, à Wissembourg, sur des canons
allemands qu'ils ne voulaient pas lâcher. L'un d'eux
avait une main presqu'entièrement coupée. Quoique
bien inoffensifs pour le moment, ces braves n'en faisaient pas moins l'effroi de la multitude qui nous envi-
ronnait ; s'ils tournaient seulement la tête, un mouvement de recul se produisait dans la foule. Les hommes
furent confinés dans les mêmes wagons que la veille,
les officiers dans des voitures de première et de seconde
classe, et à midi sonnant le train nous emportait à
toute vapeur.

CHAPITRE XI

De Mayence á Glogau.

Nous avions quitté le Rhin, regardant curieusement le pont de 650 mètres reliant Mayence à Cassel ; nous longions maintenant la rive gauche du Mein, dont les eaux jaunâtres contrastent singulièrement avec la limpidité de celles du grand fleuve dans lequel il se jette. A une heure vingt nous arrivions à Francfort, l'ancienne ville libre fondée par Charlemagne (Frankenfürt, gué des Francs). On nous fit arrêter là deux heures, mais un peu au-delà de la ville, de sorte que nous ne pûmes que l'apercevoir en passant. Nous fîmes ensuite halte à un village où des gamins nous bombardèrent avec des pommes, projectiles que nous voyions arriver sans trop d'appréhension, et qui se contentèrent de casser quelques vitres de nos wagons. Nous laissions à gauche la forêt du Lamboi-

wald en passant à Hanau ; là un monsieur aux cheveux épars et à la barbe inculte se précipita comme
une avalanche dans notre compartiment, en se frap-
pant le thorax à coups redoublés et en criant à tue-
tête : « Philanthrope ! philanthrope ! » Voulant justifier
le titre qu'il se donnait, cet illuminé nous mit des sau-
cissons sur les genoux et nous fit passer des chopes ;
comme il causait avec une étrange volubilité et ges-
ticulait violemment, nous ne tardâmes pas à nous
apercevoir qu'il était dans un état très avancé d'é-
briété : heureusement le train se remit en marche et
nous en débarrassa, mais pas avant qu'il n'eut déposé
un brûlant baiser sur la joue de M. Girardon, au visage duquel monta le rouge de la pudeur outragée.
Cela nous égaya un peu. Dans un wagon voisin on
n'engendrait pas non plus de mélancolie. Quelques
mobiles, parlant l'allemand, s'étaient mis au mieux
avec leurs gardiens, et se livraient en commun à de
copieuses libations de punch et autres liqueurs. Il
paraît que vers le soir les sbires de M. de Bismarck
n'auraient plus guère été en état d'exécuter leur consigne. L'un d'eux perdit son casque, un autre lança
sa baïonnette par la portière. Je me demande comment ils expliquèrent la disparition de ces objets ;
mais il est probable que cette petite noce leur coûta
plus cher qu'aux mobiles, quoique ce fussent ces derniers qui, bien entendu, en eussent fait tous les frais.

A la nuit, on se laissa aller aux douceurs du sommeil, porté qu'on y était par les fatigues précédentes et
la trépidation de la voiture. Nous passâmes, pendant
cette nuit du 30 au 31 août, à Gelnhausen, à Fulda,
sur la rivière de ce nom, à Hersfeld, sur le Weser, à

Marbourg (Hesse-Electorale). A Bebra nous prenions la ligne de Cassel-Eisenach, et au matin (31 août), nous entrions dans cette dernière ville, patrie de Sébastien Bach (grand-duché de Saxe-Weimar). Nous arrêtions là juste le temps de voir le palais, la montagne de Warteburg et son château, refuge de Luther mis au ban de l'empire en 1521. Puis nous passions dans le duché de Saxe-Cobourg-Gotha, et faisions halte à Gotha, songeant au fameux almanach et admirant de loin le beau château de Friederickstein, avec son parc et sa terrasse. Vers onze heures, nous arrivions à Erfurt, ville forte sur la Géra. Nous eûmes à peine le temps de l'apercevoir, car le train fila de suite au-delà des fortifications, et s'arrêta devant une grande halle dépendant de la gare. Le gouvernement prussien avait enfin compris que nous étions susceptibles d'éprouver le besoin de manger, et avait fait préparer à dîner pour tous les prisonniers. C'était une halte-repas, en style militaire moderne. On nous fit descendre, entrer sous la halle, et là, toujours sous bonne garde, nous pûmes savourer les délices d'une soupe au riz et d'un morceau de bœuf. De l'endroit où nous étions on découvrait la campagne ; c'était le moment de la moisson, et nous remarquions qu'il n'y avait presque que des femmes qui s'en occupaient : à part quelques vieillards, les hommes, réservistes ou landwheriens, avaient rejoint leurs régiments.

La dysenterie et autres maladies se répandaient parmi nous d'une façon inquiétante ; malgré cela, aussitôt le repas, et sans craindre de nous rendre la digestion laborieuse, on nous emballa de nouveau et nous fîmes route pour Weimar, cette charmante ville bâtie sur l'Ilm et surnommée à juste titre l'Athènes de l'Allemagne. A 19 kilomètres à droite nous laissions Iéna, si célèbre par son université et surtout par la grande bataille qu'y ont livrée nos pères. Nous nous trouvions presque au même endroit, mais dans une position, hélas ! bien différente : ils y étaient venus, eux, en vainqueurs, en conquérants ; et nous, nous y étions traînés en vaincus, en prisonniers. Telle était la pénible réflexion que chacun se faisait en silence.

A Apolda, où nous arrivâmes à une heure de l'après-midi environ, un acharné contre la France ameutait contre nous la populace, qui, comme partout où notre passage était annoncé, était en gare à nous attendre : cette brute alla même jusqu'à lever sa canne sur le sous-lieutenant de Chamisso, qui était sorti du wagon.

Nous passâmes ensuite à Sulza, petite ville entourée de rochers d'un granit noirâtre, à Kosen, où nous remarquâmes un vieux donjon et une chûte de la Saale, à Naumbourg, où l'on voyait çà et là quelques plants de vigne malades et rabougris. Nous entrions dans la vieille Prusse. A Weissenfels, nouvelles chûtes de la Saale ; nombreux moulins à vent. A trois heures nous quittions à Corbetta la ligne de Leipsick, dont nous n'étions plus guère éloignés. Ce nom nous rappelait encore bien des souvenirs ; il nous rappelait surtout la défection de ces lâches Saxons, nos alliés d'alors, nos ennemis depuis, et qui peut-être auraient encore une fois retourné leurs canons si nous avions remporté la moindre victoire au début de la guerre. « La raison du plus fort est toujours la meilleure » ; telle semble être la devise de ce méprisable peuple. Nous prîmes l'embranchement se dirigeant sur Mersebourg, dont nous contemplâmes un instant la cathédrale aux quatre tours, et à quatre heures et demie nous étions à Halle, où la gare est immense et magnifique. C'est du reste une ville importante, où se croisent six lignes de chemins de fer, et sur laquelle nous aurons occasion de revenir. Une heure après, nous traversions Bitterfeld et la Mulde ; la végétation, qui depuis quelque temps était de moins en moins luxuriante, devenait tout à fait triste ; on ne rencontrait que des marécages ; au loin, d'immenses forêts de sapins étendaient leurs lignes noires, tachées çà et là de quelques bouleaux. A Wittenberg, place forte (déclassée depuis), nous franchîmes une des grandes artères de l'Allemagne, l'Elbe, sur un pont splendide, large de près de 300 mètres, et protégé par un de ces petits ouvrages dits têtes-de-pont, armé de quelques canons.

Après une station de quelques minutes à huit heures et demie du soir à Juterbock, une autre vers dix heures à Luckenwalde, sur la Nathe, à minuit nous faisions notre entrée à Berlin. Entrée moins que triomphale ! Nous y étions, dans cette capitale, mais non comme nous le croyions il y a quinze jours à peine, comme on le criait même encore à Paris et dans nos départements non envahis ! Grand aurait été notre désir de visiter cette fameuse cité, le berceau de la civilisation de la Prusse et le centre de son commerce ; mais on ne songeait guère à nous accorder cette satisfaction. On arrêta d'abord à la gare d'Anhalt, puis on prit à droite le chemin de fer de ceinture ; nous traversions ainsi la partie sud de la ville, mais le gaz était insuffisant pour nous permettre de bien distinguer les objets qui nous entouraient. Le train suivait le milieu d'une rue, en coupait d'autres sans qu'il y eut aucune barrière pour empêcher de traverser la voie ; aussi à l'approche de chaque coin et pour éviter des accidents qui doivent encore se produire souvent malgré cette bruyante précaution, le mécanicien a-t-il soin d'agiter une cloche destinée à cet usage. Près d'un magasin à fourrages et de la caserne des pionniers de la garde nous passâmes la Sprée, et nous descendîmes à la gare de Francfort, où l'on nous annonça le souper. Le repas d'Erfurt étant digéré depuis de longues heures, cette nouvelle fut accueillie avec assez d'enthousiasme. C'était encore la Société internationale, de secours qui nous faisait cette gracieuseté ; sans cette bienfaisante institution nous courrions grand risque de ne pas nous arrêter à Berlin et de rester le ventre creux. On nous fit entrer tous, officiers et soldats, dans un des vastes bâtiments de la gare, où des dames qui paraissaient appartenir à la meilleure société nous servirent du bouillon, du riz, du jambon et du vin. Chacun avait avec cela un petit pain qu'on laissa à peu près intact, car il était saupoudré de graines d'anis qui lui donnaient un goût insupportable ; nos palais n'étaient pas encore faits à ces sortes de raffinements. Nous devions en voir bien d'autres.

Autour de nos tables allaient et venaient une foule d'indigènes qui nous examinaient avec curiosité. Il paraît que notre vue était pour eux un spectacle bizarre ; on eut dit vraiment que nous étions les can-

nibales d'une foire ou les animaux d'une ménagerie
« prenant leur nourriture. » Parmi ces visiteurs s'en
trouvait un qui ne se contenta pas de nous examiner,
mais qui vint fort courtoisement nous offrir ses services : c'était le comte Guillaume de Pourtalès. Quoique d'origine prussienne, en temps de paix ainsi que
presque toute sa famille, il habitait plus volontiers la
France. Tout le monde a entendu parler à cette époque de la belle madame de Pourtalès, dont les grâces
étaient tant admirées dans les salons de Paris et de
Strasbourg. Son mari, voulant contribuer à soulager
nos misères dans la mesure du possible, remit à chacun de nous sa carte avec un billet imprimé ainsi
conçu :

« Le comte Guillaume de Pourtalès, chevalier de
Saint-Jean, désirant tirer d'embarras momentané
Messieurs les officiers français prisonniers de guerre
qui traversent Berlin, offre à chacun d'eux un prêt
de *dix écus* contre reçu, le remboursement de cette
somme devant se faire dans l'espace de trois mois
chez son banquier, Monsieur L. C. Oppermann, 15,
rue Saint-Georges, Paris. »

Comme on le pense bien, il n'y en eut guère d'entre
nous qui refusèrent l'offre ; bien peu s'étaient munis
d'argent pour un aussi long voyage, et l'on ignorait
ce que l'avenir devait nous réserver. Nous remer-
ciâmes sincèrement notre ennemi de sa bonne action ;
seulement on ne put le rembourser de la façon dont il
le demandait, Paris, contre toutes prévisions, étant
investi à l'époque indiquée ; on lui renvoya directement son prêt à Berlin.

A une heure du matin (1er septembre), nous remon-

tâmes en wagon, cette fois pour notre destination définitive. Nous passâmes à Kopnick, Erckner, Haus-
berger, Fürstenwalde, Briesen, Francfort-sur-Oder,
dont nous parlerons plus loin, Finkerheerd, Fürs-
temberg, Neusel, Welnitz, mais dans l'obscurité la
plus profonde. Le jour arriva seulement à Güben, où
l'on s'arrêta. Cette ville, assez grande (18.000 habitants), renfermant de nombreuses filatures, est située
au confluent de la Neisse et de l'Oder. On dit qu'il
croît de la vigne dans les environs ; je l'admets volontiers, quoique je n'aurais pas été fâché de m'en
assurer en en goûtant le produit. A la station suivante, Jessnitz, s'étendent d'immenses vergers de
pommiers, arbre dont la culture est si répandue dans
le pays que les routes même en sont bordées ; à
Sommerfeld, nombreuses fabriques et petit château
de construction tout à fait originale. Après Gassen,
Liebsgen, Sorau, nous étions à huit heures à Hansdorff, où, au lieu de suivre directement la ligne de
Breslau, nous prîmes à l'est l'embranchement de Posen. Ce changement nécessita un temps d'arrêt que la
plupart passèrent au buffet, où ils n'eurent qu'à se
louer du propriétaire, un des quelques braves gens
rencontrés en chemin. C'était un Autrichien qui avait
pris part à la campagne de 1859 et s'était établi là
ensuite. Fait prisonnier de guerre et emmené à Paris,
il y avait été fort bien traité, ce dont il se rappelait
toujours : aussi ne voulut-il rien recevoir en paiement de ce qui avait été consommé chez lui. Notre
premier arrêt sur la nouvelle direction que nous suivions fut à Sagan, ville murée chef-lieu de la principauté de ce nom. Une grande quantité de hautes che-

minées d'usines ou de fabriques y indiquent une active
industrie ; les environs sont plantés de grands bois
de sapins remplis d'énormes champignons. Un de ces
bois venait d'être complètement détruit par un incendie : sur la terre calcinée on ne voyait plus que quelques troncs d'arbres carbonisés et restés debout.
Disons de suite que la princesse de Sagan se montra,
pendant toute la durée de la guerre, très secourable
pour les Français internés en Allemagne. Vinrent
ensuite Buchwald, Sprothau, où l'on commençait à
voir des clochers de forme polonaise. Là nos wagons
furent entourés par des femmes vendant des pâtis-
series affectant la forme d'animaux, moutons, vaches,
etc.; mais leurs offres eurent peu de succès, nos
moyens ne nous permettant pas un pareil luxe. La
culture du maïs et du sarrasin est beaucoup répandue
dans ces parages. A dix heures nous passions à Wal-
tersdorff ; et après les gares de Quaritz et de Klobs-
chen, nous arrivions enfin ce jour-là (1er septembre),
à onze heures du matin à Glogau, dernier but de notre
voyage.

CHAPITRE XII.

Séjour à Glogau. — Le camp. — La caserne.

Quoiqu'ignorant ce qui nous attendait là et la façon dont nous y allions être traités, nous n'étions pas fâchés de sortir de ces wagons, dans lesquels nous étions enfermés depuis quarante-huit heures. Une nombreuse escorte et une foule de curieux nous attendaient au débarquement ; les balcons de la gare étaient chargés de dames en grande toilette. Le capitaine baron de Büddenbrock, chargé de nous recevoir, fit ranger et compter les hommes quatre par quatre ; cette dernière opération dut être recommencée plusieurs fois sans jamais donner le même résultat, ce qui arrivait généralement. Les officiers, formés en cercle, furent instruits de leurs droits, qui étaient bien restreints, et de leurs devoirs, sur lesquels on s'étendit longuement ; puis nous fûmes dirigés vers la ville,

dont la station est éloignée d'un kilomètre environ.
Nous y entrâmes par la porte Prussienne *(Preussiche-*
thor) ; à toutes les fenêtres pendaient des drapeaux,
au milieu des rues flottaient de gigantesques oriflammes sous lesquelles il nous fallait courber hon-
teusement la tête. La joie de nos ennemis était
bruyante ; les hommes menaçaient, les femmes se
moquaient, les enfants chantaient sur un rhythme ca-
dencé, espèce d'air des lampions, « *die Franzosen,*
mit die rothe hosen ! » (les Français, avec les pantalons rouges !) Peu à peu ces manifestations s'accen-
tuèrent et devinrent à ce point inquiétantes pour
nous que les soldats et gendarmes de notre escorte durent faire à leurs congénères une distribution de coups
de crosse et de plat de sabre. Une lutte semblait
même inévitable à un moment donné. On traversa la
ville de l'ouest à l'est sans s'y arrêter et on en sortit
par la porte de Breslau *(Breslauer-thor)*. On tourna
les fortifications à droite, et, dix minutes après, on
arriva au camp qui devait nous servir de prison. Ce
camp, où étaient déjà internés quelques soldats français, avait la forme d'un vaste rectangle, et était entouré d'une enceinte de pieux énormes, sortes de traverses de chemins de fer et de sapins fendus hauts de
six pieds, reliés transversalement par des guindes et
rapprochés l'un de l'autre de deux centimètres. De
nombreuses sentinelles circulaient au dehors ; au
dedans et de chaque côté d'un chemin principal
étaient alignées une dizaine de grandes baraques en
planches de sapin mal jointes, les unes inachevées,
les autres couvertes en carton bitumé. On divisa les
prisonniers en trois compagnies d'environ deux cents

hommes, et on leur assigna pour demeure trois de ces
baraques ou ils devaient coucher par terre. Ce ne fut
que le surlendemain qu'on distribua quelques bottes
de paille pour le couchage, et plus tard des paillasses
et une couverture. Chacun reçut un petit ticket sur
un côté duquel étaient son nom, sa compagnie, son
escouade, son numéro ; de l'autre côté étaient les
noms du lieutenant commandant la compagnie, de
l'adjudant, du sergent-major et du planton (prussiens).
Nos compatriotes prisonniers avant nous et les turcos
venus avec étaient joints à la 1re compagnie, commandée par le lieutenant Kuneck. C'était un homme
brutal, grand, gros, fort, barbu, buveur, se vantant
toujours de sa force ; plusieurs fois il voulut lutter
avec un turco que nous appelions le Grand-Diable,
mais toujours le pauvre Kuneck était « tombé » selon
toutes les règles de l'art, et à sa grande colère. Il se
vengeait sur les prisonniers en les maltraitant, et ne
s'occupait d'eux que pour les injurier. Un jour, sans
motif, il tira son sabre et en frappa du plat un malade
étendu sur son grabat. Aux murmures et aux protestations indignées des prisonniers, il fit venir une
patrolle (patrouille) ; mais sitôt son arrivée, honteux
de sa conduite sans doute, il la congédia et partit lui-
même sans dire mot.

Par contre, une autre compagnie était commandée
ou plutôt surveillée par un jeune officier d'artillerie
qui parlait très bien le français et avait pour ses
hommes tous les égards que l'on pouvait avoir dans
la circonstance.

Les officiers avaient à l'extrémité de chaque baraque
une chambre séparée par une cloison élevée à mi-

hauteur ; ils avaient une sorte de cercueil devant servir de lit, meublé d'une paillasse tenant à la fois de la galette et de la planche par l'épaisseur et le moelleux, d'une mince couverture et du sac traditionnel remplaçant les deux draps. Nous étions quatre ou cinq par chambrée ; je me trouvai avec MM. Michaut, Henriet, Thiérion et Carles. Les préparatifs d'installation nous menèrent jusqu'à deux heures de l'après-midi ; à ce moment on nous appela pour déjeuner, appel auquel on répondit avec empressement. La table était assez proprement mise dans une des baraques voisines ; chacun avait sur son assiette un papier mince et plié en quatre sur un coin duquel s'étalaient ces deux mots en belle écriture gothique : « *Gùten appetit !* » Nous nous demandions si c'était une raillerie, une mystification, mais on nous apprit que c'étaient là les serviettes de l'endroit. On déjeuna à peu près à la française. Le gargotier qui réclamait notre pratique s'engageait à nous donner par jour deux repas semblables, moyennant la somme de 10 groschen (1 fr. 25). Seulement, pour se désaltérer, on avait le droit d'aller à deux robinets qui se trouvaient en bas du camp, et qui amenaient l'eau du dehors, ou d'acheter en supplément de la bière ou du vin. La privation de ce dernier liquide nous était sensible en de pareils moments ; mais le prix en était inabordable, on parlait d'un thaler (3 fr. 75) la bouteille au minimum.

On avait trié les blessés et les plus malades, qui furent relegués dans une baraque isolée, avec un peu de paille et sans pansement. Le lendemain soir seulement on les transféra dans une autre baraque amé-

nagée en ambulance et qui suffisait pour le moment :
mais ce ne devait pas être la dernière qui subissait
cette transformation. Chaque homme qui y était soigné avait un lit, très court, une petite paillasse avec
draps, traversin, une couverture en laine blanche,
une serviette, une gamelle plate, une cuiller, une table
de nuit à compartiments et servant d'armoire. La vie
était ainsi réglée : au réveil, pansement des blessés
par un grand gaillard de carabin à mine rébarbative
mais cependant assez doux, qui condescendait ensuite
à donner une consultation gratuite aux malades qui
avaient assez de confiance pour s'adresser à lui. Il
n'y avait encore jusqu'à présent que la dysenterie
comme cas dangereux. Le premier qui mourut fut le
sergent-major Oudot, de la 5e compagnie du bataillon
de mobiles ; une blessure à la tête l'avait rendu fou.
Un turco, qui avait le poignet traversé d'une balle,
mourut peu après de la gangrène. Un petit vieux médecin de la ville, nommé Meyer, toujours grognant,
mais bon au fond, eùt à son actif pas mal de guéri-
sons, entre autres celle de Hochard, le sous-chef artificier dont nous avons déjà parlé.

Après le pansement du matin, distribution d'une
réconfortante bouillie, ainsi que le soir ; le grand repas de midi était composé d'un plat ressemblant assez
à notre bœuf à la mode, avec un petit pain de seigle
assez sec, qui devait faire la journée. Ce régime ne
dura que jusqu'à l'arrivée des prisonniers de Sedan ;
les malades et blessés furent alors si nombreux que
les soins furent forcément trop partagés pour être
efficaces ; tous ceux qui purent quitter l'ambulance le
firent, pour éviter le mauvais air qu'on y respirait.

Le premier jour, on se coucha de bonne heure ; et même avant le couvre-feu, dont la sonnerie lugubre nous réveilla en sursaut, tellement elle ressemblait à notre « générale. » Le lendemain 2 septembre, après un nettoyage dont le besoin se faisait grandement sentir, chaque compagnie fut assemblée avec ses officiers. Un interprète, soldat de la landwehr, marchand de papiers peints à Breslau et qui avait habité Paris pendant deux ans, nous lut les « articles de guerre. » Les infractions à la discipline, la désobéissance aux ordres donnés, les tentatives d'évasion, etc., étaient punies par des châtiments très sévères, le plus souvent par la peine de mort. Une nouvelle parole d'honneur fut exigée des officiers. Il devait y en avoir un par compagnie restant au camp chaque jour : c'était à nous de nous entendre pour prendre ce poste tour à tour. Les autres avaient le droit d'aller en ville, en ayant soin de prévenir le chef de poste de leur sortie. Chaque jour un certain nombre de prisonniers étaient désignés pour le travail : ce travail, outre les corvées ordinaires, consistait à creuser des rigoles autour des baraques, à assainir, à approprier le camp ; c'était peu pénible d'abord et plutôt commandé par mesure d'hygiène, pour ne pas laisser les hommes dans un pernicieux désœuvrement ; mais plus tard les travaux devinrent plus pénibles.

Profitant immédiatement de la permission qui nous était accordée, nous allâmes en ville ce jour-là 2 septembre au matin, un peu par curiosité et aussi pour faire quelques acquisitions indispensables. Nous rencontrâmes le colonel du régiment d'infanterie prussienne en garnison à Glogau qui venait de son rap-

port, accompagné de quelques autres officiers ; ils
nous invitèrent avec tant d'instances et de politesse à
prendre un verre de bière, que nous ne pûmes refu-
ser. On entra donc dans Breiters'hotel, place du
Marché, lieu ordinaire de leurs réunions ; la conversation, d'abord froide et réservée, devint bientôt plus
expansive et plus animée ; plusieurs renseignements
utiles nous furent donnés de fort bonne grâce. Nous
croyions rentrer pour le moment du déjeuner, mais,
trompés par l'heure française encore marquée par nos
montres, nous étions en retard de près d'une heure,
différence approximative des méridiens de Paris et de
Berlin.

Le 3, les officiers avaient l'autorisation d'aller
prendre pension chez le restaurateur, dans son
magnifique établissement appelé Plantage ou Frie-
denthal (vallée de la paix). L'endroit était quelque peu
ironiquement choisi pour des prisonniers de guerre.
Situé au pied des glacis, entouré d'un vaste jardin
aux grands arbres, aux vertes pelouses, dans lequel
toutes les après-midi se donnent rendez vous de nombreux promeneurs, cet établissement est d'une construction tout à fait originale ; tous les murs sont re-
couverts d'écorces d'arbres et les toits ornés de bois
découpés. A l'intérieur se trouvent des salons, des
salles à manger, des salles de jeu, de billard, de café
et une grande pièce, élevée, décorée avec luxe, sinon
avec goût, et qui sert aux concerts d'hiver. Une galerie règne tout autour et au fond se dresse une
estrade sur laquelle se placent les musiciens ou les
chanteurs ; c'est dans cette espèce de petit théâtre
que nous prenions nos repas. Pendant l'été, la musi-

que « *von der Artillerie-und-Pionir-Kapelle* » donne
des concerts dans le jardin, sur un kiosque élevé à
cet effet ; ces concerts avaient lieu les mercredis et
les dimanches de 4 à 7 heures du soir, en trois parties ; mais les morceaux, quelque bien exécutés qu'ils
fussent, ne pouvaient guère nous distraire de nos
sombres pensées. Nous entendîmes là, outre quelques
fantaisies, marches ou valses des compositeurs
du crû, la *Norma*, de Bellini ; *Titus*, de Mozart ; *les
Lombards*, de Verdi ; *Poète et Paysan*, de Suppée ;
le *Beau Danube bleu*, de Strauss ; *la Vie Pari-
sienne*, d'Offenbach ; le *Trouvère*, de Verdi ; *Martha*, de Flotow ; *Galathée*, de Massé ; le *Tannhaüser*,
de Wagner ; *Nabuchodonosor*, de Verdi, etc., etc.
La majeure partie du répertoire était empruntée aux
partitions étrangères.

Ce même jour 3 septembre, vers 9 heures du matin,
le payeur militaire nous avança notre solde du mois ;
les commandants et les capitaines reçurent 25 thalers
(93ᶠ 75) ; les lieutenants et sous-lieutenants 12 thalers
(45ᶠ), somme bien insuffisante pour vivre, surtout
quand plus tard ils furent obligés de se loger à leurs
frais. C'était, nous dit le trésorier, la moitié de la
solde d'activité des officiers prussiens, solde qui a singulièrement augmenté depuis cette époque. Pendant
que nous touchions notre argent, le canon tonnait
sur les remparts, et le soir, la ville resplendissait d'illuminations, en réjouissance de la prise de Sedan et
de l'empereur.

Nous avions pour nous servir au Plantage un individu d'un type assez curieux, qui avait nom Jacobi.
Actif, intelligent, empressé, attentif, parlant bien

notre langue, il était partout, nous était d'une grande
ressource et nous rendait mille petits services. Il
était ami du maître d'hôtel et venait l'aider tout exprès pour nous. Sa véritable profession était celle de
coiffeur ; il avait une boutique assez confortable à
Breiters'hotel ; mais il était aussi comédien, chanteur, ce qu'on voulait, en un mot. Il avait voyagé en
France, en Angleterre, en Hollande, dans toutes les
grandes villes de l'Allemagne ; il avait rapporté de
ses nombreuses pérégrinations un esprit d'intrigue
qui nous amusait, et sa conversation ne laissait pas
que d'être intéressante et instructive.

Le 4, on commença à se séparer. L'un des nôtres,
M. de Chamisso, était autorisé à partir pour Spandau,
où il avait un parent, général de l'armée prussienne.
Ce cas était plus fréquent que l'on ne pourrait le pen-
ser ; pendant cette guerre, beaucoup de parents ou
d'alliés combattaient l'un contre l'autre ; dans les
provinces rhénanes surtout, il n'était pas rare d'avoir
dans une même famille des officiers des deux natio-
nalités.

Le 5, le commandant Michaut, épuisé, malade, put
aller loger en ville comme les autres officiers supérieurs ; nous ne restâmes plus que quatre dans la
chambre, qui était devenue un peu plus habitable. Le
canonnier Landréat, charpentier de son état, aidé de
quelques camarades, avait fait un plancher sous nos
lits et au-dessus une espèce de toit qui était d'une
grande utilité ; en effet, une nuit, une pluie torrentielle, traversant les planches mal jointes du toit de
la baraque et venant tomber sur nous, nous avait
procuré un fort désagréable réveil.

Il s'agissait de passer le temps ; on ne pouvait se promener toujours, ni fumer toujours la longue pipe bourrée d'affreux tabac (1). Nous découvrîmes en ville une bibliothèque française.

Son propriétaire, M. Moritz Holstein, libraire, qui parlait assez bien notre langue, était un homme très affable et aimant beaucoup à s'entretenir avec nous ; pour 8 gros (1ᶠ) par mois, nous avions autant de livres que nous le désirions. J'en lus plusieurs pendant mon séjour à Glogau, entr'autres *Les Misérables* et *Napoléon-le-Petit*, de Victor Hugo. C'était d'actualité. Pour me remettre un peu à l'allemand, je me procurai deux petites brochures que je m'amusai à traduire. L'une, intitulée *der Teufelsdoctor* (le Docteur du Diable), renfermait les aventures les plus abracadabrantes et les plus insensées ; l'autre, *die neuste Prophezeiung des Thomas Schafers auf den Krieg 1870-71* (la plus nouvelle prophétie du berger Thomas sur la guerre de 1870-1871), contenait les prédictions les plus bizarres et les plus curieuses. Cette élucubration, qui s'adressait aux paysans, faisait fureur et sentait son origine semi-officielle ; on y trouvait des passages comme ceux-ci :

.... Il y aura une guerre universelle épouvantable ; le sol de notre grande et belle patrie sera engraissé du sang allemand et étranger ; nous verrons bientôt nos villages en cendres, nos villes en deuil et saccagées, nos amis enterrés avec nos ennemis....

(1) Le tabac allemand à bas prix semble du foin ; la nicotine en est extraite et sert à la teinture.

.... Je vis un lion énorme avec des ailes d'aigle, repré
sentant notre patrie si chère, qui s'étend de Coblentz à Memel,
qui n'attaque personne, mais se venge de celui qui l'agace
ou qui l'offense....

.... Nous étions sous la domination de la Prusse, et nous
nous trouvions mieux que quand nous étions partagés en
petites principautés....

.... La tête du monstre (Napoléon) était passablement
grande ; sur les deux faces de son visage étaient creusés de
nombreux et hideux sillons, sa chevelure grise était en
désordre ; elle avait un grand nez en bec d'aigle, de petits
yeux brillants, avec l'expression de l'astuce et de la cruauté,
comme on a coutume de peindre la tête du père du Mensonge ; sa bouche était à peine visible, cachée qu'elle était
par d'épaisses moustaches ; son menton nourrissait aussi
une barbe touffue....

.... Les Français vont au feu comme des enragés ; mais
leur vigueur se brise contre la prudence et la persévérance
allemandes....

. .... Nous n'aurons pas seulement à combattre les Français, mais encore l'Autriche, la sauvage Hongrie, les Danois
et les Italiens....

.... Comment se fait-il que ce Napoléon ait encore dans
le monde de si nombreux amis ? que son propre peuple,
opprimé et trompé depuis vingt ans, paraisse à tout le
monde si usé et si aveugle? Combien de mauvaises actions
a-t-il déjà commises, cet homme ! Avez-vous entendu parler du célèbre brigand Schinderhann, des fameux Riesel,
Cartouche et Charles Moor ?....

.... Quand un de ces bandits avait pillé autant de paisibles voyageurs qu'il avait bien voulu, leur avait volé beau
coup d'argent, il simulait la grandeur d'âme, donnait aux
gueux et aux pauvres ouvriers, montrait comme il pouvait
être galant avec une dame en lui offrant des montres magnifiques et des bourses ornées de brillants, et le monde

était assez sot pour le prendre pour un homme généreux et chevaleresque, jusqu'à ce qu'enfin la justice humaine l'envoyât à la potence. Il en est ainsi de Napoléon. Il a pillé, dilapidé, rompu ses serments ; il a été faux avec ses amis et ses ennemis ; mais parce qu'il a escroqué les Italiens, parce qu'il s'est allié avec les Anglais contre les Russes, parce qu'il a joué la générosité avec l'empereur d'Autriche, car il n'a pu faire autre chose, parce qu'enfin il a bâti deux belles rues dans son Paris, on le porte au ciel. Mais aujourd'hui le jour marqué est arrivé, le compte doit se régler, quoique tardivement....

.... Les Français seront victorieux d'abord, mais ne tarderont pas à être repoussés... Napoléon recevra un boulet entre les omoplates et par là finira l'affaire. Sa veuve et son fils seront chassés du trône, encore teint du sang de ses sujets. Ceux-ci ne seront plus jamais sous la domination de cette race....

.... La liberté allemande et l'organisation allemande serviront de modèle à tous les pays....

.... L'Espagne s'unira avec le Portugal et se choisira pour roi le duc de Montpensier, car le prince de Hohenzollern refusera la couronne qu'on lui offrira une seconde fois ; il ne convient pas à un prince allemand de régner sur un peuple bigot et fanatique....

.... Avec la mort du pape actuellement régnant cesssera la papauté, et les Italiens auront enfin Rome pour capitale...

.... L'Autriche et la Hongrie se sépareront volontairement l'une de l'autre et auront chacune leur roi....

.... L'Angleterre et les Etats-Unis d'Amérique donneront seuls au monde l'exemple d'une paix durable....

.... La Turquie d'Europe sera amoindrie, et la grande Turquie sera en Asie ; la Russie renoncera à toutes ses prétentions sur elle....

.... Le Danemarck s'unira avec la Suède et la Norwège : la Belgique deviendra une avec la Hollande....

.... Il y aura en Europe deux républiques, la Suissse et Constantinople, sous la protection de tous les gouvernements européens.... .

.... La France sera resserrée dans ses anciennes limites et sera forcée de céder à l'Allemagne l'Alsace et la Lorraine...

.... Et enfin il y aura une grande Allemagne, forte, unie, limitée par les mers Baltique, du Nord, Adriatique et les Alpes. Et cela durera toute l'éternité. *Amen*....

D'autres ouvrages nous tombaient aussi sous la main : *Der deutsche soldat in Franckreich*, sorte de petit guide de conversation ; *Victoria !* recueil de chants de guerre, dans lequel on trouvait : *die Wacht am Rhein, Was ist des deutschen Vaterland ? Hurrah, Germania ! Deutschland uber alles, Lied der Deutschen in Lyon, Lied der deutschen Soldaten im Elsass, O Strassburg, Kronprinz und Marschall, Chassepot-Lied, Friede !* etc. Inutile de dire que nous étions aplatis et crossés dans ces rapsodies, ainsi que dans « *Deutschland's Volkskrieg gegen Franckreich* » qui paraissait en livraisons et contenait, entr'autres chapitres : « *Franzœsische Spione — Baron Stoffel — In Napoléon's cabinet — Gramont und Ollivier — Lulu in Feuer*, etc., etc.

Le 6, ceux qui le désirèrent furent conduits au bain dans le fleuve.

Le 7, plusieurs cas de maladie se déclarèrent ; je fus moi-même forcé de rester au lit toute la journée ; le lendemain heureusement tout était dissipé, grâce à une bouteille de vin bien chaud que je jugeai à propos de m'administrer, sans consultation de médecin. La petite vérole menaçant de sévir, on vaccina d'office une grande quantité d'hommes.

Le 9, un général vint nous visiter. Il trouva sans doute que l'installation des officiers était insuffisante, car le lendemain on nous transférait en ville, à la caserne d'artillerie. Là du moins nous n'aurions pas à souffrir de la pluie ni du froid, les murailles ayant près d'un mètre d'épaisseur. Cette caserne, construite en briques, est très spacieuse ; dans la cour est une ancienne chapelle peu large, mais très élevée, transformée depuis longtemps en un magasin dont le garde, un vieux bonhomme, se vantait d'avoir vu Napoléon Ier et de lui avoir parlé. Une autre chapelle, en ville, était également convertie en arsenal.

On mit à notre disposition quelques chambres occupées auparavant par des sous-officiers et avec quatre ou cinq lits dans chaque. Je partageai l'une d'elles avec MM. Henriet, Oziecki et Girardon. Nous avions d'un côté vue sur la cour, et de l'autre, par une petite lucarne, sur l'Oder et la plaine ; le chemin de fer de Breslau longeait la caserne. Nous nous promettions de passer là de meilleures nuits qu'au camp ; mais la vermine, qui y pullulait, avait contre nous autant de haine que celle de Mayence et nous dévorait sans pitié ; par dessus le marché, les souris et les rats venaient faire sur nos lits, même en plein jour, de longues et sentimentales promenades. Nous regrettions les baraques. Mais à la longue on s'habitue à tout, et ce n'étaient que petites misères en comparaison de ce que nous avions souffert auparavant.

Chaque jour, de notre chambre, nous voyions manœuvrer dans la cour les troupes qui habitaient la caserne, et nous assistions à la parade. Tous ces soldats étaient roides, compassés, et semblaient n'avoir

pas conscience de leurs mouvements ; on eût dit des
machines vivantes, des pantins mûs par un ressort.
Je puis m'abstenir du reste de parler de leurs habitudes, ceux qui liront ces lignes ayant malheureusement été à même de les étudier aussi bien que moi.
Nous étions surtout frappés du profond respect que
leur inspirait le moindre de leurs chefs, de leur obéis-
sance passive, de leur admirable discipline : ces qua-
lités font la force d'une armée. Il y avait là de l'artillerie et le 59e de ligne, entièrement composé de Polonais, qui, n'ayant pas complètement oublié les anciens
liens d'amitié qui les rattachaient à la France, nous
accueillaient avec une certaine considération. Quelques-uns nous faisaient visite ; un surtout, qui venait
presque tous les soirs, était d'une politesse vraiment
obséquieuse. Il n'entrait et ne sortait jamais sans
nous prendre et nous baiser la main ; nous nous
aperçûmes par la suite que c'était un léger abus des
liqueurs fortes qui lui inspirait cette tendresse exa-
gérée. Un autre, réserviste, nous racontait en pleurant qu'obligé de partir, il avait laissé au pays sa
femme et ses cinq enfants dans la plus affreuse misère. Déplorables exigences de la guerre, presqu'aussi
terribles pour le vainqueur que pour le vaincu !

Les jours s'écoulaient bien tristement dans ce quartier, qui avait bien plutôt l'air d'une véritable prison.
Dans la chambre, voûtée, les murs humides, les ar-
ceaux, les piliers, tout portait à l'ennui et au découragement. Nous nous sentions soulagés d'un grand
poids quand nous sortions pour aller au camp ; là du
moins, si l'on n'avait qu'une liberté très restreinte,
on avait l'air, le soleil, la campagne, on respirait à

l'aise ; on y croquait même des salades de pissenlits verts. Les journées étaient belles ; la plupart des mobiles prenaient leur parti en braves et sortaient de la torpeur, de la mélancolie des premiers jours. Ils commençaient à rire, à plaisanter, à fredonner ; un dimanche quelques-uns chantèrent la messe, très sérieusement et avec conviction, sous la direction d'un chantre nommé Maujean ; suivant le récit d'un des assistants, c'était quelque chose d'extraordinaire et d'imposant de voir cette nombreuse réunion d'hommes qu'on ne pouvait taxer de cagoterie, écouter religieusement ce jour-là ces prières qui rappelaient la patrie absente. Pour nous, nous éprouvions toujours grand plaisir à nous retrouver au milieu d'eux, presque tous nos amis d'enfance ou de collège. Mais bientôt cette satisfaction nous fut enlevée : le 13, il nous fut interdit formellement d'aller au camp. Le lendemain 14 y arrivèrent des soldats français de toutes armes prisonniers à Sedan ; ils étaient environ 6000, dans le plus complet dénûment et dans le plus grand désordre, comme nous-mêmes d'ailleurs quelques jours auparavant. Il fallut agrandir l'enceinte et reculer ses barrières ; nos hommes furent chargés de ce travail. On construisit de nouvelles baraques, de nouvelles cuisines. A propos de cuisines, voici la manière dont étaient nourris les prisonniers (1) ; le matin et le soir ils avaient une soupe, ou plutôt une colle faite tout simplement de farine bouillie dans de l'eau ; à midi, une autre soupe mélangée tantôt de haricots, pois, len-

______

(1) Comme quantité il leur était alloué la même ration qu'aux soldats allemands, mais cette quantité était souvent fort diminuée par les préposés aux distributions.

tilles, ou orge, tantôt de riz et de pommes de terre, le tout plus ou moins cuit avec un morceau minuscule de bœuf, de cheval ou de lard. Les portions de lard étaient généralement plus fortes, car l'élevage du porc se fait dans la contrée sur une grande échelle ; le vendredi, mouton au millet. Plus tard, du café, qualifié de « jus de chapeau » eu égard à sa qualité, remplaça la colle du matin, et une sorte de soupe à l'oignon et aux lardons remplaça celle du soir. Aux heures des repas, malgré le peu d'attrait que pouvait offrir le menu, tous se précipitaient à l'envi vers les cuisines, et souvent il fallait l'intervention des soldats prussiens pour empêcher les bousculades. Sitôt servi, chacun se retirait avec sa gamelle et allait manger où bon lui semblait, dans les baraques ou au dehors. Tous les deux jours on faisait la distribution du « *pumpernickel* », pain de farine de seigle non blutée ressemblant fort à un pavé par le poids et la forme, et si serré, si dur, qu'il aurait presque fallu une scie pour le couper. Ceux qui n'étaient pas doués d'une mâchoire de caïman étaient obligés de renoncer à le manger, et en achetaient d'autre aux cantines installées dans le camp. On trouvait toutes sortes de choses dans ces échoppes : des portions de ragoût à 5 gros (60 centimes), des fruits en abondance, pommes et prunes, qu'on aurait bien dû interdire, car ils furent la cause de bien des maladies ; du café, à un demi gros la tasse (0,05ᶜ), de la bière au même prix le *Seidel* (1), du chocolat, des œufs durs, du papier, des

(1) Setier, mesure, verre, bock. L'eau-de-vie était sévèrement interdite ; on trouvait cependant moyen de s'en pro-

plumes, de l'encre, mais surtout du beurre ; je dis surtout parce qu'on en fait une consommation énorme dans le pays ; à la pension nous avions toujours du beurre salé comme dessert ; chaque repas avait aussi son plat de pommes de terre cuites à l'eau, qui, pour les naturels de l'endroit, remplacent le pain, dont ils sont excessivement sobres.

Le 15, nous eûmes les premières nouvelles de Vitry par une lettre que reçut le commandant Duval. Cette lettre fit sensation parmi nous, chacun s'attendant à en recevoir une incessamment. Mais il n'en fut point ainsi : pour certains, des semaines et des mois entiers s'écoulèrent sans relations avec leurs familles.

Dès le 12 on nous avait averti que nous aurions à quitter Glogau sous peu, les officiers prisonniers, suivant la coutume, ne restant jamais avec leurs hommes. On nous désignait comme nouvelle résidence soit Breslau, soit Francfort-sur-Oder ; nous devions choisir et donner réponse le lendemain. Après mûre délibération et après avoir plusieurs fois changé d'avis, la majorité se décida pour Francfort qu'on nous disait être une ville très jolie. Il y avait à redouter à Breslau les inconvénients d'une grande cité, composée en grande partie d'ouvriers ; quelques prisonniers y avaient été déjà fort malmenés. Cinq des nôtres pourtant demandèrent à y aller, MM. Henriet, Bureau, Jaunaux, Mottant et Oziecki. Les autres devaient partir pour Francfort, sauf le commandant

curer. On s'entendait avec des factionnaires complaisants, qui, la nuit, en attachaient des bidons pleins à leurs baïonnettes et les faisaient passer par dessus les barrières.

Duval, qui obtint du commandant d'armes colonel
von Tchùdi (1) la faveur spéciale de rester à Glogau.
Le lieutenant Hourblin, malade, restait également.

Il fallut quelques jours pour réglementer notre départ et remplir quelques formalités nécessaires. Le
19 seulement on nous réunissait à la « commandantur » et on nous donnait nos feuilles de route pour le
lendemain. Le colonel nous serra la main en nous
faisant une septième ou huitième fois jurer que nous
ne chercherions pas à nous évader.

Puis l'officier-payeur nous remit à chacun 4 thalers
9 gros, prix du voyage en 2ᵉ classe, et il nous fut permis d'aller une dernière fois au camp.

Nous avions le droit d'emmener des ordonnances :
c'était un moyen d'améliorer le sort de quelques-uns
de nos compagnons. Nous en prîmes qui étaient pour
nous bien moins des serviteurs que des camarades ;
nous n'en avions nul besoin et les emmenions seulement pour les tirer de la misère qui était à prévoir ;
malheureusement nous ne pouvions les emmener tous.
Il en vint trois de la batterie : le maréchal-des-logis
Gourguillon avec le commandant Michaut, son collègue Rouyer avec M. Girardon, et avec moi le servant Claudon qui, timoré et maladif, demandait à
cor et à cri à sortir de l'infirmerie où il craignait de
rester tout à fait ; la peur est malsaine en pareil cas.
Les amis Baty, Robert, Moulé, Benoit, et plusieurs

(1) Cet officier supérieur fit tout son possible pour améliorer le sort des prisonniers ; il avait une grande considération pour le commandant Duval, qui lui demandait souvent pour ses hommes, et ne lui refusait quelque chose que
quand il ne pouvait faire autrement. Il prit un des mobiles,
Leseurre, pour donner des leçons de français à ses enfants.

autres venaient avec aes officiers d'infanterie. Nous allâmes le soir les prévenir de se tenir prêts pour le lendemain et en même temps faire nos adieux à ceux qui ne pouvaient nous suivre.

CHAPITRE XIII.

Glogau.

Avant d'aller plus loin, essayons de donner un
aperçu de la ville que nous devions quitter et où nous
allions laisser tant de malheureux. Cette ville, d'environ 15.000 âmes, dans le district de Liegnitz, en
Silésie, s'appelle souvent aussi Gross-Glogau, pour la
distinguer d'une autre nommée Klein Glogau ou Ober-
Glogau, également en Silésie (district d'Oppeln), ne
contenant que 2.000 habitants. Nous nous trouvions
là, approximativement, à 100 kilomètres de Breslau,
100 de Posen, 150 de la frontière russe, 220 de Berlin,
1110 de Paris.

Glogau est bâti sur l'Oder, qui le traverse et le sépare en deux parties, la ville proprement dite et le
quartier du Dom, reliées par un pont fixe en bois de

plus de 100 mètres et muni de brise-glaces (1). Le
fleuve, aux eaux noirâtres, navigable à Ratibor, large
de 187 mètres à Breslau et de 267 à sa bifurcation de
Garz, a une profondeur de 1ᵐ 50 à 4 mètres en temps
ordinaire, de 6 à 8 mètres dans les grandes crues ;
son cours est très rapide jusqu'au confluent de la
Warthe, où il devient au contraire très lent. Avec
Torgau sur l'Elbe, la place de Glogau fournit à la
Prusse une base d'opérations éventuelles contre la
Bohême ; commandant un nœud de quatre voies ferrées (2), elle jouerait un grand rôle dans le cas d'une
guerre avec la Russie. Elle est une position flan-
quante pour Berlin en barrant les routes qui y conduisent au sud des marais de l'Obra et qui évitent à la
fois Posen et Kustrin ; en raison de son importance
stratégique, on sera forcément amené à y construire
des forts détachés. En 1870 ses fortifications se composaient d'une grande tête de pont avec quelques lu-
nettes dans une île, d'une enceinte bastionnée avec
dehors, glacis, fossés assez larges et à sec, servant
de manège aux cavaliers : ces ouvrages datent du
règne du grand Frédéric. Vers 1862, on en a construit quelques autres, ainsi qu'une grande lunette
dénommée Brickenhoff, formant tête de pont, sur la
rive droite et en avant d'un petit bras du fleuve. On
a reconstruit dernièrement une grande partie des remparts du sud-est ; une somme de deux millions a été

(1) L'Oder, sur tout son parcours, se traverse sur de nombreux ponts volants ; il n'y a que seize endroits seulement
où il existe des ponts fixes soit pour chemins de fer, soit
pour voitures.
(2) Lignes de Lissa, Rothenbourg, Kottbus, Liegnitz.

consacrée à cet objet. Les courtines de ces remparts sont casematées et servent, ainsi que trois casernes, à loger la garnison, forte de 5.000 hommes, au moment où nous y étions. Il y a un vaste arsenal à l'intérieur, et à l'extérieur cinq magasins à poudre abrités par d'énormes cavaliers et autres terrassements. Trois portes voûtées, traversant les murailles en formant le coude, donnent accès dans la ville ; leurs noms sont écrits au dehors : porte Prussienne, porte de Breslau, porte du Dom. Une autre porte, à l'entrée du pont sur l'Oder, semble une construction devant remonter à une très antique origine, à en juger par les sculptures qui l'ornent encore. On sait d'ailleurs qu'il y eut des ducs et des princes de Glogau, de la famille royale des Piasts, qui y résidèrent jusqu'en 1476. La principauté échut à cette époque à l'Autriche et réunie à la Prusse par Frédéric en 1741. Les Français l'occupèrent de 1806 à 1814.

La ville est bien bâtie. Les principales rues, assez droites, régulières et aboutissant à une place centrale, Marktplatz, sont Langenstrasse, Mohrenstrasse, Preussichestrasse ; elles ont de larges trottoirs dallés d'énormes blocs de pierre bleuâtre. A part ces trois grandes artères, les autres rues sont étroites, tortueuses, et pavées de petits cailloux pointus sur lesquels on a grand'peine à marcher.

Quelques monuments sont assez remarquables : citons d'abord la gare, coquette construction moitié

Cette dernière traverse le fleuve à Glogau sur un très beau pont en briques à tablier métallique, commandé par une tour ronde à l'entrée.

château, moitié chalet, située à un bon kilomètre de
la place ; le Rathaus (hôtel-de-ville), qui a son entrée
principale Langenstrasse, est un vaste édifice en
pierre, et crénelé comme une citadelle. Au dessus
s'élève une tourelle carrée, élancée, avec un beffroi et
une horloge à quatre cadrans bleus à aiguilles dorées,
un sur chaque face ; plus haut règne une galerie autour d'un réduit dans lequel jour et nuit est un veil-
leur, qui sonne de la trompette à chaque heure et
signale les incendies ; au dessus encore est un dôme
rouge de la forme d'une poire renversée ; puis une
autre galerie et enfin un autre dôme plus petit, mais
de la même forme et de la même couleur que le premier. Un vieux château élève sa tour ronde crénelée
près de la porte de l'Oder ; ses jardins et ses serres
sont célèbres dans toute la contrée. On y montre une
chambre où a couché Napoléon Ier ; une plaque re-
mémore le fait. Dans les murailles du château sont
encore incrustés de vieux boulets français ; dans la
rue de Berlin, non loin de là, on voit sur les façades
des maisons bon nombre de ces boulets, avec la date
du siège.

Dans Jésuitenstrasse se trouve une église catholique assez jolie, avec deux tours de style polonais ;
l'intérieur en est richement décoré. Chaque dimanche
se disait là une messe spéciale pour les soldats de
la garnison, qui allaient l'écouter très religieusement.
Cette église est celle d'un ancien collège de Jésuites,
d'où vient le nom de la rue ; ce collège existe toujours
et fait suite à l'église. Incendié en 1700, rebâti quelques années après, il est maintenant habité par des
particuliers. Devant le Gymnasium (collège) est une

autre église ; il y a aussi un temple protestant, entièrement construit en briques.

Il existe également une synagogue, les juifs étant en grand nombre ; comme ils sont tous commerçants, leurs magasins sont fermés le samedi. Cependant, malgré leur affectation d'observer rigoureusement les pratiques de leur religion et de ne pas se livrer au négoce le jour du sabbat, cela n'empêcha pas un certain Marcus, tailleur, de me faire fort adroitement l'article et de me vendre un pantalon ce jour sacré. Tant il est vrai que l'amour du lucre, chez certaines gens, l'emporte sur toutes les autres considérations.

Près de la porte Prussienne est un vaste lazareth (hôpital militaire) qui renfermait déjà beaucoup de malades et de blessés. Sur la place du Marché se trouve le Théâtre, monument peu gracieux dans lequel on monte par un double perron donnant accès dans l'intérieur même de la salle, très mal disposé : tous les bancs sont de même hauteur et non en amphithéâtre, de sorte que les spectateurs placés derrière peuvent à peine voir par dessus la tête des autres. Au dessus de la porte d'entrée, dans une sorte de niche, on voit le buste du poète Gryphius, né à Glogau en 1664, et que les Allemands considèrent comme le père du drame moderne ; on jouait là pendant que nous y étions la *Dame aux Camélias*, et quelques autres traductions françaises.

Il y a encore en ville une « Salle blanche » (*Weissen Saale)* où l'on fait des conférences, et une « Académie de chant » (*Sing-Académie*), où l'on donne des concerts.

Sur cette même place du Marché, fort animée le

23

vendredi, jour de vente, se trouvent un grand corps-de-garde, avec quelques arbres devant ; la commandantur, avec quelques sculptures sur la façade, et, en face du théàtre, de fort belles maisons, très élevées et d'une architecture gracieuse ; là sont les plus riches magasins, les principales agences, Breiters'hotel, ruche immense où l'on trouve tous les commerces réunis. Un autre hôtel, des plus confortables, est Tchamer-hof, près la porte Prussienne, où étaient logés au début nos officiers supérieurs ; de la chambre du commandant Michaut, la vue s'étendait assez loin : on apercevait plusieurs villages et quelques-uns des moulins à vent qui sont en nombre extraordinaire autour de la ville. La plupart des édifices, privés ou publics, sont construits en briques, et ont un sous-sol voûté. Près du pont de l'Oder, au fond d'un gentil jardin, est un charmant établissement de bains ; de nombreuses restaurations ouvrent leurs caves à ceux qui ont faim, et à chaque pas des brasseries offrent de la bière blanche ou de la bière brune à jours fixes.

Le bazar Sattig, en face le Rathaùs, est largement approvisionné d'objets de toute nature ; c'est là que nous faisions presque toutes nos emplettes. Les imprimeries Rothe et Carl Fleming sont des établissements importants ; de ce dernier, dont la décoration et l'agencement intérieurs sont peut-être uniques en Allemagne, sortent des cartes topographiques d'une finesse et d'une exactitude irréprochables. Le journal le plus répandu, imprimé à Glogau, Bahphofstrasse, n° 3, est le *Niederschlesischer Anzeiger* (Indicateur de la basse Silésie) ; on y lit aussi beaucoup la *Ga-*

zette de Breslau. Quelques fabriques de draps et imprimeries d'indiennes occupent bon nombre d'ouvriers ; les marchands de nouveautés pullulent : Robert Pietsch, Marktplatz ; Nathan Lévy, Mælzstrasse ; Moritz Mùncke, Poststrasse ; S. Berliner, Mohrenstrasse ; Aufrichtig, Preussichestrasse ; Carl Richter, Langenstrasse, etc. etc. Celui-ci, sans doute pour nous allécher, nous faisait distribuer son adresse en français avec des annonces comme celles-ci : « Habillements pour civil et militair, nouvautés pour pantelons » *(sic)* etc.

La ville n'a pas de faubourgs ; on ne peut en effet donner ce nom au Dom, qui est englobé dans les remparts. Ce quartier a une chapelle ; deux magasins de l'Etat ; deux écuries militaires en briques, avec greniers ; un grand bâtiment servant de logement commun à tous les ecclésiastiques de l'endroit qu'on ne peut distinguer des autres mortels, car, suivant l'usage du pays, ils portent l'habillèment civil ; des lavoirs, une distillerie, une grande fabrique de cigares, etc. Le Dom, assez populeux, est surtout la résidence des juifs, que le reste de la population affecte de traiter avec mépris.

Sur les glacis des fortifications s'étendent de très beaux jardins publics, surtout du côté de la porte de Breslau, où nous passions tous les jours pour aller au Plantage et au camp. De ce même côté et environ à trois kilomètres de la ville, on aperçoit une grande construction qui s'élève au milieu de la prairie, non loin du fleuve, près de Nieder-Zarkau ; c'est un ancien palais ducal. Comme sur tous ceux de l'Allemagne, on raconte sur ce château une vieille légende :

de temps en temps y apparaît un revenant, une dame blanche quelconque ; et chaque fois que cette apparition se présente, suivant ce que raconte et ce que croit le peuple, il meurt un membre de la famille royale. Il y a là des préjugés tellement enracinés, surtout chez les campagnards, qu'ils regardent leurs rois presque comme des dieux et qu'ils mélangent toujours avec eux des idées surnaturelles. Il est probable qu'à l'heure actuelle ces préjugés tendent fort à disparaître.

Les villages les plus rapprochés sont, dans l'île du côté du Dom : Oberau, Lerchemberg, à 3 kilomètres, où fut établi plus tard un second camp de prisonniers ; du côté opposé Brostau, assez gros bourg, où il y avait bals et soupers à certains jours de la semaine, ainsi qu'aux deux Zarkau (Nieder et Ober). Vers la fin, quelques intrigants de prisonniers, des malins, trouvaient moyen d'y aller fêter Terspsichore et Cambrinus, et n'étaient pas trop mal reçus. Les environs semblent plaisants ; le pays, assez fertile, comme toute la Silésie du reste, produit du seigle, des légumes, des pommes de terre et des betteraves en grande abondance, des fruits consistant en cerises, pommes, poires, et surtout questches, qui généralement n'arrivent pas à complète maturité. On rencontre d'immenses vergers de ces questches, avec lesquelles les habitants font une eau-de-vie qu'ils estiment beaucoup et qu'ils préfèrent à l'eau-de vie de seigle (*schnaps*) dont ils font aussi un grand usage. Les grandes routes sont bordées d'arbres fruitiers, que des cantonniers, costumés militairement, sont chargés de protéger contre les maraudeurs ; mais ils

devaient avoir bien difficile à s'acquitter de leur
mission, surtout quand les Français allaient en promenade.

Le terrain est plat et sablonneux ; l'eau y dort. Il
y a çà et là des bois de sapins et bouleaux, dans presque chacun desquels est établi un tir à la cible
ayant son point de départ sur la route. Du côté du
camp, le sol semble meilleur ; on y trouve beaucoup
de nos essences d'arbres, des noyers surtout ; à notre
arrivée, on y voyait de jolis champs de trèfle et de
sainfoin incarnat, et au départ des seigles drus et vi-
goureux.

Quant aux mœurs et aux coutumes du pays, elles
ne diffèrent pas essentiellement des nôtres. C'est une
autre nourriture, une autre cuisine plutôt, et voilà
tout. Les hommes, dont la nuance de poil varie du
rouge au « filasse », suivaient nos modes d'il y a quelques années ; on se pâmait devant des « tuyaux de
poêle » excentriques, des « queues-de-pie » extraordinaires et des pantalons quatre fois plus larges en bas
qu'en haut. Les femmes, blondes et fades, étaient généralement mises avec une prétention ridicule et des
oripeaux disparates ; des matrones de soixante ans
portaient une toque ou un petit chapeau plat, et la
traditionnelle crinoline. Les jeunes filles, si bien nip-
pées qu'elles fussent, étaient loin d'égaler nos Françaises en grâce, en chic, pour me servir de l'expression consacrée ; elles étaient en tout cas roses et
fraîches, respirant la santé comme tous les indigènes
d'ailleurs, et jouissaient d'une grande liberté d'allures.
Si l'on trouvait quelques riches toilettes chez les
femmes de la classe aisée, celles de la classe pauvre

en revanche étaient vêtues bien misérablement et allaient toutes nu-pieds. J'ai rencontré un jour, sortant de la ville et précédée de quelques instruments de musique, une procession composée de ces pauvresses sans bas ni souliers, qui psalmodiaient des cantiques. Quelque pélerinage, probablement.

Les paysans, à l'approche du froid, portent, outre le paletot (la blouse est inconnue là-bas), un grand manteau en peau de mouton ou de chèvre, laine ou poil en dedans, cuir en dehors, une calotte de fourrure, des bottes d'égoutier ; leurs femmes sont attifées de jupons de grosse étoffe aux couleurs voyantes, et de châles passant sur la tête et se nouant aux hanches. Leurs véhicules, en tout semblables à ceux que nous avions rencontrés avant Pont-à-Mousson, sont enlevés l'hiver de dessus leurs quatre roues et transformés ainsi en traîneaux ; leur long timon, destiné à atteler deux chevaux, n'en reçoit jamais qu'un : deux sont une exception et un luxe fort rares. Ces chevaux, d'une race du pays, sont grands, pour la plupart de robe alezane ou noire, et ont un pas allongé et un trot rapide. Les chiens s'attèlent également et traînent les voitures des laitiers.

Le gibier, le poisson, la volaille étaient très communs et très bon marché à Glogau.

Nous ne voyons pas autre chose à dire sur cette ville, qui nous avait servi de première prison en Prusse et dans laquelle nous allions passer une dernière nuit.

CHAPITRE XIV.

Arrivée et séjour des officiers á Francfort-sur-Oder.

Le 20 septembre donc nous devions partir, affligés
d'abandonner nos compagnons d'infortune, mais non
fâchés de quitter une forteresse pour une ville ouverte, où nous espérions avoir plus de liberté. Dès
quatre heures du matin nous étions réveillés dans
notre chambre par MM. Henriet et Oziecki, qui, devant prendre à cinq le train pour Breslau, faisaient
leurs préparatifs de départ. Nous restâmes seuls,
M. Girardon et moi, et, contrairement aux habitudes
de paresse contractées depuis notre captivité, nous
fîmes l'effort de nous lever à..... sept heures. Ce n'é-
tait pas qu'il nous fallut grand temps pour confectionner nos paquets : en cinq minutes nos quelques har-
des furent enfouies dans un sac de nuit acheté la
veille moyennant deux thalers ; mais nous jugeâmes

prudent, avant de nous mettre en route, de nous lester d'un léger déjeuner que nous apporta notre laquais. C'était le nom dont le brosseur de la chambrée s'était baptisé lui-même, à en juger par ce billet qu'il nous remettait peu auparavant et que je conserve soigneusement avec les autres documents curieux :

« Je vous pri messieurs donner moi de largent pour acheter des choses nécessaire pour faire propre vos souliers et robes.

« *Votre laquai,*

« Tracherski. » (Textuel).

A dix heures, officiers et ordonnances montaient dans le train qui devait les emmener à Francfort. Tous faisaient bon visage : il semblait qu'on retournait en France. On en prenait au moins déjà le chemin. Quoiqu'on nous eut payé le prix des places pour la seconde classe, nous avions l'autorisation de prendre la troisième. J'en profitai, ainsi que plusieurs autres officiers, et nous réalisâmes par là une économie de six francs cinquante ; j'aurais volontiers voyagé tous les jours aux mêmes conditions. Il est étonnant, dans ces moments là, comme on attache de la valeur à l'argent, à ce vil métal, comme disent les poètes. Vil, c'est possible, mais aussi bien précieux, car celui qui en est dépourvu à certaines heures est fort à plaindre.

Nous repassâmes à Hansdorff, Sagan, et autres endroits déjà mentionnés, et nous arrivâmes à destination vers les trois heures de l'après-midi. Enfin il n'y avait plus là de ces casques à pointe, de ces nuées de baïonnettes qui jusqu'à présent nous attendaient à chaque descente. Cependant, à force de les voir, nous en avions pris l'habitude, et c'était une suite qui nous manquait presque ; nous étions tout étonnés de nous trouver à peu près libres de nos actions. A la gare, nous trouvâmes un jeune sous-lieutenant français du 74e de ligne, tout frais émoulu de l'école, car il en portait encore le costume, M. Vonderscheer, qui avait été pris à Wissembourg et était à Francfort depuis quelque temps déjà, avec plusieurs camarades de son régiment. Comme il était Alsacien et parlait parfaitement l'allemand, il était chargé de nous présenter au commandant de place, général-major von Selabinski, chez lequel nous devions nous rendre aussitôt notre arrivée. Nous laissâmes nos ordonnances sur une place et nous suivîmes notre interprète, qui nous mena d'abord à la commandantur, où l'on nous donna nos instructions et où l'inévitable parole d'honneur fut encore exigée, puis chez le capitaine de dragons von Bonin (1), auquel on devait s'adresser pour toutes réclamations ou demandes. Nous avions le droit d'aller partout où bon nous semblait, même aux environs de la ville : tous les jeudis seulement, à onze heures du matin, nous devions répondre à un appel. C'était une consigne bien facile, et la vie s'offrait à nous bien différente de celle que nous menions à Glogau. Quand toutes les formalités furent remplies, nous repassâmes pour prendre nos ordonnances sur la place où nous les avions laissés : mais là, plus rien, tous étaient

____

(1) Cet officier avait demandé à rester en Allemagne et à ne pas prendre part à la guerre, ayant d'assez nombreux parents servant dans l'armée française.

disparus. Nous étions à nous demander ce qu'ils pouvaient être devenus, quand quelqu'un nous indiqua l'hôtel Schaff, où nous les trouvâmes. Entourés d'une foule qui grossissait de plus en plus et devenait menaçante, ils avaient été obligés de se réfugier là en nous attendant ; ils y restèrent jusqu'à six heures du soir, moment où on vint les chercher pour les conduire à une caserne où ils devaient loger. Quant à nous, qui devions pourvoir à notre logement, nous nous mîmes à en chercher un chacun de notre côté. Quelques-uns avaient déjà retenu des chambres à Schaff'shotel ; mais, comme nous avions quelques heures devant nous, nous préférâmes, le commandant Michaut et moi, chercher un *private wohnùng* (logement particulier). Nous en avions déjà visité plusieurs sans trouver notre affaire, quand un homme que nous rencontrâmes nous emmena avec lui voir un très bel appartement qu'il avait, disait-il, en face la synagogue, 44, Tuchmacherstrasse (rue des fabricants de draps).

En effet il nous montra là, *zwei Treppe* (au deuxième étage), une grande chambre éclairée sur la rue par trois larges fenêtres, et qui était occupée ; mais il la mettait à notre disposition, avec deux lits, pour le lendemain. On convînt du prix, sept thalers par mois (26f 25c), et on l'arrêta. Nous devions en attendant passer la nuit dans deux cabinets contigus. Il fut décidé aussi que M. Eichner, notre propriétaire, nous apporterait à manger chez nous. C'était à la fois une mesure d'économie et un moyen d'éviter tout rapport avec les aubergistes de la localité. Nous étions véritablement tombés chez de bonnes gens ; ils nous le

prouvèrent bien dans la suite par leurs prévenances
et leurs attentions. Le mari, qui était tailleur, faisait
travailler avec lui sa femme et un de ses fils, âgé de
16 ans; ils avaient aussi une jeune fille et un petit pen-
sionnaire d'un village voisin, un certain « Gùstav »
fort amusant. L'aîné des fils, soldat, blessé dangereu-
sement à Mars-la-Tour, était dans un lazareth à
Hanovre.

Nous étions donc installés et heureux de l'être. Le
premier soir, après avoir soupé, nous voulûmes sortir un peu en ville ; mais nous n'avions pas fait dix
pas que nous étions entourés d'une escorte nombreuse
et qui ne manifestait pas des intentions précisément
bienveillantes à notre égard : aussi notre promenade
fut-elle de très courte durée. Ce jour même, un des
nôtres, M. Carles, était insulté et maltraité par un
soldat ivre ; quelques jours après le général commandant, ayant appris l'incident, nous en demanda
pardon au nom de l'armée prussienne. Il nous fallait
absolument, pour éviter bien des désagréments qu'aurait pu nous attirer l'uniforme, nous habiller en civils ; on nous en donna autorisation et conseil, conseil déjà suivi par la majeure partie des officiers
prisonniers arrivés avant nous dans la ville.

Les ordonnances, à la disposition desquels on avait
mis quelques chambres dans une caserne située sur
les bords de l'Oder, d'où ils avaient vue sur le fleuve
et sur la prairie, se trouvaient magnifiquement logés
quand ils songeaient aux baraques qu'ils venaient de
quitter. Il n'y avait que très peu de troupes dans cette
caserne ; elle servait d'ambulance et était occupée
par près de 400 blessés qu'un nommé Hese, cantinier,

était chargé de nourrir. Nos hommes s'entendirent
avec lui, et moyennant la somme minime de six gros,
il leur donna deux repas par jour. Ce cantinier, qui
avait habité Paris pendant un certain temps et s'exprimait assez facilement en français, était un de ces
hommes comme on en rencontre malheureusement
peu, aimant à faire le bien pour le bien lui-même et
sans espoir de récompense. En voici une preuve : dès
le 27 septembre, on annonça aux ordonnances qu'ils
ne seraient plus logés à la caserne. Ils devaient se
pourvoir en ville, à leurs frais, ou retourner à Glogau, triste perspective. La plupart, fortunés, étaient
enchantés de cette décision qui leur permettait d'a-
voir une chambre à eux et d'être à peu près complè
tement libres ; ils profitaient de cette liberté pour
faire comme nous de grandes excursions aux alentours et trouvaient en même temps moyen d'améliorer
leur ordinaire en recueillant ample moisson de gre-
nouilles, d'écrevisses, voire même d'escargots, trois
bonnes choses très communes là bas, et dont les gens
du pays se détournaient avec horreur ; mais quatre
d'entre eux, faute de moyens, allaient être obligés de
repartir et en étaient consternés : M. Hese, touché de
leur peine, les logea chez lui, dans sa plus belle
chambre, et de plus les nourrit gratuitement. L'un
d'eux, menuisier, trouva quelques jours après à s'occuper chez un patron ; les trois autres aidèrent leur
bienfaiteur dans ses travaux.

Nous tàchions d'occuper nos journées et le temps
passait assez vite, quoique trop lentement encore au
gré de nos désirs. On travaillait le matin ; l'après-
midi, quand le temps le permettait, on faisait une

longue promenade aux environs. Une fois, dans les
premiers jours, nous essayâmes de la pêche à la
ligne, mais nos exploits se bornèrent à la capture
d'un petit « ocrillon. » Le soir, notre propriétaire,
bavard comme une vieille pie, venait causer avec
nous, le plus souvent politique, ce qui ne nous amusait
que médiocrement. Il fallait le voir ouvrir le bec
quand il parlait de « Napoliùm ! » Nos jours s'écoulaient de la façon la plus paisible, et si ce n'eut été le
chagrin que nous causaient l'éloignement et les malheurs de la patrie, nous ne nous serions pas trouvés
trop à plaindre. Nous songions avec douleur aux
tourments qu'éprouvaient nos parents et nos amis,
aux charges qui pesaient sur eux, aux peines qu'ils
devaient supporter et à la misère qui pouvait les ac-
cabler à la suite de cette guerre fatale.

Le 25, le commandant reçut une lettre qui lui
avait été adressée à Glogau et venant d'Erfurt ; cette
lettre était de M. Hamen, commandant la place de
Vitry, qui, lui aussi, était prisonnier, et dont nous
n'avions pas entendu parler jusque-là. Nous croyant
toujours à Glogau, il avait demandé à aller nous y
rejoindre et devait y être dirigé le lendemain. De
temps en temps nous recevions des avis concernant
nos affaires passées ; des lettres nous donnaient les
noms de quelques-uns de nos tués ou blessés, des
exhumés de Passavant, etc.; mais nous ignorions encore le sort de beaucoup de disparus ; nous connais-
sions déjà cependant bon nombre de ceux qui s'étaient
sauvés dans leurs villages, où ils étaient sains et
saufs et restaient bien tranquillement. Celui de nous
qui recevait une lettre intéressante en faisait part aux

autres, et presque tous les matins nous apprenions de nouveaux détails.

Nous étions également renseignés sur le sort de nos camarades prisonniers dans d'autres localités ; outre à Breslau et Glogau, il y en avait quelques-uns à Wittenberg, à Posen, à Glatz, à Kosel, à Stettin, à Mayence, à Augsbourg, à Magdebourg.

S'il y avait des gens bienfaisants et qui comprenaient notre position, il y en avait aussi qui voulaient en profiter, et dont la rapacité était révoltante. L'un de nos camarades, Moulé, s'étant trouvé indisposé pendant quelques jours, se fit soigner par un vieux « médecin juif. » Notez ces deux points ci. Cet Harpagon, nommé Beer, non content de prendre une somme exorbitante pour ses deux ou trois visites, se fit donner 20 gros (2ᶠ 50ᶜ) pour un certificat qu'il avait mis deux minutes à faire, et dont le malade avait besoin pour excuser son absence aux appels.

Nous nous applaudissions tous les jours d'être logés chez d'aussi braves gens que l'étaient nos propriétaires. Ils avaient pour nous mille petits soins ; ayant appris par hasard que l'anniversaire de la naissance du commandant était le 12 octobre, chaque membre de la famille vint l'un après l'autre lui souhaiter sa fête : deux gros bouquets ornèrent notre table ce jour-là.

M. le percepteur Vallette, venu avec nous à Francfort, avait enfin pu prouver qu'il n'était pas soldat et avait la permission de retourner en France ; il allait retrouver ses parents à Bordeaux. MM. Schirmann et Vincienne nous quittaient pour aller, sur leur demande, à Siegbourg, près Cologne, où ils avaient l'intention de faire venir leur famille. Mais si quelques-uns partaient, d'autres arrivaient en revanche : c'étaient des officiers internés auparavant à Dantzig, Custrin et autres forteresses, et qui avaient pu obtenir une ville ouverte pour résidence.

Le 24 octobre, vers les six heures du soir, le ciel s'éclaira tout-à-coup d'une teinte rouge et sinistre ; on eût dit la lueur d'un immense incendie qui aurait dévoré la ville : c'était une magnifique aurore boréale. Le lendemain, à la même heure, le phénomène se produisit avec plus d'intensité encore. Les habitants disaient : « C'est signe de guerre. » Vrai, le météore ne pouvait mieux prendre son temps pour se faire voir.

Dans la soirée du 27 se faisaient entendre dans les rues des cris, des hurrahs frénétiques, des pétards, des chants, des bruits de toute nature ; le lendemain matin les longs drapeaux flottaient en haut de toutes les maisons : c'est que Metz venait de capituler, et les Allemands se réjouissaient non seulement parce qu'ils allaient occuper cette importante position, mais encore parce qu'ils croyaient voir bientôt la fin de cette guerre que, malgré leurs succès, ils déploraient presqu'autant que nous.

Enfin chaque jour nous apportait quelque nouvelle, tantôt triste, tantôt plus rassurante ; on passait par toutes les alternatives de crainte et d'espérance sur l'issue de la campagne ; les semaines et les mois s'écoulaient, et nous restions toujours à Francfort, que nous allons esquisser à grands traits.

CHAPITRE XV.

Francfort-sur-Oder.

Francfort est une belle ville de 40.000 habitants,
à 90 kilomètres S. E. de Berlin, bâtie en amphithéâtre
sur l'Oder, comme l'indique son nom. Le fleuve, encore fort rapide en cet endroit, est d'une très grande
largeur ; l'unique pont qui relie la ville au Damm,
vaste faubourg situé de l'autre côté, n'a guère moins
de 300 mètres de long. Ce pont, entièrement en sapin,
est construit d'une façon tout-à-fait grossière et pri-
mitive. Aussi exige-t-il des réparations presque continuelles, mais aussi peu onéreuses, le bois dont il est
fait existant aux alentours en très grande abondance.
Mais à trois kilomètres au-dessus de la ville, il y a un
pont de chemin de fer, sur la ligne de Posen, d'une
construction vraiment splendide. Très élevé sur d'é-
normes piles en briques, il est entièrement en fer, et

d'une légèreté et d'une élégance peu communes. C'était là quelquefois le but de nos promenades. On peut y aller de l'un ou de l'autre côté du fleuve, en passant par la prairie (rive gauche) ou au travers de grands bois de chênes des plus agréables (rive droite). Devant chaque pile de ces deux ponts et à une centaine de mètres au dessus sont implantés au milieu du fleuve de solides massifs en bois ayant à peu près la forme d'une pyramide renversée, et dont le sommet est dirigé contre le courant : ce sont des brise-glace, destinés à protéger les ponts au moment des débâcles. Car, dans ce pays où le froid atteint parfois jusqu'à 25 et 30 degrés Réaumur, le fleuve gèle sur une très grande épaisseur. Mais, tant que la température le permet, il est animé par des bateaux à vapeur, à voiles, des trains de bois, des chalands que traînent quelquefois d'assez gros remorqueurs. Le port est rempli de ces embarcations qui chargent et déchargent des marchandises, ainsi que de nombreuses barques et boutiques de pêcheurs.

La ville est longue, mais peu large ; elle renferme de belles places, de magnifiques squares ; les rues sont pour la plupart droites, mais tout aussi mal pavées qu'à Glogau. Les principales de ces rues, où l'on voit de très riches magasins, sont : Richtstrasse, Oderstrasse, Tuchmacherstrasse, Judenstrasse, Breitestrasse, Bichoffstrasse, où est situé l'hôtel de l'Aigle-d'Or, un des plus renommés de l'endroit, et dans les salons duquel se réunissaient souvent les officiers prisonniers. La rue des Pêcheurs (Fischerstrasse), très étendue, avec ses maisons basses le long de l'Oder, offre un certain cachet d'originalité. La plus

remarquable des places est Wilhelmsplatz, qui est très
vaste et renferme un joli jardin, Victoria-Garten, aux
vertes pelouses et aux arbres séculaires ; au milieu
de ce jardin est une petite chapelle très antique, presque en ruines, entourée de quelques pierres tumu-
laires indiquant l'emplacement d'un ancien cimetière.
Deux tombeaux entre autres attirent les regards :
l'un, qui a la forme d'une pyramide surmontée d'un
papillon doré aux ailes déployées, est élevé à Ewald
Chrétien de Kleist, et porte une inscription française
commençant par ces mots : « Guerrier, poète et philosophe…. » Ce de Kleist fut tué à Künersdorff, village très rapproché de Francfort, à ce fameux combat
(24 août 1759) où les Russes et les Autrichiens réunis
culbutèrent l'armée du grand Frédéric. L'autre monument, deux statues et une urne, a été érigé en mémoire de Martha Friederica Reichart et de Joachim
Georges Daries, un pendant d'Héloïse et d'Abeilard,
à ce que l'on m'a raconté. Dans le faubourg du Damm
se dresse la statue colossale de Maxime-Jules-Léopold,
duc de Braünschweig (Brünswick, 1752-1785), montée
sur un piédestal entouré de deux statues allégoriques
représentant l'Oder et Francfort.

Au delà de Wilhelmsplatz se trouve le Champ-de-
Mars, terrain entouré d'arbres et de maisons, relativement peu large, mais d'une immense longueur ;
c'est là que pendant au moins huit heures par jour
viennent s'exercer les recrues, qui abondaient à
Francfort au moment où nous l'habitions. Au bout
du Champ-de-Mars est le Carthaus, la plus fameuse
brasserie de la ville ; c'est là, qu'au dire des amateurs, on boit la meilleure bière : aussi est-ce le ren-

dez-vous d'un grand nombre de promeneurs. C'est un établissement dans le genre du Plantage de Glogau, comme lui au centre d'un très beau parc. Il y a bien encore en ville un Nouveau-Carthaus, monté par un industriel tenté par les bénéfices que faisait son collègue : mais il n'est pas fréquenté. Il n'est pas éloigné du Casino, grande maison à large balcon où se réunissent et où logent la plupart des officiers de la garnison.

Francfort a deux théâtres, l'un d'été, où l'on joue l'opéra et l'opéra-comique, situé dans Halbestadt, et l'autre d'hiver ou Stadt-Theater (de la ville), sur la place Wilhelm, où l'on joue des drames et des comédies. On y donnait au mois d'octobre une pièce patriotique qui attirait chaque soir une foule de spectateurs, intitulée : *Sur la Sprée et sur le Rhin*. Aux personnages qu'indiquait l'affiche, un turco, un capitaine français prisonnier, une cantinière, etc., on pouvait juger que cette pièce devait nous étriller de la belle manière. La troupe de ce théâtre, sous la direction L. Flesche, était assez bien composée ; je vis jouer par elle « *Der Traüm, ein Leben* » (le rêve d'une vie), drame de Grillparzer ; *Zahnschmerzen* (douleurs de dents), comédie de Polh, une traduction de l'*Avare*, de Molière, et quelques vaudevilles insignifiants. Le rideau levait militairement à 7 h. Le prix des places était ainsi fixé : Premier rang et loges d'avant-scène 15 gros (1^{f}85) ; Sperzitz (stalles d'orchestre), 12 1/2 gros (1^{f}55) ; deuxième rang et parterre, 10 gros (1^{f}25) ; Cercle (2e galerie), 5 gros (0,60^c) ; Galerie (amphithéâtre), 3 gros (0,35^c).

Comme on le voit, il y en avait pour toutes les bourses ; contrairement à chez nous, le prix des places prises dans la journée en location était un peu inférieur à celui des billets pris le soir directement au bureau.

Auprès du théâtre d'hiver commence un immense jardin *(Volksgarten,* jardin du peuple), qui va en tournant la ville jusqu'à Breitestrasse, même un peu au-delà. C'est un des endroits les plus charmants que j'aie jamais vus : des arbres de toutes sortes, des sentiers capricieux, des massifs de fleurs, des bosquets touffus, tout y est réuni, jusqu'au ruisseau et à la pièce d'eau où nagent quelques cygnes. Le long de ce jardin, toujours rempli de flâneurs, on voit encore les restes d'une muraille en briques attestant qu'autrefois la ville était fortifiée.

Pour une cité aussi importante, Francfort n'a pas de monuments publics véritablement remarquables. Presque tous les habitants étant protestants (1) il y a six églises évangéliques, une seule catholique qui est plutôt une vaste chambre, et une synagogue d'une extrême simplicité (2). Les temples luthériens attirent plutôt l'attention : on remarque surtout l'église Sainte-Marie, dont nous apercevions la tour de notre chambre. Elle est construite, comme les autres du reste, entièrement en briques et assez élevée ; elle paraît déjà très ancienne, quelques pans de murs tombent en ruines. Sur le devant est une tour carrée avec des

(1) Un certain nombre d'entre eux descendent des protestants chassés de chez nous par la révocation de l'édit de Nantes ; on rencontre beaucoup de noms français.

(2) On ne compte guère que 200 catholiques et un millier de juifs.

créneaux et un clocher assez bas, entouré de quatre
clochetons surmontés d'une boule dorée.

L'hôtel-de-ville, sur la place du Marché, est une
construction assez bizarre, beaucoup plus longue que
large, avec des découpures en pierre et une tourelle
très élevée, de forme polonaise, dans le genre de celle
du Rathaus de Glogau. L'édifice tout entier est dans
un état de délabrement qui choque dès le premier
abord.

Outre la caserne transformée en ambulance dont il
a été question au chapitre précédent, il existe deux
hôpitaux, qui, pendant notre séjour, étaient remplis
de blessés ; il y a aussi un hospice d'enfants trouvés.

Le collège compte environ quatre cents élèves ;
entre autres établissements d'instruction, on trouve,
donnant sur Breitestrasse et le Volksgarten, une magnifique école de commerce. Une université qui avait
son siège à Franfort fut transférée en 1809 à Berlin.
Dans le prolongement de Grosse-Scharnstrasse est
un énorme magasin de l'Etat, renfermant d'abondants
approvisionnements en grains et farines. Le principal
hôtel de la Poste, derrière l'église Sainte-Marie, est
un palais ; l'intérieur en est parfaitement disposé,
aménagé de la manière la plus convenable aux services multiples qui incombent à cette administration ;
on trouve rarement en France de semblables établissements.

Les maisons particulières, à murailles épaisses, à
doubles fenêtres, sont pour la plupart élevées et d'une
belle architecture ; leur système de chauffage, consistant dans chaque chambre en un immense four-
neau de faïence allant jusqu'au plafond, est à la fois

excellent et économique ; sur les places et dans
Bahnhofstrasse, elles sont ornées à tous les étages de
riches balcons en fer forgé. Quelques-unes, à terrasses
et à créneaux, ressemblent à de petits forts ; mais en
général elles ont leurs toits en tuiles plates et à pente
très raide, à cause des neiges. Presque toutes ont un
sous-sol, habité par des revendeuses, des marchandes
de fleurs, de fruits ou de légumes ; très souvent aussi
ces sous-sol sont des « restaurations », caves où il
fait à peine clair en plein midi, où l'on boit du
schnick, de la weissbier ou de la bairischbier, où l'on
mange du jambon, et où l'on ne saurait entrer sans
coudoyer des soldats ou des ivrognes, qu'on peut à
peine distinguer au milieu de l'épais nuage de fumée
qui obscurcit la salle. Quelques-unes de ces restaurations sont cependant mieux fréquentées, mais c'est
l'exception ; sur celles-là on voit les mots *wein, deli-
catessen, franzœsisches billard*, appâts plus ou
moins mensongers par lesquels se laisse encore parfois tenter le trop crédule passant. Les habitants aisés
fréquentent plutôt les « *conditorei* » (confiseries), surtout celles de Halem, Wilhelmsplatz, où ils se bour-
rent de chocolât, de *pfannkùchen* (gâteaux aux
confitures); de *windbeulel*, sorte d'échaudé avec de la
crème fouettée ; de *knikebein*, verre de marasquin
avec un jaune d'œuf, et autres excentricités de pâtis-
serie. C'est dans les *conditorei* qu'on lit les journaux,
principalement le *Kladerradatsch* (charivari allemand) avec ses grossières plaisanteries ; la *Gazette
de la Croix* et le *Journal de Francfort* ; pendant la
guerre, les quatrièmes pages de ces deux dernières
feuilles et souvent même des suppléments étaient

remplis de noms de soldats tués en France. Le gouvernement prussien faisait aussi paraître chaque jour une liste de ses blessés ; ces listes réunies formaient déjà un épais volume au bout de quelques mois.

Francfort-sur-Oder est célèbre par ses trois grandes foires annuelles (mars, juillet, novembre), qui durent un mois chacune, et où l'on vend toutes sortes de marchandises. Le mercredi et le samedi, nous allions quelquefois voir le marché, qui est très fréquenté ; c'est une véritable foire de quelques heures. On y trouve de tout, légumes, fruits divers, viande, volaille, fromages, beurre, huile, grains, farine, pain, tabac, chaussures, habits, poterie, ferblanterie, etc. Ce sont les villageois des environs qui amènent la plupart de ces provisions sur des carrioles en osier attelées de deux, trois et même jusqu'à quatre chevaux de front. Un endroit est réservé pour le marché aux poissons ; d'une part sont les poissons de mer fumés, soles, anguilles et surtout harengs, dont il se fait une consommation fabuleuse ; de l'autre, les poissons du fleuve, qui nagent dans d'énormes cuves : brochets souvent de taille gigantesque, barbeaux, brêmes, anguilles, lottes ; on y trouve aussi en grande quantité la silure d'Europe, poisson inconnu chez nous, noir, à corps plat, à peau lisse, à grosse tête avec de longues barbes. Les denrées alimentaires sont à fort bon marché ; pendant notre séjour le beurre valait 5 gros, la viande de boucherie de 4 à 6 gros, le meilleur poisson 5 gros, le tout par livre ; le reste à l'avenant, c'est-à-dire que l'ouvrier qui gagne là-bas trente sous par jour peut fort bien vivre avec cette modique somme. Il n'y a que le vin qui soit

cher : encore trouvâmes-nous du soi-disant médoc à
un franc la bouteille chez un marchand nommé Lie-
nau, qui prétendait avoir une maison à Bordeaux.

En ville et aux alentours sont de nombreuses
usines, des fabriques de machines, d'armes, de draps,
de soieries, de toiles, de bougies, des teintureries et
des scieries à vapeur. Le pays est industriel et com-
merçant. Il y a de vastes et riches magasins d'étoffes
et de confections ; le patron de l'un d'eux, Lazarus,
dont la maison principale était à Berlin, Ora-
nienstrasse, 139, nous inondait de ses cartes où il
s'intitulait « garderobier. » Les entrepôts de fourrures
sont également fréquents ; derrière les glaces d'un
des plus connus on voit, empaillé, un fort beau tigre
royal. Dans une boutique de sellerie, au-dessus de la
porte de laquelle s'étalent pompeusement les armes
de Prusse et le nom du propriétaire suivi du titre
« fournisseur du roi, » on voit aussi empaillé, derrière
une glace immense, non pas un tigre cette fois, mais
un cheval garni de harnais d'un luxe inouï. Tous ces
magasins sont fermés le samedi ou le dimanche suivant que les commerçants sont ou de la religion
juive ou de la religion chrétienne.

Nous fîmes une remarque qui nous étonna bien
dans les premiers temps : tous les menuisiers ou ébé-
nistes, qui sont en grand nombre dans la ville, ont
pour enseigne un cercueil (sarg), mais un cercueil
magnifique, d'une forme particulière, avec des ornements et des moulures, comme ils les font véritablement. J'eus occasion d'en voir plusieurs quand il passait des enterrements : ce sont de vraies œuvres
d'art qui doivent coûter excessivement cher. En les

comparant aux quatre mauvaises planches dont on se
sert chez nous pour le même usage, on en tire la con-
clusion que les gens de ce pays ont bien plus que nous
le culte des morts.

Puisque nous en sommes sur un article lugubre,
ajoutons qu'il y a autour de Francfort trois cimetières, dont un pour les israélites et les deux autres,
avec un coin réservé aux catholiques, pour les protestants. L'un de ceux-ci, situé dans le prolongement
de Fürstenwalderstrasse, mérite d'être visité et admiré : tout autour, symétriquement alignées et entourées d'une grille, sont des tombes pour la plupart
très simples, consistant généralement en une petite
croix de marbre inclinée sur une ancre ; mais devant
chacune de ces croix est un petit jardin entretenu
avec un soin pieux. C'est dans ce pourtour du
cimetière que sont inhumés les personnages mar-
quants de l'endroit ; le milieu est presque une forêt
dans laquelle on aperçoit çà et là quelques monuments isolés.

Comme à Paris ou dans les grands centres, des voitures de place stationnent en ville à des endroits désignés ; tous les jours et surtout le dimanche on voit
les Francfortois aisés se payer le luxe d'nne promenade extra-muros. Il circule aussi de petites dili-
gences, qui font le service dans les endroits où ne
passe pas le chemin de fer. Les postillons sont enbri-
gadés et militarisés, comme les fonctionnaires de
toutes les administrations ; ils sont coiffés d'un haut
chapeau de toile cirée orné de l'aigle royal et d'un
énorme plumet : on les prendrait de loin pour de
joyeux compères qui fêtent le mardi-gras. Ils sont

munis d'une trompette dont ils sonnent pour annoncer leur approche. A propos d'instruments de musique, disons que chaque nuit l'on entend de tous côtés non pas les sons de la trompette, mais des coups de sifflet aigus et répétés : ce sont les veilleurs de nuit, qui, de dix heures du soir à quatre heures du matin, parcourent les rues et se répondent l'un à l'autre.

Les environs de la ville sont très beaux et offrent des promenades variées et toujours charmantes. Du côté du chemin de fer, on passe sous de longs tunnels en briques et l'on est transporté de suite au milieu d'une campagne délicieuse ; on trouve par là « la petite Suisse, » promenade favorite d'été des habitants. C'est un étroit vallon encaissé entre deux hautes collines, avec quelques métairies, un ruisseau, un moulin, mais tout cela rustique, coquet, d'une forme et d'un aspect qui ont valu à ce coin pittoresque le nom qu'on lui a donné.

A quatre ou cinq kilomètres de Francfort, sur la route de Kustrin, sont des mines de *braünkohl* (charbon brun) que j'ai visitées plusieurs fois avec intérêt. De puissantes machines à vapeur remontent du fond de la mine, profonde de cent et quelques pieds, le charbon qui est ensuite partagé en trois sortes suivant sa grosseur. C'est ce charbon, qui est à très bas prix et dans lequel on trouve d'assez gros morceaux de bois non encore entièrement carbonisé, qu'on emploie le plus communément pour le chauffage.

A part quelques endroits plus favorisés, le sol est ordinairement sablonneux et infertile, comme dans tout le Brandebourg : aussi la nourriture des indigènes est-elle bien inférieure à la nôtre, et la pomme

de terre en fournit-elle le premier élément. Leur pain
de seigle ne serait pas trop mauvais s'ils n'avaient
l'habitude d'y mélanger des grains d'anis qui lui donnent un goût détestable. Du reste, ils pourraient dire
quand on dîne avec eux, et en variant le vers 119 de
la satire III de Boileau :

> Aimez-vous bien l'anis ? On en a mis partout.

La fabrication et la vente du tabac étant libres là
comme dans toute l'Allemagne, les Francfortois fument continuellement ; ils contractent cette habitude
dès le jeune âge, et l'on rencontre dans les rues de
tout jeunes gens, presque des enfants, ayant à la
bouche de ces grandes et lourdes pipes dont la taille
égale presque la leur.

En résumé, les habitants du pays sont froids, mais
la plupart d'assez bon cœur et sans méchanceté ; quoique maudissant une guerre aussi meurtrière, ceux
qui logeaient des Français ne les regardaient pas
avec malveillance et ne les traitaient pas comme des
ennemis. Il faut dire qu'ils y trouvaient leur profit ;
et puis, ne nous illusionnons pas : au début, quand
ils nous craignaient encore, ils étaient loin d'être
accommodants, et plus tard, quand ils furent bien
sûrs de la victoire, ils nous méprisaient par derrière
et nous regardaient comme des êtres bien inférieurs
à eux-mêmes.

CHAPITRE XVI.

Une foire à Francfort.

Dans les premiers jours de novembre, une animation anormale régnait en ville ; on faisait les préparatifs de la foire d'hiver qui allait s'ouvrir. D'innombrables voitures allaient et venaient, chargées de montagnes de caisses et ballots que l'on déposait chez les *spediteurs* (courtiers). Ces intermédiaires reçoivent dans leurs entrepôts toutes les marchandises venant de la gare, en attendant l'arrivée des négociants qui les envoient ; à ce moment elles sont transportées dans les différents locaux affectés à la vente. Ce métier de *spediteur*, qui n'exige pas de connaissances spéciales et dans lequel on ne court aucun risque, est fort exploité, non seulement par des habitants de la localité, mais encore par des étrangers, qui ont à Francfort de vastes magasins dont ils se servent seulement pour les foires ; il en vient beaucoup de Berlin et surtout de Leipsick.

Pendant que les courtiers se livraient à leurs occupations et entassaient dans leurs docks richesses sur richesses, on bâtissait sur la place du Marché, tout autour de l'hôtel-de-ville, de longues rangées de baraques en planches de formes irrégulières. Il y en avait de hautes, de basses, de grandes, de petites, de bois brut, de peintes en gris, en bleu, etc. En quelques jours, toutes furent construites et immédiatement occupées.

A cette foire, les plus grandes affaires se traitent principalement sur les cuirs, les draps et les fourrures.

Chacune de ces marchandises se vend dans des quartiers spéciaux, dans les boutiques même des marchands de la ville, qui cèdent la place aux étrangers, et y trouvent malgré cela leur bénéfice. Le prix de location de leurs boutiques est en effet exorbitant. Pendant les foires, du reste, non seulement les magasins, mais même les moindres chambres sont retenues, habitées et louées excessivement cher. On fit déloger pour ce temps-là plusieurs de nos camarades, qui se casèrent où ils purent, dans des greniers, dans des soupentes, dans des détours. Nous eûmes pour notre part la chance rare de ne pas être obligés de déménager. Les vivres, naturellement, augmentent aussi pendant cette période, mais cependant d'une manière peu sensible.

Le marché aux cuirs se tient principalement dans Breitestrasse. Ce ne sont là qu'énormes camions qu'on charge et qu'on décharge ; on ne voit de tous côtés

que monceaux de peaux de moutons, de vaches, de
chèvres, de chevaux ; puis des cuirs préparés en
abondance extraordinaire, depuis les cuirs solides et
épais pour les chaussures jusqu'aux cuirs de choix,
aux cuirs de Russie, aux maroquins pour les objets
de luxe. Les Russes amènent eux-mêmes leurs pro-
duits, qu'ils revendent en gros aux commerçants du
pays.

La grande rue Scharn est réservée pour le marché
aux draps, qui est de beaucoup le plus important de
toute la foire : là se donnent rendez-vous les principaux fabricants des grandes villes d'Allemagne et
d'Autriche. Dans chaque maison, devant la porte
même, sur les trottoirs, presque dans le ruisseau, sont
empilées des pièces d'étoffe à une hauteur qui fait
craindre pour leur équilibre. On trouve à cette exhibition phénoménale tous les tissus possibles, depuis
les plus simples jusqu'aux plus riches ; il y a des cou-
pons d'un bon marché étonnant et dont on ne se
doute pas en France, malgré la concurrence acharnée
que s'y font les marchands de nouveautés. On voyait
beaucoup de draps à longs poils, mode cette année
pour les pardessus d'hommes, et beaucoup d'étoffes
imitant la fourrure, pour les vêtements de dames. Devant leurs portes et au milieu de leurs pyramides de
laine se tiennent les négociants qui, avec leur nuée
de commis, vous arrêtent au passage, vous tirent par
la manche, vous font l'article d'une voix glapissante
et vous vantent leur marchandise, qui naturellement
est bien préférable et supérieure à celle de leurs voisins. Leurs noms sont peints sur de grands tableaux
accrochés au-dessus des boutiques et s'avançant pres-

que jusqu'au milieu de la rue, ce qui donne à Grosse-Scharnstrasse un aspect assez bizarre.

Les pelleteries se vendent dans Richtstrasse, parallèle à Scharnstrasse. Ce marché nous parut très curieux, à nous qui n'en avions jamais vu de semblable, et qui soupçonnions tout au plus l'existence de ces belles choses, si utiles dans ces pays froids. Là aussi chaque maison, si petite qu'elle soit, est occupée ; tous les trafiquants qui les habitent momentanément viennent de l'extrême est de la Prusse, des provinces de l'ancienne Pologne, voire même du fond de la Russie. Certains vendent uniquement les « wollene-Kleide » (habits de laine), peaux de mouton préparées, teintes en noir, cousues ensemble en forme de pardessus et qui servent aux paysans ; d'autres ont de splendides étalages et ne tiennent que les riches fourrures de cerf, de chat sauvage, d'astrakan, de martre, d'hermine, de petit gris, etc.; les dames trouvent également un immense assortiment de peaux de cygnes avec leur duvet, qui servent à l'ornement des capelines et des sorties de bal. Les pelisses varient entre les prix de vingt à quatre vingt thalers, c'est-à-dire moitié moins cher que chez les rares négociants qui tiennent cet article à Paris. Pour le dernier prix cité, on a le choix parmi les fourrures les plus rares. Outre les pelisses, on trouve dans la rue Richt des manchons, des palatines, des descentes de lit, des chancelières pour les voyages et pour la chambre, des bottes et des casquettes fourrées, et quantité fabuleuse de peaux préparées, mais non cousues, d'animaux de toutes sortes, que l'on peut acheter pour appliquer soi-même sous un vêtement quel-

conque. Cette branche de commerce présente une
grande activité à la foire de novembre ; l'hiver en
effet on ne rencontre aucune personne dans les rues
qui n'ait quelque partie de son habillement doublé de
fourrure.

Après ces trois grands genres d'affaires viennent
les industries de détail de natures les plus variées et qui
ont leur siège dans les baraques construites sur la
place du Marché. Chaque spécialité a son quartier
distinct : au nord du Rathaus on vend surtout les
articles de voyage, sacs de toutes formes et de toutes
grandeurs, sacoches, couvertures, pelisses, chaussures et coiffures chaudes ; de l'horlogerie, apportée
là par les fabricants de la Suisse ; on trouve à des
conditions dérisoires des petits coucous en bois sculpté
d'un très beau travail, des montres à deux thalers
jusqu'à des chronomètres enrichis de brillants, des
tableaux et des boîtes à musique, etc. Au sud sont les
jouets d'enfants, venant pour la majeure partie de
Nuremberg et de la Forêt-Noire ; des bois tournés,
découpés, sculptés ; des pipes de genres les plus divers, mais surtout en porcelaine enjolivées de por-
traits, de sujets historiques, champêtres, obscènes
même ; des cannes par ballots amoncelés en quantités
énormes, à épée, à poignard, à fusil, à sarbacane et
autres inventions qui ne servent généralement qu'à
estropier ceux qui s'en servent ; des instruments de
musique aux formes aussi stupéfiantes que leur prix ;
pour cinq thalers on pouvait s'offrir un trombone
dont le pavillon figurait une horrible tête de serpent,
avec le dard, s'il vous plaît, et pour dix une contre-
basse à trente-six tuyaux enchevêtrés les uns dans

les autres et faisant le tour du corps par dessus le
marché. Il paraît que c'était le *nec plus ultra* de
l'élégance dans les sociétés musicales.

A l'est de l'hôtel-de-ville on trouve les lainages, je
veux dire par là les chaussettes, gilets, bas, caleçons
et autres articles d'hiver ; on admire à côté les chefs-
d'œuvre de la verrerie de Bohême, verres taillés,
chopes à couvercle, coupes de formes variées à l'in-
fini ; cette partie du marché attire toujours une foule
de curieux et d'amateurs. Non loin de là sont les fabricants d'armes, de guerre et de chasse, fusils à
aiguille, Sniders, Remington, à baguette, à pierre
même, pistolets et revolvers de cent systèmes, couteaux de chasse, sabres de fantaisie, épées de combat,
en un mot c'est tout un arsenal d'engins de destruction. Dans une autre rangée se trouvent les chaussures communes d'hiver, chaussons montants, bottes
et bottines de feutre, mais pas de sabots : cette chaus-
sure, dont on use peu du reste, est d'une fabrication
très grossière et ne se débite qu'en dehors des foires,
sur la place du Marché, les jours de vente ; il n'y a
que les femmes qui s'en servent, et seulement pour la
cuisine et le lavage.

A l'Ouest enfin de la maison commune sont établis
d'immenses assortiments de gants de peau, de drap,
de soie, fourrés, etc.; des articles de bimbeloterie et
des conditorei venues s'installer là tout exprès pour
la circonstance : ce n'est pas ce genre de commerce
qui chôme le plus. Toutes les maisons des rues avoisi-
nant la place sont louées à de petits industriels de
tous genres : des opticiens, des marchands de passe-
menteries, de flanelles, de brosses, de tableaux, d'ob-

jets d'art, etc. etc. A cette foire en résumé on trouve
de tout, les choses les plus indispensables à l'existence
aussi bien que les bibelots les plus futiles. Le marché
aux légumes est transféré pendant ce temps sur la
place Wilhelm ; dans Victoria-Garten on rencontre
des baraques de saltimbanques, qui ont les mêmes
apparences et dont les pîtres débitent les mêmes bo-
niments que chez nous ; l'un de ceux-ci, devant un
musée d'anatomie, sachant que des Français l'écou-
taient, s'exprimait à peu près en notre langue et cherchait à nous allécher en promettant de nous montrer
« l'intérieur de l'estomac d'un soûlard. » Peine et
éloquences perdues ! Il y avait à côté des lutteurs qui
ne connaissaient pas eux-mêmes leur force, des sauvages poussant le cri du désert et dévorant du mou ;
des panoramas, des musées de cire, et tout ce qu'on
peut rencontrer dans ces agglomérations d'artistes
nomades. La *great-attraction* était une collection
d'instruments de torture depuis les temps les plus reculés jusqu'à nos jours ; là étaient exposées les machines de l'Inquisition avec leurs raffinements, les
masses, les fourneaux, les coins et le reste ; des ca-
ges de fer, une guillotine, une potence, un billot, des
haches, des couteaux, des chaînes, etc. Dans une salle
à part les bons badauds allaient s'extasier devant une
mitrailleuse et un chassepot ; la vue de ces mer-
veilles coûtait la bagatelle de 5 gros, moitié pour les
militaires et les enfants, et rien du tout pour les blessés de la guerre.

Le mardi 22 novembre, c'est fête et grand jour de
vente pour les disciples de Saint-Crépin : aussi ce
jour est-il désigné dans les almanachs de l'endroit

sous le nom de « mardi des cordonniers. » Tout le
milieu de la grande Scharn, dont le passage est interdit aux voitures, suffit à peine à les caser ; c'est
là, gesticulant et se disputant, qu'ils prônent la bonté
et la solidité de leur ouvrage, brodequins primitifs et
bottes solides à haute tige fabriquées surtout pour les
habitants des campagnes. Ce mardi est fête aussi pour
ces derniers ; c'est ce jour-là qu'ils viennent faire
leurs emplettes en ville, leurs provisions pour la
saison, qu'ils engagent les domestiques ; c'est un jour
équivalent à peu près à notre Saint-Martin, aussi est-
il encore plus animé que les autres.

On n'en finirait pas si l'on voulait entrer dans tous
les détails, si l'on voulait décrire toutes les curiosités
de cette foire ; nous arrêterons là ce tableau impar-
fait et qui n'en peut donner qu'une faible idée. Elle
est célèbre d'ailleurs, comme les deux autres, dans
toute l'Europe ; elle attire à Francfort une masse
d'étrangers et elle fut pour nous, pendant toute sa
durée, une grande ressource contre l'ennui. Les
journées passaient vite au milieu de ce bruit, de cette
animation, de ce brouhaha tout-à-fait divertissant et
insolite. Quelque grandiose que nous parut cette
exhibition de toutes sortes de marchandises, ce n'é-
tait rien, au dire des habitants, en comparaison des
foires précédentes, la guerre ayant entravé la marche
des affaires et paralysé presqu'entièrement toute
espèce de commerce.

CHAPITRE XVII.

Séjour des officiers à Francfort (*Suite*).

Le temps passant sans apporter de changement dans notre position, chacun cherchait à se créer des distractions, ou plutôt des occupations selon son goût. Les uns s'étaient procuré de petites scies à main, et se livraient au découpage du bois, passe-temps à la mode ; d'autres se réunissaient *zùm goldenen Adler* (à l'Aigle-d'Or), et s'adonnaient aux plaisirs du piquet ou de l'écarté. Pour moi, j'écrivais, je mettais en ordre les notes qui me servent aujourd'hui à faire ce récit ; j'entretenais une correspondance suivie avec la France et avec des camarades internés dans d'autres villes d'Allemagne, qui menaient à peu près la même vie que nous ; de temps à autre, — qu'on me le pardonne ! — je commettais quelques rimes ; je dessinais, le plus souvent des

charges militaires, l'instruction des recrues sur le
champ de Mars me fournissant ample matière. J'avais
trouvé à louer chez un luthier une flûte qu'on ne pouvait comparer pour la fausseté qu'à cet infâme Isca-
riote et de laquelle on tirait des sons lamentables,
qui, par une antithèse flagrante, nous égayaient assez.
Plusieurs fois je fis de la musique chez un jeune ministre protestant, M. Greier, qui avait sur le piano un
talent hors ligne ; j'initiais en même temps le collègue Rageot, qui demeurait chez lui, aux mystères
de la flûte à cinq clefs. Nous avions acheté, avec le
commandant Michaut, deux flageolets en fer blanc à
six trous et coûtant bel et bien un gros pièce, avec
lesquels nous faisions des duos à chasser bien loin
ceux qui auraient eu la tentation d'entrer chez nous.
La lecture nous faisait passer quelques agréables
moments ; pour quelques gros par mois nous avions
des livres en location à la librairie Harnecker, très
bien approvisionnée. Chaque jour nous dévorions les
journaux belges, qui seuls nous donnaient des renseignements précis sur l'état des choses en France : ces
journaux étaient l'*Indépendance belge*, qui nous fut
interdite dans la suite par l'autorité prussienne, et
l'*Echo du Parlement*, que recevait l'un de nous par
intermédiaire. Comme on se laissait vite revenir à
l'espoir à l'annonce du moindre de nos succès ! Mais
aussi avec quelle tristesse, quel découragement nous
apprenions une nouvelle capitulation !

Les excursions aux environs de la ville nous prenaient quelques heures par jour ; nous découvrions
souvent de nouveaux chemins, de nouveaux sites pittoresques, de nouveaux coins où les Français aimaient

à se rencontrer ensemble. Une fois nous allions à
Tchetschnow, village éloigné d'une lieue environ,
bâti sur des collines de moyenne hauteur sur lesquelles çà et là essayent de pousser timidement quelques pieds de vigne qui produisent, certaines rares
années, quelques bouteilles d'un vin aigre (on peut
réunir les deux mots). Deux chemins conduisent à
Tchetschnow, la grande route et un sentier qui suit
le haut des côtes : en prenant ce dernier on passe
auprès d'un fort bel établissement, qu'on a appelé
Wilhelmshœhe, probablement à cause d'une ressemblance d'emplacement avec le château royal qui porte
ce nom ; là, chaque dimanche se réunit une nombreuse société pour entendre un concert et danser
ensuite. Bien souvent, quand nous dirigions nos pas
de ce côté, d'énormes lièvres, effrayés à notre approche, s'enfuyaient des haies qui bordent le chemin.
Une autre fois, nous poussions jusqu'à la Schæferei
(bergerie), espèce de chalet-café situé au-delà de la
ligne du chemin de fer de Posen.

Nous étions toujours sûrs de trouver là grande
réunion : par les temps les plus froids, quand la neige
tombait même, des dames, des jeunes filles venaient
s'y installer pour broder ou faire de la tapisserie en
prenant leur café. Je n'ai jamais deviné l'attrait que
ce lieu peut offrir aux Francfortoises : de la maison,
bâtie dans le fond d'un étroit vallon privé de verdure
et d'arbres, on n'a qu'un point de vue des plus bor-
nés ; l'intérieur est plutôt un bouge malpropre qu'un
salon destiné à recevoir une bonne compagnie ; et
cependant cet étrange établissement est peut-être le
plus fréquenté de tous ceux de ce genre aux environs

de la ville. Un peu plus loin, on trouve de vastes forêts
de sapins et de bouleaux dans lesquelles nous aimions
à nous égarer. Là, nous ne venions pas troubler la
tranquillité des lièvres craintifs ; mais nous voyions
souvent sauter de branche en branche d'agiles écu-
reuils, qui nous amusaient par leurs tours et leurs
gambades. Mais avec l'hiver nous fûmes forcés de
renoncer à ces longues promenades, qui nous offraient
tant de ressources contre l'ennui ; dès le mois de novembre tomba une neige abondante, qui couvrit la
terre pendant des mois entiers. Nous souffrions assez
vivement des rigueurs d'un climat auquel nous n'é-
tions pas habitués ; et certains jours où le froid attei-
gnait 24 et 26° Réaumur, il fallait bien se résoudre à
se confiner dans sa chambre. L'Oder charriait d'é-
normes glaçons dès les premiers jours de décembre ;
bientôt il finit par prendre complètement et sur une
très grande épaisseur. Plusieurs fois nous nous sommes passé la fantaisie de le traverser pour abréger
une course, et les voitures chargées d'approvisionner
les glacières le parcouraient sans le moindre danger.
Ces froids intenses, que nous avions tant de peine à
supporter, paraissaient au contraire réjouir les habitants du pays ; ils sont outillés pour les braver, ont
des cache-oreilles, des couvre-bouche, etc.; et puis ce
moment de l'année est celui qui leur procure le plus
de plaisirs, le patinage entre autres, dont ils sont très
amateurs. Deux endroits sont réservés pour cet exercice : le vieil Oder, qui commence près du pont de la
ville et va se perdre dans la plaine, et un étang au
Carthaus. A ces deux endroits, où la neige est soigneusement balayée, où des marchands de boudins et

saucisses se promènent avec leurs réchauds de cuivre
attachés sur le ventre, moyennant la somme de un
gros on loue une paire de patins, on peut s'escrimer
toute la journée, et, en même temps que ses grâces,
étaler son dos sur la surface polie. C'est le vieil Oder
qui attire le plus de monde : là se donne rendez-vous
une grande partie de la jeunesse féminine de Francfort, qui ne le cède en rien au sexe fort pour l'agilité.
Nous étions étonnés de la quantité de jeunes filles qui
venaient là, avec un empressement témoignant le
plaisir qu'elles éprouvaient à courir sur la glace.
Parfois une chûte malencontreuse faisait apercevoir
bien des choses aux yeux indiscrets : mais nul ne
s'en plaignait, pas même celle qui s'était assise un
peu brusquement et qui se relevait au plus vite pour
aller se perdre dans la foule. Disons en passant que
toutes ces jeunes filles viennent là, comme partout où
elles vont, parfaitement seules et sans être accompa-
gnées de leurs parents ; il paraît que ce système d'é-
ducation libre est en usage chez nos voisins et que la
morale n'en souffre pas, à ce qu'ils prétendent : cependant nous pourrions affirmer..... mais, ne détrui-
sons les illusions de personne.

L'hiver amena aussi dans le mode de transport
un changement qui nous surprit beaucoup dans les
premiers jours. On ne voyait plus de voitures
dans les rues : toutes, voitures légères, de camion-
nage, de poste, de place, étaient remplacées par des
traîneaux. Ces traîneaux, les uns fort grossiers, les
autres d'un luxe inouï, sont attelés généralement de
deux chevaux, qui font joyeusement résonner les
colliers de grelots attachés à leurs harnais. Ces gre-

lots préviennent les piétons de l'arrivée de l'équipage,
qui ne fait aucun bruit sur la neige durcie et pourrait occasionner des accidents sans cette précaution.
Les Francfortoises aiment encore beaucoup les promenades en traîneau ; soigneusement enveloppées
dans leurs fourrures, elles paraissaient éprouver une
grande satisfaction à conduire elles-mêmes. A voir
partout et si longtemps cette neige, ces traîneaux,
ces patins, on se serait cru au fond de la Sibérie ;
aussi ce ne fut pas sans plaisir que nous vîmes arriver le dégel, vers la fin de février.

Fatigués d'une nourriture trop uniforme, et dési-
reux de vivre avec quelques-uns de nos compagnons,
nous allâmes pendant un certain temps, le commandant Michaut et moi, prendre nos repas dans la restauration Trüpke, où plusieurs de nos camarades
avaient pris pension moyennant 8 gros (1f) par jour.
Mais, malgré tout l'agrément que nous éprouvions à
nous trouver avec eux, nous ne pûmes y rester plus
d'un mois, notre estomac ne pouvant décidément se
faire à la cuisine de cet empoisonneur : nous fûmes
bientôt rassasiés de harengs aux oignons, de viande
crue hachée, de carbonades (côtelettes de porc rou-
lées dans de la farine et des blancs d'œufs), de soupes
à la bière, d'oie aux pommes, de pruneaux au vinai-
gre, de millet, de lièvre aux confitures, de chèvre
aux brinbelles (sortes de baies), de choucroute au
cumin, de mélanges de toutes sortes de choses appelés salades italiennes, et nous revînmes manger chez
nous comme auparavant. Seulement je fis appel aux
quelques connaissances culinaires que j'avais acquises
de visu à la maison paternelle, et j'eus soin de sur-

veiller de près notre propriétaire, de façon à nous
faire préparer des mets à peu près français.

Le 8 décembre, le général commandant de place
nous annonça que désormais nous aurions par semaine trois appels au lieu d'un. Cette mesure, moti-
vée par l'évasion de plusieurs prisonniers dans des
villes proches d'une frontière, devint peu de temps
après encore plus sévère, et tous les jours il fallut
nous présenter à la commandantur. Il fut question à un
moment donné de nous incarcérer et même de fusiller
un sur dix d'entre nous, par voie de tirage au sort,
pour chaque officier français qui violerait sa parole
et quitterait l'Allemagne. Au lieu de répondre à un
appel nominal, comme nous le faisions jusqu'alors,
on nous fit signer sur un registre *ad hoc*.

Dans les mois de décembre et de janvier, la petite
vérole faisant des ravages dans la ville, on vaccina
tous les militaires prussiens qui s'y trouvaient et en
même temps nos ordonnances, qui, malgré leur répu-
gnance à se conformer à cette mesure sanitaire,
furent obligés de se laisser faire. Quelques soldats
français en convalescence dans les hôpitaux mouru-
rent atteints par l'épidémie ; nous allâmes à l'enter-
rement du premier de ces malheureux, qui était de
Mirecourt. On lui rendit sur la tombe les honneurs
militaires ; un peloton d'infanterie déchargea trois
fois ses fusils en l'air ; le prêtre fit ensuite une courte
allocution dans les deux langues. Un colonel de la
garnison et deux autres officiers prussiens accompa-
gnèrent avec nous le pauvre soldat à sa dernière
demeure.

Le 28 décembre arrivèrent à Francfort et venant

justement de Glogau, six cents prisonniers qu'on logea dans le faubourg du Damm. C'étaient tous des Alsaciens-Lorrains dont on voulait essayer la prussification par une amélioration de traitements et une séparation de leurs camarades de l'armée française. Aussi jouissaient-ils d'une certaine liberté relative ; on en rencontrait beaucoup se promenant en ville sans escorte.

Le 1er janvier 1871, nous fûmes assaillis par des nuées de quémandeurs et de mendiants de toute sorte, sous prétexte de « bonne année. » Étant entrés l'après-midi chez Halem, un kellner (garçon), quoique nous ne fussions pas des habitués, nous apporta des pipes sur un plateau, avec de grossières images et des vers de circonstance. Voici deux échantillons de cette poésie : « Tu es un fervent disciple de Bacchus ; partout où tu iras, tu rencontreras du punch, il pleuvra du vin et de la bière. S'il survient une inondation de l'un de ces liquides, le flux courra dans ton ventre jusqu'au lendemain et jours suivants. » — « Monsieur le pilier de café, je me permets de vous offrir mes compliments et en même temps une pipe. Vivez encore cent ans en bonne santé, et si vous trouvez que c'est encore trop tôt pour mourir, vivez encore cent autres années. » D'autres papiers, pliés en forme d'éventail, renfermaient des gravures obscènes à la vue desquelles se pâmaient d'aise les vieux abonnés et qui auraient fait rougir le plus blasé de nos zéphyrs. O vertueuse Allemagne !

A cette date du 1er janvier, nous étions une soixantaine d'officiers internés à Francfort ; mais bientôt ce nombre fut presque doublé. Il vint d'Aix-la-Chapelle

douze ou treize officiers de la garde, puis de Trèves
les officiers du 1er bataillon de la mobile de la Moselle, et enfin de Coblentz quelques autres de divers
corps.

Dans la nuit du 20 au 21 janvier, une actrice qui
demeurait dans une chambre contigüe à la nôtre,
Mme Müller, mourut subitement. Cette mort impres-
sionna péniblement toute la maison ; cette femme,
veuve, nourrissait de son travail sa mère et ses deux
enfants, et était très estimée ; elle parlait un peu le
français et cherchait souvent à causer avec nous.

Le 22 au matin, une catastrophe arrivée sur le chemin de fer, non loin de la gare, mit toute la ville en
émoi. Un train de marchandises allant à Berlin avait
rencontré un train de voyageurs venant de là ; le
choc avait été des plus violents. Nous nous mêlâmes
aux groupes de curieux qui se rendaient en toute hâte
sur le théâtre de l'accident, dont nous pûmes examiner de près les épouvantables résultats. Les deux
locomotives étaient littéralement entrées l'une dans
l'autre ; les pistons étaient rejetés de côté, tout le
mécanisme disloqué, les tenders à genoux ; les premiers wagons de chaque convoi étaient brisés, mou-
lus, anéantis ; dans le train de voyageurs, la seconde
voiture était entrée comme un tiroir dans la troisième. De tous côtés ce n'étaient que débris informes
de bois, de fer, de bagages, de restes humains ; çà et
là de larges flaques de sang attestaient de nombreuses victimes. Il y avait eu sept personnes tuées sur le
coup et vingt-deux blessés, la plupart grièvement.

Dans toutes les autres villes d'Allemagne où il y
avait des officiers prisonniers, ceux-ci avaient reçu

depuis longtemps, par l'intermédiaire de l'ambassade d'Angleterre, le supplément de leur solde de captivité ; nous seuls, par une exception dont j'ignore la cause, nous n'avions encore rien touché, et il était fort difficile, avec les 45 francs par mois que nous allouait le gouvernement prussien, et pour ceux qui n'avaient que cela, de se nourrir, se loger, s'habiller, se chauffer, s'éclairer, se blanchir, etc. Ce ne fut qu'après plusieurs réclamations successives qu'on nous fît participer à la mesure générale ; le 9 février seulement on nous paya l'arriéré. En même temps la Prusse, prévoyant de l'argent à venir et sachant qu'elle ne nous garderait plus longtemps, devenait plus large et nous octroyait une indemnité mensuelle de logement de 10 thalers pour les officiers supérieurs, 7 pour les capitaines et 5 pour les lieutenants et sous-lieutenants. Les ordonnances touchaient par mois une solde de 6 thalers, plus 2 versés par l'ambassade anglaise ; les prisonniers civils (sous-préfets, procureurs, maires) ne recevaient que la même somme, tout en jouissant de la même liberté que les officiers.

Le 29 janvier nous apprenions la capitulation de Paris et l'armistice. Allait-il en résulter la paix ou la continuation de la guerre ? Voilà ce que nous nous demandions avec anxiété. Chaque jour on se faisait part de ses craintes et de ses espérances ; la plupart des opinions étaient pour la paix, et, tout en déplorant une fin aussi malheureuse, on se laissait aller à l'espoir de rentrer bientôt dans ses foyers. Il faut avoir été exilé pendant de longs mois pour apprécier les douceurs du « at home. » Quelques semaines se passèrent encore dans le doute. Ce ne fut que le 27 février que l'on apprit la ratification des préliminaires de la paix par l'Assemblée nationale élue le 8 ; la dureté des conditions modéra de beaucoup la joie que nous causa cette nouvelle. Dès lors nous étions fixés et nous pensions que le jour du départ ne pouvait tarder beaucoup ; aussi l'attendions-nous avec une impatience bien compréhensible : les journées nous paraissaient encore plus longues qu'auparavant.

Le 18 février avait commencé le dégel ; le 20, on fit sauter, au moyen de la poudre, les glaces qui obstruaient le pont et le pressaient fortement. Cette précaution fut inutile : le 24 au matin arriva la débâcle, qui enleva non-seulement les brise-glace, mais encore le pont lui-même, qui s'écroula par le milieu. C'était quelque chose d'effrayant à voir que ces masses énormes, ces monstrueux glaçons, véritables îlots, emportés par le courant avec une rapidité vertigineuse, venant s'amonceler et se briser contre le pont avec un fracas épouvantable. Ils montaient les uns sur les autres jusqu'à l'effondrement des piles ; de longtemps, au dire des habitants, on n'avait vu semblable chaos ; l'hiver avait été des plus rudes d'ailleurs. Toute la population était le long du fleuve pour contempler cet imposant spectacle. Le 28, les eaux montèrent de dix pieds et demi dans la journée ; l'échelle d'étiage du pont marquait 14 1/2 pieds là où en temps ordinaire il y en a 4 seulement. Les prairies environnantes furent inondées ; l'eau vint jusque sur les routes et dans les rues basses de la ville ; dès le lendemain par bonheur elle commença à diminuer; mais plusieurs déménagements avaient été nécessaires.

Le 27 février commencèrent les préparatifs d'une seconde foire, qui dure un mois, comme celle que nous avions déjà vue en novembre. Ces deux foires se ressemblent comme aspect et animation ; seulement, à la seconde, les articles d'été en étoffes, chapeaux, etc., remplacent les fourrures et autres articles d'hiver qui se vendent à la première.

Le 6 mars, le général nous annonça que nous étions libres de partir, mais à nos frais. Cette proposition, sur l'instant, ne souriait à personne. Il nous répugnait d'être ainsi pressurés ; on nous avait amenés, on nous ramènerait. Cependant, le 12, une trentaine, perdant patience, se décidèrent à profiter de l'autorisation. Les jours suivants, quelques-uns partirent encore.

Le 20, on pavoisa les maisons ; des guirlandes, des fleurs, des drapeaux s'étalaient dans toutes les rues, plus animées que d'habitude ; tous les gens du peuple étaient en liesse , chantaient ferme et buvaient encore davantage : c'est que ce jour-là devait rentrer de France un bataillon du régiment de landwehr recruté dans la ville et dans la banlieue. Il arriva à 3 heures et demie de l'après-midi, précédé et suivi d'une foule immense, des corporations musicales avec leurs bannières, des pompiers avec leur matériel, des francs-maçons avec leurs insignes, etc. Les fusils et les schakos des landwehriens étaient ornés de fleurs et de couronnes ; leur train allait retourner et rapatrier le reste des Alsaciens-Lorrains prisonniers à Francfort, dont une moitié était déjà partie la veille. Le soir, la ville fut illuminée ; les cris, les pétards troublèrent notre repos jusque fort avant dans la nuit. Au coin de notre rue, un marchand de tabac avait placé devant sa porte un mannequin en paille avec un masque en carton représentant plus ou moins Napoléon III, une lanterne d'une main, un sac de nuit de l'autre. Inutile de dire quel succès fou obtint l'ingénieux négociant : ce qu'il vendit de cigares, ce soir-là, est incalculable. des groupes compactes stationnaient devant sa porte, s'esclaffant et huant le souverain déchu, qui faisait triste mine et qu'un farceur finit par brûler, aux grands applaudissements des badauds.

Ce jour-là, nous entendîmes fort parler de notre départ prochain ; on nous annonça une réunion à la commandantur pour le lendemain matin à 8 heures : c'était bon signe. Le 21 en effet, à l'heure dite, le général nous distribua nos feuilles d'élargissement (1), nous donnant ordre de partir dans l'après-midi même, à 4 heures. Dire ce que nous éprouvâmes alors serait impossible. On s'empressa d'emballer ses effets, opération qui fut vite terminée, et bien avant l'heure du train tout le monde était à la gare. Là une cruelle déception nous attendait : au moment où nous allions monter en wagon, le commandant de place reçut un contre-ordre du ministère de la guerre, et se vit forcé

(1) Ces feuilles, manuscrites, étaient ainsi libellées :

L'officier français prisonnier de guerre M. (nom, grade), est, par le présent, rendu à la liberté.

Francfort, a/0, le 21 mars 1871.

KŒN. PREUSS. STELLV. COMMANDO.   VON SELABINSKI.

D. 9ᵗ inf Brigade.   *Général-major.*

de nous renvoyer chacun chez nous, à son grand regret, disait il, mais au nôtre bien plus grand encore. Quel désappointement en rentrant dans cette chambre que nous croyions avoir quittée pour toujours !

Le 22, fête du roi. Encore des illuminations, des pétards et autres accessoires obligés des manifestations publiques. Dans les dispositions d'esprit où nous nous trouvions, nous souffrions beaucoup de ces réjouissances continuelles ; heureusement qu'enfin le terme de notre captivité était proche. Le 23, à l'appel, on nous distribua de nouveau des feuilles de route avec injonction de partir, comme l'avant-veille, à 4 heures du soir. Cette fois, c'était pour de bon.

CHAPITRE XVIII.

Une journée à Berlin.

Ne voulant pas partir de Prusse sans visiter sa capitale, je demandai dans ce but une permission au général, qu'il me donna, ainsi conçue :

Le prisonnier français lieutenant d'artillerie Cappé est autorisé par la présente à sortir de la garnison pendant 24 heures, du 14 au 15 mars, pour aller à Berlin.

Francfort, a/O, le 14 mars 1871.

Le commandant de la garnison,

Kœn. Preuss. stellv. commando. Von Selabinski,

D. 9ᴵ inf. brigade. *Général-major.*

Ouvrons ici une parenthèse à la louange de l'officier qui m'avait signé cette pièce. C'était un digne homme d'une soixantaine d'années, d'excellentes manières, d'une politesse et d'une affabilité excessives, n'ayant jamais que de bonnes paroles pour nous.

Je partis donc le 15 mars à 6 heures du matin, avec un billet de troisième classe aller et retour valable pour cinq jours, m'ayant coûté la somme de 1 thaler 13 1/2 gros (5ᶠ 40). La première station, Briesen, est entourée de berceaux faits de troncs de bouleaux arrangés d'une façon tout-à-fait originale ; à Fürstenwalde, ville qui paraît assez considérable, on admire près de la gare une fort jolie construction, l'hôtel Sans-Souci. Un peu plus loin on cotoie un instant la Sprée, et l'on traverse un de ses affluents, la petite rivière de Wulde ; puis on passe quelques villages de peu d'importance dont nous avons déjà donné les noms (chap. XI.) C'est du reste un voyage assez peu agréable, le paysage n'étant nullement varié : des forêts de sapins dans lesquelles on voit courir quelques cerfs, des marécages, voilà le tableau assez triste que le touriste a constamment sous les yeux de Francfort à Berlin, où j'arrivai à 9 heures. J'avais l'intention de prendre une voiture découverte et de me faire conduire aux endroits les plus remarquables ; mais comme il pleuvait un peu à la descente du train, il n'y avait pas en gare de semblables voitures ; il ne stationnait dans la cour que des « droscke » espèces de petits fiacres à peine éclairés par une portière, ou plutôt une lucarne, et dans lesquels le champ de vue ne peut être que très borné. J'en pris mon parti, et je me mis bravement et pédestrement en route. J'avoue que c'était avec un vif sentiment de curiosité que j'entrais dans la grande ville dont les Prussiens se montrent si fiers.

Fondé en 1142 par Albert l'Ours, Berlin fut successivement la capitale des margraves de Brandebourg, de la monarchie militaire et bureaucratique de la Prusse, et enfin de l'empire d'Allemagne. L'accroissement de sa population fut sensiblement rapide : à la suite de la guerre de Trente ans il ne comptait que 6.000 habitants ; 29.000 en 1700 ; 103.000 en 1707 ; 195.000 en 1803 ; 220.000 en 1826 ; 470.000 en 1854 ; 825.000 en 1871, et aujourd'hui enfin plus d'un million. A égale distance de l'Elbe et de l'Oder, des montagnes et de la mer, Berlin est situé au centre d'une plaine infertile, entouré de marais, de sables et de bois de sapins. Il offre des ressources considérables sous le rapport de l'industrie et du commerce ; toutes les routes de l'Allemagne l'ont pour objectif ; de nombreuses voies ferrées y aboutissent et le traversent (1). Il n'est fortifié en aucune sorte, n'a ni enceinte ni fort détaché ; mais il est protégé par d'autres places plus ou moins éloignées et par des obstacles naturels créés par les eaux : l'Oder avec Glogau et Kustrin ; l'Elbe avec Magdebourg, etc.; la forteresse de Spandau n'en est distante que de 14 kilomètres à l'Ouest.

J'avais consulté l'excellent plan de la ville édité par Albert Goldschmidt, je connaissais les principales choses à visiter et le chemin qu'il fallait prendre pour y arriver. En sortant de la gare, je descendis la rue

---

(1) Outre le chemin de fer de ceinture, Berlin a maintenant un métropolitain, un chemin de fer électrique allant de Neu-Schœneberg à Lichterfelde, où est l'école supérieure des cadets, et des quantités de lignes de tramways traînés par chevaux ou machines.

de Breslau qui est en face, puis je pris à gauche celle du Marché au bois (Holzmarkt-Strasse). L'impression que me causa la vue de ces deux premières rues fut assez défavorable ; sales, mal pavées, avec peu ou point de trottoirs, elles sont bordées de maisons basses et d'un vilain aspect. J'arrivai bientôt à la Sprée, que je passai sur le pont de Janowitz. Cette rivière, qui prend sa source dans les montagnes de la Lusace et se jette dans la Havel à Spandau après un cours de 300 kilomètres, est large de 30 à 60 mètres suivant les endroits ; ses eaux sont noires et boueuses, et son cours lent et tranquille ; on la traverse sur 35 ponts en amont de Berlin et au moins autant à l'intérieur de la ville, où elle se partage en plusieurs bras. Elle est encaissée en certains endroits par des planches et des poteaux qui forment des espèces de quais très peu élevés, le sol des rues étant à peine à un mètre au-dessus du niveau de l'eau. La plupart des ponts sont en bois et mal construits ; cependant celui dit « du Château » est assez remarquable ; il n'a que trois arches, dont celle du milieu seule peut laisser passer les barques, mais de chaque côté sont placés quatre magnifiques groupes en marbre blanc représentant des sujets antiques. La rivière passée, j'enfilai Brückenstrasse, Kœpnickerstrasse, Neue Jacobstrasse, Rosstrasse, je repassai un petit bras de la Sprée et j'arrivai à Breiterstrasse, qui commence à avoir l'aspect d'une rue de grande ville. Large, comme l'indique son nom, les maisons y sont hautes et régulières, et les magasins richement décorés ; je me souviens de la maison de nouveautés « Herzog », qui attirait la foule avec ses étalages somptueux derrière d'immen-

ses glaces. Là on commence à arriver au centre des
affaires ; c'est un va-et-vient continuel, les omnibus
et les droscke se croisent, l'on entend un bruit confus
mélangé de toutes sortes de cris et qui essaye de rappeler celui des rues de Paris. Au bout de Breitestrasse on arrive à la place du Château, peu spacieuse,
et au Château royal lui-même. C'est une masse élevée, carrée, monumentale, mais lourde, sans ornements, sans sculptures, avec deux balcons dorés et
deux coupoles peintes en bleu ; le toit en terrasse
avec une balustrade en pierre ; du côté du Lustgarten et en bas d'un perron, deux groupes en bronze de
chevaux fougueux maintenus par des guerriers, et
c'est tout. A l'intérieur une petite cour carrée au
milieu de laquelle se dresse une statue de Saint-
Georges terrassant le dragon ; dans cette cour étaient
rangées six de nos batteries de 4 de campagne, que
je ne pus m'empêcher de contempler avec un serre-
ment de cœur. Comme aux Tuileries, les piétons et
les voitures traversent le château sous des guichets.
Une façade donne sur la rivière ; de ce côté l'aspect
de l'édifice est loin d'avoir quelque chose de princier :
tout tombe, tout est délabré, on croirait presque voir
les ruines d'une vieille usine. Ruines n'est pas trop
dire, car il n'existe plus que des débris d'une sorte de
tour en briques ayant le pied dans l'eau. Le roi d'ailleurs n'habite pas le Château, où il ne se tient que
pour les réceptions et cérémonies officielles. Derrière
le château et sur le Lustgarten, près d'une pièce
d'eau, se trouve le Museum, très vaste établissement
dans le style d'un temple grec et dans lequel on
monte par une vingtaine de degrés ; sur la façade

principale, derrière une colonnade surmontée d'une inscription latine et d'autant d'aigles qu'il y a de colonnes, sont peintes des fresques rappelant des scènes religieuses. Ce musée renferme les chefs-d'œuvre de l'art allemand ; je n'avais pas le temps d'en visiter l'intérieur, mais ceux qui le connaissent s'accordent à dire qu'il n'est pas comparable à nos collections du Louvre et de nos autres palais.

Près du pont du château on tombe sur la Zeughausplatz (place de l'Arsenal). Je la traversai en n'accordant qu'une médiocre attention aux monuments qui l'entourent et que je me promettais de venir revoir. Je me rendis directement *Unter den Linden* (sous les Tilleuls), à l'hôtel de la Paix, tenu par un Français originaire de Lyon, M. Benois, qui rendit de grands services à de nombreux prisonniers. Je retrouve la note de mon déjeuner, que je copie textuellement, sauf diverses armoiries gravées en haut, et pour donner une idée des prix et des us de l'endroit :

HOTEL DE LA PAIX.

NOTA   J. BENOIS, traiteur de la Cour.

fur Zimmer, N° Saal
Berlin, 15 mars 1871, T. S. P.

Transport		
1 Beefsteack	12	6
1 Jambon	7	6
1 Fromage et beurre.	5	
1 Cognac	2	6
1 T. Café.	3	
1 Fl. Bier	5	
	1 5	6
Verte ! *(Tournez).*		

Diner français, à   heures.

Carte du Jour.

Prix   Sgr.
Berlin,   18

Sur la quatrième page de cette carte, pliée en deux, on lit les avis suivants, dans les deux langues :

Equipages et bains prêts à toute heure.

Messieurs les voyageurs sont priés de vouloir bien me remettre les objets de valeur, autrement il serait impossible d'en porter la responsabilité.

Messieurs les voyageurs voudront bien avoir la complaisance de mentionner immédiatement des erreurs dans les notes journalières.

Il est expressément interdit aux gens de l'hôtel d'introduire des commerçants non demandés.

Les dépenses pour port de lettres, voitures de place, etc., etc., sont à régler avec le portier de l'hôtel.

Le portier, les garçons de peine ne participent pas au service porté en compte.

J. BENOIS.

Je trouvai là deux compatriotes, capitaines au 60e de ligne et prisonniers à Brandebourg ; vinrent ensuite un chef d'escadrons et un lieutenant de cuirassiers prisonniers à Spandau. Après le repas, nous sortîmes ensemble promener dans Berlin notre curiosité. Nous descendîmes la belle avenue des Tilleuls, qui a quelque vague ressemblance avec les Champs-Elysées, et qui est bordée de quatre rangées d'arbres, d'habitations luxueuses, de splendides boutiques. Nous entrâmes dans quelques-unes acheter des photographies ou autres souvenirs : partout on parlait purement le français. Au bout est la place de Paris et la porte de Brandebourg, sorte d'arc de triomphe laissant cinq passages entre de hautes colonnes et sur lequel on monte par un escalier extérieur. Cette porte est surmontée d'un magnifique

groupe en bronze : quatre chevaux attelés à un
char monté par une déesse personnifiant la Prusse,
élevant en l'air l'aigle noir. Enlevé par Napoléon Ier
après Iéna, ce groupe a été rendu et replacé à la
suite des traités de 1815. Mes compagnons, limités
par l'heure des trains, me quittèrent en cet endroit.

Au-delà de Brandenburger-Thor commence le Thiergarten (jardin des animaux), coupé dans toute sa
longueur par la route de Charlottenbourg, où conduit
un Pferdebahn (tramway). Le Thiergarten est le bois
de Boulogne de l'endroit ; c'est la promenade favorite
des Berlinois. On y trouve des allées pour voitures,
cavaliers et piétons, des ronds-points, des ruisseaux,
des îles, des lacs à poissons rouges ; des cafés-con-
certs, des musées, l'hippodrome ; un jardin zoolo-
gique, une fabrique royale de porcelaines, en un mot
mille ressources de distraction. Après avoir parcouru
quelques chemins principaux, je revins sur mes pas,
et je pris à droite Wilhelmstrasse, une des grandes
artères de la capitale, où sont les ministères de la
justice, de l'intérieur, des affaires étrangères, du
commerce, de la guerre (entrée principale rue de
Leipzig) ; ce dernier bâtiment surtout est grandiose.
Dans la même rue se trouvent encore les palais des
princes Frédéric-Charles, à l'angle de la place Wilhelm, Radziwil, Albrecht, tous trois remarquables
et entourés de parcs immenses. Je suivis jusqu'à
Belle-Alliance, place circulaire, et je remontai ensuite
Friedrichsstrasse, l'une des plus animées de Berlin et
la plus longue (près de deux kilomètres). On y admire
de splendides magasins de toutes sortes, nouveautés,
librairie, porcelaines, etc., des établissements d'ins-

truction, des casernes ; j'allai jusqu'au bout, et j'en.
filai à droite Oranienburgerstrasse, où je vis la chapelle Saint-Jean, l'ancien et le nouvel hôtel des
postes, la nouvelle synagogue, pièce assez curieuse
construite en briques de différentes couleurs, avec
deux tourelles latérales coiffées de coupoles dorées et
un dôme principal au milieu, également doré. Non
loin de là, au milieu d'un jardin minutieusement entretenu, est le palais de Monbijou ; en continuant la
rue qui porte ce nom, on se retrouve auprès de la rivière, derrière le Museum. Le long de l'eau est bâtie
la Bourse, avec des balcons et des colonnes, comme à
presque tous les monuments publics. Je traversai le
pont des Cavaliers, aboutissant au Lustgarten. Il
était à ce moment 4 heures de l'après-midi ; une pluie
torrentielle étant venue à tomber, les guichets du
château me procurèrent un abri. L'averse passée, je
poursuivis mon excursion Zeughausplatz, où sont
groupés un grand nombre d'édifices. D'abord l'Arsenal, couvert d'emblèmes guerriers sur ses quatre
faces ; un corps-de-garde au milieu d'un petit bois de
marronniers dans lequel on voit, encadrés d'une
grille, un long canon ciselé et deux mortiers rouillés
de fort calibre, trophées d'anciennes victoires ; l'Université, l'Académie, un des plus vastes monuments
de Berlin. En face est le Palais-Royal, résidence de
Guillaume, l'Opéra, la Commandantur ; puis en tournant à droite le long d'un petit bras de la Sprée,
l'Académie d'architecture, la Monnaie ; dans le même
quartier la Télégraphie centrale, une large place
avec un grand théâtre au milieu, regardant le ministère de la marine, et flanqué à droite de l'église fran-

çaise réformée (calviniste), et à gauche de la nouvelle
église Saint-Dominique (luthérienne). En face le
Palais-Royal et à l'entrée des Tilleuls s'élève majes-
tueusement le fameux monument de Frédéric-le-
Grand, érigé en 1851. C'est une statue équestre en
bronze, colossale, montée sur un gigantesque piédestal, entouré de quatre autres statues équestres et de
hauts-reliefs de grandeur naturelle. Il ne manque pas
d'ailleurs de statues ou de bustes sur les places ou
dans les carrefours de la ville. Après avoir parcouru
tous ces parages, je repassai l'eau et j'arpentai Kœ-
nigsstrasse, le pendant de notre rue de Rivoli, quoiqu'elle n'ait guère de commun avec cette dernière
que sa position. Dans cette rue est le Rathaus, construit récemment, en briques avec une tour d'une
grande hauteur. Dans ses caves est une restauration
connue de tout Berlin, et dont la bière renommée
attire chaque soir une foule de consommateurs. Tout
près sont des casernes, la recette municipale, des magasins de l'Etat. Je parcourus encore rapidement
quelques rues secondaires, où je ne vis rien de digne
d'être mentionné ; le jour commençant à tomber, je
songeai au retour et me dirigeai du côté de la gare.

Somme toute, la vue de la capitale de la Prusse
m'a laissé assez froid ; je n'ai pas la prétention d'é-
mettre un avis sur une semblable cité, que je n'ai fait
qu'entrevoir, mais il n'y a certainement entre elle et
Paris aucun parallèle à établir. Le quartier des
Tilleuls est le seul qui mérite d'attirer l'attention ; là
sont de fort belles rues, telles que Charlottenstrasse,
Jerusalemerstr., Markgrafenstr., Kochst., Zimmer-
str., Schützenstr., Kronenstr., Mohrenstr., Tauben-

str., Jœgerst., Franzœsichestr., Behrenstr., etc.;
mais à mesure que l'on s'éloigne du centre de la
ville, les rues deviennent étroites, malpropres, boueuses, avec des maisons basses et laides et à chaque
coin des trous profonds et infects qui servent d'égoût
et qui occasionnent bien des accidents.

Vers sept heures et demie je me retrouvai à la gare
de Francfort, véritable merveille du genre, en briques de teintes diverses, couverte en vitraux et avec
de magnifiques dépendances pour tous les services.
Les salles d'attente de 3e et de 4e classes étaient remplies de soldats de la landwehr qui retournaient dans
leurs foyers. Après un « Butterbrod » et un « Seidel »
engloutis à la « Speisesaal, » je montai à huit heures
dans le train qui devait me ramener à mon domicile,
fort content de mon voyage, mais accablé de fatigue.
J'avais en effet marché dix heures durant, et je n'é-
tais pas fâché de trouver mon lit, quelque peu confortable qu'il fût.

CHAPITRE XIX.

Séjour à Glogau (*Suite*).

Revenons à ceux que nous avions laissés là-bas. La grande agglomération de ces malheureux luttant contre les hontes, le chagrin et la misère, tous pires ennemis encore que leurs geôliers dont les lâches barbaries ne sauraient être trop flétries, fut cause de multiples et douloureux accidents. La rigueur de la température, un régime malsain et insuffisant, le manque de vêtements et de chaussures, l'absence forcée de soins hygiéniques, les maladies, enfin la dureté des consignes firent, hélas ! de trop nombreuses victimes. 692 Français, parmi lesquels 49 de nos mobiles, succombèrent sur d'infects grabats. Il serait impossible d'entrer dans tous les détails de la vie des prisonniers ; nous relaterons seulement, par ordre de date, depuis le départ des officiers, les faits principaux et les particularités les plus saillantes ; nous avons eu en main, grâce à quelques amis, tous les renseignements nécessaires.

25 Septembre. — Les travaux imposés aux prisonniers deviennent plus rudes. De forts détachements sont employés à niveler un polygone situé à près de 4 kilomètres du camp et à enlever les sables qui le rendent impraticable. Plus tard, ce fut la neige qu'il fallait enlever. D'autres détachements travaillent aux remparts, charrient des matériaux et, navrante occupation ! des barils de poudre destinés à aller en France.

28. — Grande fête en ville en réjouissance de la prise de Strasbourg. Une cinquantaine d'ouvriers sont demandés pour aller travailler chez des cultivateurs ; ils reçoivent 4 gros par jour, outre la nourriture.

1er Octobre. — Quelques hommes quittent le camp et sont internés à la caserne d'artillerie, dans les chambres précédemment occupées par les officiers partis.

5. — Première réception d'argent par l'intermédiaire de M. Fournel ; deux autres suivent de près, par MM. Leriche et de Felcourt. Ces envois d'argent se régularisèrent peu à peu ; chacun d'eux était annoncé par voie d'affiches dans chaque baraque, et la distribution était faite le lendemain par le commandant Duval.

12. — Les drapeaux sont pendus aux fenêtres pour fêter la prise d'Orléans, mais retirés presqu'aussitôt par suite d'avis contradictoires.

13. — Le bruit court que Vitry a été incendié, mais cette nouvelle est heureusement démentie le lendemain. Les racontars les plus divers circulent et circulèrent tout le temps de la captivité : tantôt la paix était faite, de Moltke tué, la flotte prussienne battue, Bazaine vainqueur, pas un seul Allemand ne devait revoir ses foyers ; tantôt au contraire nos ennemis demandaient pour traiter dix milliards, l'Alsace et la Lorraine, Pondichéry, nos cuirassés, etc.; nos forteresses tombaient l'une après l'autre. Ces dernières nouvelles n'étaient que trop vraies ; à chaque instant une capitulation était annoncée par une dépêche finissant invariablement ainsi : *Gott sei gedankt !* (Dieu soit loué !)

17. — On demande les noms des Alsaciens et des Lorrains, pour les séparer plus tard et leur adoucir les rigueurs de la captivité. On les considère déjà comme « frères allemands. »

Le service de la poste est régulièrement organisé pour les prisonniers, qui ne doivent écrire, pour éviter l'encombrement, que deux fois par mois au maximum, et par lettres ouvertes. Toutes celles venant de France étaient décachetées sans exception, même celles contenant des valeurs ; mais jamais rien n'a été pris ni égaré, pas plus les grosses sommes que les petits envois de un ou deux francs en timbres-poste. Un mobile de l'arrondissement de Sainte-Menehould nommé Gresloy était attaché à cet important service ; il eut à surmonter au début quelques difficultés, qui s'aplanirent quand les Prussiens furent maîtres des principales voies de communication. Les lettres que nous adressions en France ne payaient pas de port, à condition de porter la suscription : *Feldpostbrief. — Portofrei laut v. 7/8 70.* (Lettre pour la poste de campagne. — Franco de port en vertu de l'autorisation du 7 octobre 1870).

Les lettres adressées de France aux prisonniers devaient être revêtues au début d'un timbre spécial, nouvellement fabriqué, de 0,10 centimes, et dans la suite, d'un supplémentaire de 0,05 ; faute de cet affranchissement, le destinataire devait payer une taxe de 3 gros (0,35).

Le K. Pr. Feldpost relais installé à Vitry était le N° 22.

18. — Fête du prince Frédéric-Charles. Grandes démonstrations en ville.

19. — Les troupes de l'artillerie et du génie de Glogau partent pour la France ; on dit qu'elles vont tenir garnison à Strasbourg.

24. — Arrivée d'un millier de prisonniers venant de Soissons, qui a capitulé le 16 ; parmi eux se trouvent plusieurs jeunes gens de Vitry, où ils sont restés un quart d'heure en passant.

Depuis quelques jours, des jeux de hasard sont établis dans tous les coins du camp. Au moindre rayon de soleil se dressent des tables où sont installés loto, ancre et étoile, beli-beloche, et autres inventions des bonneteurs. Certains roublards de l'armée active « roulent les moblots. » Le commandant Duval doit user d'autorité pour faire cesser ce petit commerce ; il est même obligé de punir quelques grands niais qui s'obstinent à perdre au jeu le peu d'argent que leurs parents ont grand mal à leur envoyer, au lieu de l'employer pour leurs besoins.

27. — Chûte de Metz. Les longues banderolles

blanches et noires flottent dans les rues. Musique, chants, carillons à toutes les églises, salves d'artillerie jusqu'à onze heures du soir. On tire d'ailleurs le canon à chaque nouvelle victoire ; aussitôt que la dépêche arrive, n'importe à quel moment, même au milieu de la nuit.

30. — Arrivée de 40 officiers faits prisonniers à Schelestadt.

31. — Un bataillon d'infanterie prussienne part pour la France.

Quelques bouchers, cordonniers, etc., trouvent à s'occuper en ville et y sont autorisés.

3 Novembre. — Ceux des hommes qui veulent assister à la messe y sont conduits, ainsi que les jeudis suivants. Quelques-uns chantent à l'orgue ; des dames se joignent à eux pour les chœurs, une sorte de maîtrise se forme sous l'impulsion de l'abbé Sperlich, aumônier militaire. Lenoble, chanteur de profession, prend une grande part à cette formation.

On transfère les mobiles aux écuries du Dom ; avec ceux de Toul et autres, ils sont là plus tard 4,000, reformés en quatre compagnies. Les mobiles composent la première, complétée par les turcos et des chasseurs, dragons, hussards, etc. Les autres compagnies sont composées autant que possible de soldats de même arme. Les uns sont dans les écuries même, les autres dans les combles, sous la tuile. Malgré de grands inconvénients, ils sont encore mieux là qu'au camp ; ils ont leur paillasse, un traversin, une seconde couverture. Plusieurs fournitures de couchage manquent, quelques-uns couchent à trois sur deux paillasses. Ces dernières sont d'ailleurs tellement serrées

l'une contre l'autre que celui qui se lève est obligé
d'éveiller tous ses voisins ; de là, grognements et
altercations.

6. — Arrivée d'officiers pris à Metz ; ils ont conservé leurs armes et bagages.

8. — Quelques prisonniers obtiennent la permission
d'aller loger en ville, à leurs frais. Ils trouvent des
chambres leur coûtant de 3 à 5 thalers par mois, des
pensions variant de 15 à 20 thalers, et doivent répondre à l'appel tous les jours à midi à la caserne d'artillerie. Certains sont employés à l'hôpital, aux écritures, comme plantons, etc.; ils sont à la vérité très
favorisés, mais ils le comprennent et rendent de réels
services. D'autres, obligés de rentrer le soir, mais
pouvant sortir au moyen de cartes, se font les commissionnaires de leurs camarades et leur rapportent
ce qui leur est nécessaire, effets, viande, tabac, vin.
Car des marchands de vin avaient été découverts,
qui cédaient leur mixture au prix de 9 gros (1ᶠ10) la
bouteille verre compris, 8 gros (1ᶠ) bouteille rendue ;
ces industriels flairaient une bonne aubaine et n'épargnaient pas les petits verres aux commissionnaires
qui trouvaient aussi quelques avantages chez les
marchands de *schnupftabak* (à priser), *rauchtabak*
(à fumer), *kautabak* (à chiquer). C'était une véritable
chasse à la clientèle des Français. Les commerçants
étaient en général assez raisonnables, sauf quelques
juifs qui écorchaient tant qu'ils pouvaient.

Ceux qui voulaient acheter en ville certaines choses
indispensables avaient aussi un autre moyen : ils se
réunissaient à une douzaine, demandaient au poste
l'autorisation de sortir, ce qui leur était rarement

refusé. On les faisait accompagner d'un factionnaire
qui chargeait son fusil devant eux, et en marche. Les
petites affaires se faisaient et le retour s'effectuait :
mais que de fois le pauvre factionnaire est revenu
seul, sa troupe dispersée !

10. — A cette date, 60 Français sont déjà enterrés
à Glogau. Au moyen d'une souscription faite parmi
les officiers et soldats, une concession de terrain à
perpétuité a été achetée dans le cimetière, et un monument a été élevé. On l'inaugure et on le bénit aujourd'hui. C'est une croix en marbre blanc sur socle,
entourée d'une grille, avec cette inscription : « A la
mémoire des Français morts en captivité. — Glogau,
1870. — Priez Dieu pour eux. » — Elle se trouve dans
un coin, abritée par quelques bouleaux, et près de
celle élevée en mémoire de nos anciens restés là
pendant notre occupation ; leur nombre, à eux, en fut
restreint, pour que leurs noms pussent être gravés sur
la pierre.

Le commandant Duval prononce un discours dont
voici la substance :

Messieurs,

Il y a quelques mois à peine nous posions dans ce champ
le premier jalon de cette file de morts si regrettés, que
nous venons visiter aujourd'hui, et auxquels votre piété a
élevé ce monument.

Ils vont vite, les morts, dans ce pays maudit ! ce champ
s'est agrandi, chaque jour s'ouvrent de nouvelles tombes ;
puisse celle d'hier (1) être la dernière !

Que la terre leur soit légère, à ceux qui n'ont pas eu le

---

(1) Jean Chotard, 2ᵉ de ligne.

bonheur de tomber devant l'ennemi, à ceux qui reposent là, morts aussi au poste du devoir et de l'honneur !....

Unissons-nous, messieurs et chers camarades, dans une idée de haine et de vengeance ; et si le sort des armes nous est un jour favorable, nous reviendrons dire à ceux que nous pleurons de reposer en paix..... nos pensées et notre esprit seront toujours avec eux....

Merci à vous d'être venus jusqu'ici leur rendre un dernier hommage. J'ai obéi à un devoir sacré en prenant la parole, je regrette de ne pouvoir en dire davantage....

13. — Dimanche. A 4 heures du soir tombent quelques flocons de neige, les premiers.

14. — Première gelée. Arrivée de 4000 prisonniers venant de Metz, dont 300 malades. Le nombre de ces derniers s'accroît de jour en jour ; les fièvres, le typhus, la petite vérole, la dysenterie, le croup, la nostalgie sévissent avec violence et font d'affreux ravages. Les soins donnés par les docteurs allemands sont peu intelligents ; dans chaque affection ils voient un rhume et ordonnent toujours le même remède, un gargarisme passé à l'état de spécifique unique. Aussi on mourait « comme des mouches », suivant l'expression pittoresque d'un des prisonniers. Au début, on enterrait les morts dans un drap et sans honneurs militaires ; mais cela dura peu. Les enterrements se passaient ainsi : le corps était placé dans un cercueil badigeonné de noir et était porté par quatre camarades relayés par quatre autres, car le cimetière était loin. En tête, tambours et clairons, un piquet commandé par un officier ; un prêtre, le corps, une députation de la compagnie du défunt, et enfin un piquet fermant la marche. Le long du chemin tous les gens du pays se découvraient respectueusement. Au cimetière, on déposait le cercueil au bord de la fosse, le prêtre disait une courte prière, et les fossoyeurs faisaient leur office ; une couche de terre et de neige recouvrait le malheureux. L'officier soulevait sa casquette, et trois décharges de mousqueterie se faisaient entendre. Le commandant Duval prononçait quelques paroles d'adieu et d'encouragement, et le cortège, triste et silencieux, reprenait le chemin du camp.

La photographie de la croix avait été faite, et était envoyée aux parents ou au maire de la commune du décédé, avec une lettre d'avis donnant toutes les désignations et indications possibles. On y joignait un souvenir, montre, bague, bijou, médaille, cheveux, etc. Le lieutenant Hourblin et les mobiles Charton et Tavernier étaient attachés à ce service.

16. — Réception d'un envoi d'argent fait par les notaires de Vitry (250ᶠ.) Cette somme est employée à l'achat de chaussettes, caleçons, etc.

19. — Il y a à cette date 146 officiers et 12.000 hommes environ prisonniers à Glogau. Aux baraques et aux écuries ils sont rongés par les poux ; leur paille n'a pas été encore renouvelée et n'est plus que poussière. Le gouvernement prussien distribue des chemises aux plus nécessiteux ; ces chemises sont celles des soldats, sans boutons aux manches et se liant au cou. Quant aux vêtements, ils commencent à tomber en lambeaux ; les hommes les rapiècent comme ils peuvent.

20. — Défense est faite d'allumer à l'avenir des chandelles le soir. C'est une grande privation, car les soirées sont longues, et l'on ne peut plus lire les livres que les commissionnaires rapportent de chez Moritz Holstein.

21. — Un capitaine d'infanterie française meurt de suites de blessures. Tous les officiers prisonniers et la majeure partie de ceux de la garnison suivent son convoi.

22. — Malgré une pluie battante, on prend six travailleurs par escouade (25 à 30 hommes) pour aller au polygone ; ils reviennent trempés et glacés.

Le sel devient rare et difficile à trouver ; les épiciers le font payer jusqu'à 2 gros 1/2 la livre (0,30ᶜ).

24. — Les ambulances regorgent, les malades deviennent de plus en plus nombreux ; on est obligé d'en mettre dans les casemates et dans les hôpitaux de la ville.

25. — Quatre prisonniers, de ceux qui travaillent au dehors, parviennent à s'évader et gagnent la frontière d'Autriche. Quand ils sont en sûreté, ils télégraphient à leurs camarades. Quelques-uns veulent imiter leur exemple, mais n'y réussissent pas, sont repris et mis au cachot.

27. — La petite vérole redouble d'intensité ; on compte une quarantaine d'atteints par jour. Le commandant fait faire la prière en commun.

29. — Commencement d'une foire qui dure quatre jours. La place et les rues avoisinantes sont couvertes de baraques où l'on vend des sucreries, bonneteries, fourrures, chaussures, casquettes, poterie, ferblanterie, paniers, etc. Une rue est spécialement consacrée aux marchands de bottes, une autre aux harnachements de chevaux, une autre aux toiles, etc. Les paysans viennent en foule à cette foire, malgré le froid qui devient très vif.

30. — La neige tombe en abondance.

3 Décembre. — Des corvées sont envoyées au polygone balayer la neige. L'Oder commence à charrier des glaçons.

4. — Le thermomètre (Réaumur) marque 10° au dessous de zéro à 9 heures du matin, et 15° à 7 heures du soir.

5. — Deux bataillons de landwehr partent pour la France.

On distribue une seconde couverture aux prisonniers. Les mobiles sont habillés de la façon la plus disparate ; ils ont les dépouilles des morts ou troquent leurs loques, moyennant retour, contre les vêtements des soldats de l'armée active. Ceux de ces derniers qui sont sans ressources font ce commerce pour avoir quelques sous, et les nôtres pour avoir moins froid. On voit des gens avec un pantalon rouge et un habit d'artilleur, d'autres avec un dolman de hussard et une « chechia » de zouave, et autres mascarades du même genre.

6. — On paye l'arriéré du prêt aux hommes. Sur le conseil du commandant, ils en consacrent une partie à acheter une provision d'huile de foie de morue, distribuée ensuite le matin avant le café. Le reste de l'argent passe en « schnaps » ou va chez le photographe.

8. — Pour la première fois, les traîneaux attelés remplacent les voitures sur les routes.

10. — Dans la salle des morts, on compte 14 cercueils, plus trois cadavres étendus par terre et qui attendent le leur.

13. — Dégel complet.

Les officiers prisonniers reçoivent tous le *Drapeau*, journal publié à Bruxelles par Granier de Cassagnac et demandant leur appui pour le rétablissement de l'Empire. Des protestations circulent et sont signées.

14. — Pluie. On distribue de la paille fraîche pour remplir les paillasses.

15. — Pluie. La neige fondue forme un lac dans la cour des écuries.

19. — Les traîneaux sont remisés et les voitures reparaissent.

On vaccine ceux qui ne l'ont pas encore été ou sur lesquels le vaccin n'a pas pris une première fois.

21. — Foire sur la place pour les arbres de Noël, sapins de toutes tailles et de toutes espèces, jouets et bonbons. Cette foire dure toute la semaine.

22. — La distribution de vivres n'est pas faite ; les hommes, à jeun, ne se rendent au travail qu'après bien des difficultés.

Le froid reprend, l'Oder charrie de nouveau.

23. — Le général Steinmetz, disgracié, doit passer aujourd'hui une revue des prisonniers. On sonne l'appel à 8 h. 1/4 et on l'attend dans la cour jusqu'à 10 h. 1/2 par un froid terrible (17°). Il arrive enfin, suivi de plusieurs officiers, et venant du camp. Il est petit, vieux, mais se tient encore droit ; il a une figure de fouine, cruelle, repoussante, avec un nez énorme et rouge. A un premier il adresse la parole : « De quel pays êtes-vous ? — De la Marne. — Vous avez de la chance de ne pas être pendu. » A un second : « De quel régiment êtes-vous ? — Garde mobile. — Ce ne sont pas des soldats, ce sont des brigands. » A un marin : « Qu'est-ce que vous f.... ici? Vous devriez être sur mer ! » Pour tout le monde en un mot le vieux général, probablement aigri par son renvoi du théâtre de la guerre, n'a que des paroles dures et blessantes.

24. — Très grand froid. L'Oder est pris. Le pain gèle.

On fait le réveillon dans les familles, le « Christbaûm » est illuminé dans toutes les maisons ; quant aux prisonniers, pour fêter la solennité du lendemain, on leur a donné deux brochures protestantes par escouade.

25. — Noël, dimanche. 18° de froid (toujours Réaumur). Tous les magasins de la ville sont fermés ; à l'église principale, messe chantée avec orchestre.

Comme on ne peut aérer les chambrées, on y répand du chlore pour les assainir.

Il arrive de Reims 320 chemises de flanelle, pour lesquelles les Prussiens exigent 320 francs de port.

26. — Forte neige. Visite d'un membre d'une société de secours de Lyon et de deux curés français ; sermon par l'un d'eux.

27. — Une certaine effervescence se manifeste chez les prisonniers ; quelques-uns s'enivrent et assomment à moitié un Prussien. Le commandant est obligé de sévir.

Temps épouvantable ; les traîneaux reparaissent.

On ne fait plus d'appel depuis deux jours ; il y a quotidiennement 17 ou 18 cas de mort.

Visite de délégués d'une société de secours de Valenciennes; ils vont de ville en ville et disent que c'est à Glogau que les prisonniers sont le plus mal et qu'il faut un tempérament de fer pour résister à un pareil régime. Ils laissent pour 750 hommes à chacun 5 fr., une paire de chaussettes,une de caleçons et une chemise.

28. — Réception du premier envoi d'effets de France. Ces envois, ainsi que d'autres venant d'endroits divers, se succèdent jusqu'au 28 février 1871 à peu de jours d'intervalle. 600 Alsaciens-Lorrains quittent Glogau pour Francfort-sur-Oder.

1er Janvier 1871. — Ce premier jour de l'année se passe bien tristement. Le commandant Duval vient faire sa tournée quotidienne: tous le saluent des cris : Vive le commandant ! Vive la France ! Un sergent-major lui adresse un compliment.

24° de froid.

2. — A onze heures du soir arrivent aux écuries 1000 nouveaux prisonniers qu'il s'agit de loger et qu'on entasse avec les autres. Ils ont été pris à Amiens ; il y a des mobiles, des chasseurs à pied, de l'infanterie de marine, des marins. Ces derniers se font généralement remarquer par leur attitude résignée et courageuse; ils fument stoïquement et silencieusement leur « brûle-gueule »,ne se plaignant ni du logement ni du travail, trouvant toujours la pitance bonne. Les soldats de l'armée active supportent également mieux la captivité que les mobiles ; ils sont d'ailleurs plus habitués aux fatigues et mieux vêtus.

La mortalité est effrayante.

Les Prussiens se livrent à leur grande distraction d'hiver : le patinage.

On voit le matin dans les rues de Glogau une quantité de paysans polonais dans leur costume national, bottes, longue robe serrée à la taille, bonnet carré ; le soir, ils ont troqué tout cela contre la tunique et le schako à double visière de la landwehr.

3. — Un incident. Des latrines couvertes étaient établies derrière les écuries ; c'étaient de grands trous briqués garnis de perches, sur lesquelles on ne se maintenait que par des miracles d'équilibre. A côté était une vaste fosse à ciel ouvert servant d'urinoir ; la neige et le liquide congelés avaient formé au bord une sorte de talus glissant rendant l'approche très difficile ; un factionnaire était là pour la police de l'établissement. Vers le milieu de la nuit, un mobile se relève et se dirige de ce côté. Comme il restait trop loin de la fosse, le factionnaire l'oblige à s'approcher et lui en montre le moyen en s'approchant lui-même : vlan ! un coup d'épaule lui arrive dans le dos, et voilà factionnaire et fusil en plein dans la « marchandise. » Rentrée du mobile recommandant le silence ; beuglements du « *patroller* » que d'autres Prussiens viennent retirer à grand peine ; il meurt quelques jours après, paraît-il, des suites de son bain. Son fusil n'est retrouvé que le surlendemain. Une perquisition est faite sans résultat.

6. — Dégel. On n'entend de tous côtés que des toux et des plaintes. 32 décès la nuit, 4 convois dans la journée. Une escouade est sans cesse occupée à creuser des fosses communes, de 10 mètres de côté, sur

une profondeur assez grande pour croiser trois ou quatre cercueils l'un sur l'autre.

7. — Arrivée de cinq ou six cents prisonniers venant de l'armée du Nord, ce qui porte à 13.500 environ le nombre des internés à Glogau.

8. — Parmi ces derniers arrivés se trouve un chef de bataillon de mobiles, M. Tauchon de Wolff, médecin de sa profession. Il passe une visite des prisonniers et constate ce qu'on sait déjà, qu'ils sont positivement empoisonnés par l'air corrompu qu'ils respirent, et la mauvaise nourriture qu'ils absorbent. Outre l'huile de foie de morue, il recommande de ne prendre pour boisson que de l'eau légèrement phéniquée et de la tisane de fleurs pectorales ; mais les fourneaux nécessaires à fabriquer cette dernière ne sont établis que plus tard, quand on n'en a plus besoin. Le commandant-docteur, un peu bourru, tutoyant tout le monde, prescrit également les plus grands soins de propreté. Quelques mobiles s'étaient fait lessiveurs et allaient laver le linge à la décharge d'eau chaude de la distillerie voisine ; ce linge gelait en plein air, puis achevait de sécher dans les chambres, où la chaleur était maintenant plutôt trop forte, par suite de la grande agglomération d'individus. Le nettoyage et la gelée ne détruisaient pas les parasites qui habitaient les chemises ; la poudre insecticide que les commissionnaires allaient chercher par kilogrammes chez les apothicaires était également inefficace.

11. — A dater de ce jour, on fait faire chaque après-midi une promenade aux prisonniers. Il vont à tour de rôle, par groupe de deux ou trois cents. Marche sur une route pendant une heure ; halte, distribution de tabac et cigares ; retour.

15, 16, 17. — Grand froid. Les dépêches officielles affichées dans les rues sont désormais adressées à Sa *Majesté l'Impératrice* Reine de Prusse.

La mortalité se ralentit un peu ; on compte encore néanmoins une douzaine de décès par jour.

· *18.* — Une tendance au dégel se manifestant, les pêcheurs cassent la glace autour de leurs bateaux amarrés sur l'Oder et prennent pas mal de poisson qu'ils vendent aux prisonniers.

22. — Les deux régiments d'infanterie de landwehr N°s 38 et 42 partent pour la France à 2 heures et à 7 heures du soir. Le peuple les accompagne avec chants et acclamations. Le 38e, qui depuis quelque temps gardait les prisonniers, est remplacé pour ce service par des cuirassiers et des dragons (landwehr), qui se montrent bien plus durs que leurs prédécesseurs.

29. — Forte gelée. A 8 heures du matin arrive la dépêche annonçant la capitulation de Paris. Cent un coups de canon sont immédiatement tirés, les drapeaux font leur réapparition aux fenêtres. Dans les rues, les Prussiens, ivres de joie et surtout de schnaps, poussent des hurrahs, des « Paris caput ! », et insultent les prisonniers. Le soir, illuminations, qui consistent en quelques lanternes vénitiennes et chandelles ou bougies placées entre les doubles fenêtres des maisons. Retraite aux flambeaux à 9 heures, foule de braillards, feux de bengale, etc.

2 février. — L'évêque de Breslau fait parvenir quelques secours en argent.

Une bataille ayant eu lieu entre les turcos, une escouade de prisonniers armés de bâtons est requise pour monter une garde.

Quelques hommes sont encore autorisés à loger en ville. L'un d'eux loue une chambre chez une vieille dame qui parle parfaitement le français et lui raconte en pleurant son histoire : mariée une première fois à Strasbourg, elle a deux fils militaires en France, qui se battent contre deux autres fils, soldats allemands, qu'elle a eus d'un second mari à Glogau.

6. — Il commence à dégeler, l'eau coule dans les rues.

12. — Un bataillon du 59e part pour la France.

14. — Deux sœurs de charité viennent visiter les prisonniers.

15. — Dans la nuit, un moribond fait appeler en toute hâte le commandant Duval ; celui-ci, ne pouvant ouvrir sa porte, sort par sa fenêtre, est arrêté à ce moment par une patrouille qui le prend pour un voleur et enfermé au poste jusqu'au matin, où il peut seulement se faire reconnaître.

16. — Le dégel s'accentue.

17. — Le bruit court que la paix est sur le point d'être faite et que les prisonniers seront prochainement rapatriés par mer.

24. — Une messe perpétuelle est fondée pour les morts. Voici la traduction du texte de l'acte de fondation :

ACTE.

—

Glogau, 24 février 1871.

———

M. le commandant de garde mobile Duval, pendant sa captivité, a déposé 50 thalers dans la caisse publique ; sur son désir formel, cet argent doit être employé à dire une messe perpétuelle (fondation) dans la paroisse de Glogau tous les ans, un jour quelconque du mois de juillet, pour le repos des âmes des soldats morts à Glogau prisonniers de guerre. Cette messe (basse) doit être dite par un des vicaires de la paroisse. la rente du capital versé servira à la payer. Le curé-doyen recevra un thaler, et le chapelain officiant 1 thaler. (Total 2 thalers).

En cas de dénonciation de cette fondation, l'argent ne sera pas employé pour actes de commerce ou de bourse, mais sera partagé en 3 fractions, l'une pour le curé doyen de la paro sse, qui s'engage à n'employer cet argent qu'exclusivement pour la messe en question, et les deux autres fractions pour les vicaires chargés de dire cette messe.

La fondation doit rester dans la paroisse sous la surveil lance et l'approbation de Mgr l'évêque de Breslau, auquel va être soumis incessamment cet acte.

Sur l'acceptation et la volonté exprimée du donateur, l'acte passé est signé par lui fondateur.

DUVAL PAUL.

Commandant de la garde mobile de la Marne.

Par ces présentes nous acceptons.

MENZEL,
curé doyen,

Glogau, 24 février 1871.

La fondation est par ces présentes acceptée et approuvée par nous, sous notre sceau et signature.

Le vicaire général de l'archevêché,

NEUKIRCH.

Breslau, le 8 mars 1871.

Confirmation N° 2739 A. Nous signons nous même cette copie conforme à l'original.— Menzel.

25. — Au moyen de la mine, on fait sauter les glaces autour du pont de l'Oder.

26. — Débâcle du fleuve. D'énormes glaçons, d'un mètre d'épaisseur, se précipitent sur le pont et font craindre pour sa solidité. L'eau se répand sur une étendue de deux lieues, plusieurs villages sont bloqués. La cour des écuries du Dom est inondée, le poste de police est obligé d'évacuer.

27. — L'eau commence à diminuer.

On annonce officiellement la signature de la paix. Réjouissances ordinaires en ville. Les prisonniers s'attendent à partir d'un jour à l'autre ; on fait sortir les convalescents des ambulances ; la consigne devient moins sévère.

1ᵉʳ, 2, 3 Mars. — La gelée reprend, mais dure peu. La température de l'après-midi est relativement chaude.

6. — Retour d'un régiment de landwehr. Musique, chants, cris, etc.; larges banderolles traversant les rues d'une maison à l'autre, portant l'inscription : *Willkommen* (bienvenus), *Kamaraden !*

7. — Bénédiction des morts enterrés au cimetière. Une délégation de dix hommes par compagnie, por-

tant une couronne, doit y assister, mais un bien plus
grand nombre trouve moyen de le faire. Tous les officiers français viennent également. Après une messe
solennelle, le cortège se rend au champ de repos, sans
escorte ni factionnaire. Les cérémonies d'usage s'ac-
complissent en présence d'un millier de prisonniers,
tous à genoux et pleurant sur la tombe de leurs com·
pagnons, auxquels le commandant Duval adresse ce
suprême adieu :

« Messieurs et chers compatriotes,

« Nous avons voulu, avant de repartir, nous réunir pour
faire nos derniers adieux à nos chers camarades qui reposent ici du sommeil de la paix. Ils sont morts avec l'estime
de leurs chefs, morts au loin, sans avoir eu la consolation
de revoir leurs familles, morts sur la terre d'exil... qu'ils
soient bénis, qu'ils emportent à jamais le souvenir de notre
respectueuse affection !

« Nous, qui reverrons bientôt notre France, nous retrou-
verons l'ombre de notre drapeau, mais nous trouverons
aussi de la misère, des deuils, des orphelins...

« Vous que vos mères, vos fiancées, vos enfants attendent
en vain et ne reverront plus, que nos adieux émus vous
parviennent et vous fassent tressaillir jusqu'au fond de vos
tombeaux... C's couronnes, ce fer, ce marbre périront ; mais
votre souvenir restera éternellement gravé dans notre
mémoire, mais les mauvais traitements que vous avez
éprouvés sur cette terre maudite ne s'oublieront jamais.
Adieu mes chers amis, adieu ! »

11. — A l'appel du matin, un sergent-major, au
nom du 4ᵉ bataillon des mobiles de la Marne, remet
une médaille d'or au commandant Duval et lui adresse
les paroles suivantes :

« Mon Commandant,

« Avant de quitter la terre d'exil, votre bataillon doit vous témoigner sa reconnaissance pour la sollicitude dont vous nous avez tous entourés.

« Vous avez voulu partager notre sort, et vous nous avez soutenus dans notre malheur avec une affection toute paternelle.

« Valides, vous avez relevé notre courage par vos conseils et votre exemple.

« Malades, vous nous avez prodigué les secours les plus généreux.

« Mourants et frères décédés ont trouvé en vous un père dévoué qui ne les a jamais abandonnés, même jusqu'à leur dernière demeure.

« Nous vous offrons, mon commandant, une médaille en hommage de la reconnaissance dont chacun de nous conservera le plus respectueux souvenir.

« Nous aurons à jamais le regret de notre fatale impuissance à l'heure du danger, mais pour maintenir l'ordre et venger notre patrie, nous aurons souvenance des leçons de l'adversité, et vous nous trouverez toujours prêts à répondre à votre appel. »

A une heure et demie, les mobiles quittent les écuries du Dom et vont coucher à la caserne d'artillerie.

12. — A 9 heures 1/2 du matin, ils rejoignent le camp, où ils restent jusqu'à la fin de la captivité.

13. — Plusieurs prisonniers vont passer la soirée au Plantage. Ils chantent en petit comité « *Les Prisonniers de Glogau* », romance composée par l'un d'eux. Quelques officiers prussiens viennent à les entendre, s'arrêtent pour les écouter et jettent sur le plancher quelques thalers qui ne sont pas ramassés.

Départ des Alsaciens-Lorrains.

14. — Le numéro de ce jour (N° 62, 63ᵉ année), de l'*Indicateur de la Basse-Silésie*, contient l'article qui suit ; il montre les mensonges des Prussiens et le mépris avec lequel ils nous traitaient :

« Le temps où Glogau comptait dans ses murs environ 13,000 hommes qui ont combattu contre la Prusse touche à sa fin. Nous voulons encore jeter un coup d'œil sur ces prisonniers de guerre, qui vont dans une quinzaine de jours s'éparpiller en France. Le nombre considérable de ceux qui étaient internés ici suffit pour donner une image fidèle de l'ensemble de l'armée française. Si les officiers sont très différents entre eux comme instruction et comme éducation, la différence entre les soldats est encore bien plus grande. La majeure partie est ignorante ; on remarque surtout que le soldat manque de discipline vis-à vis de ses chefs ; il se permet même de faire des observations blâmables et déplacées. L'on a dit souvent que les prisonniers étaient restés fidèles à Napoléon : nous prétendons le contraire. Officiers et soldats, zouaves et garde impériale, fantassins et cavaliers, garde mobile et francs tireurs voient en Napoléon la cause de leurs malheurs ; les troupes venues de Sedan et de Metz ont la conviction d'avoir été trahis par l'empereur et par Bazaine. Les « lignards » sont petits de taille et d'une constitution délicate ; leur extérieur ne donne pas à supposer que ce sont-là des hommes de la « grande nation. » Ils sautent et dansent comme des saltimbanques, et sont paresseux dans le fond. On ne les a pas beaucoup incommodés de besogne ; ils ont pu profiter de leurs longs moments de repos pour s'exercer dans la langue allemande. Les turcos, avec leurs figures cicatrisées, vous font une impression des plus pénibles ; on ne trouve ça et là que quelques têtes caractéristiques, pouvant être qualifiées de belles têtes. Une partie seulement des prisonniers sait écrire : les autres sont obligés d'avoir recours à leurs voisins pour leur correspondance. Ils sont logés dans des baraques ; la nourriture qu'on leur donne est saine et abondante. Pour le déjeuner, du café : à midi, viande avec orge perlé, pois et pommes de terre ; le soir, soupe de farine. Ils reçoivent souvent de la bière, du tabac, et même des livres de lecture et des jeux. L'état sanitaire était dans ces derniers temps très favorable ; beaucoup qui étaient maigres en arrivant vont retourner en France bien engraissés. Les prisonniers sont de bonne humeur, surtout maintenant qu'ils ont l'espoir de retourner bientôt dans leur patrie, et supportent leur position avec résignation. Ils ont l'air excessivement gai ; ils chantent et ne causent que de cette belle France, sans vouloir croire qu'elle a été si tristement arrangée par la guerre. Quoiqu'ils soient convenables vis-à-vis des Prussiens, la haine se lit néanmoins dans leur intérieur, un fait l'a prouvé ces jours derniers. Quand on demanda dans les compagnies si quelques uns désiraient rester en Allemagne, un caporal allait accepter, quand ses camarades sont tombés sur lui, lui ont arraché ses galons, l'ont battu et lui auraient fait un mauvais parti sans notre intervention.

« Nous ne voulons par finir sans faire part d'un joli trait d'une partie de ces hommes, M. le commandant Duval, qui était ici comme prisonnier, avait à cœur de soulager le sort de ses malheureux mobiles ; il était pour eux un ami, un père. En reconnaissance et en souvenir, les sous-officiers et soldats du 4e bataillon de la Marne lui ont offert une médaille d'or faite par M. Baumert, bijoutier. D'un côté on lit : Hommage et reconnaissance — Gross-Glogau. — 1870-1871. — De l'autre : au commandant Duval, les sous-officiers et soldats du 4e bataillon de la garde nationale mobile de la Marne prisonniers de guerre. La médaille, en or mat, a la grandeur d'une pièce de 2 thalers ; les inscriptions sont entourées d'une couronne d'olivier en relief, terminée par un nœud de ruban.

« M. Duval, ému. remercia. Au moins, nous pouvons avoir la conviction que tout sentiment de reconnaissance et d'amitié n'est pas encore éteint dans le cœur de ces Français.

« Officiers et soldats sont en ce moment, quoique l'ordre de départ ne soit pas encore arrivé, occupés à emballer leurs effets. »

21. — Un cantinier voulant trop écorcher les prisonniers, ils brisent et pillent son échoppe. Le colonel Tchùdi et un officier de police viennent pour rétablir l'ordre ; la consigne se resserre, des hommes sont maltraités, les Prussiens dégaînent. Interdiction de sortir du camp.

22. — 74ᵉ anniversaire du roi Guillaume. Salves d'artillerie, drapeaux, musique en haut de la tour du Rathaus, tapage la nuit, etc.

26. — Espèce d'émeute. Une compagnie de prisonniers est cernée ; des troupes de renfort sont appelées ; des canons sont amenés et braqués sur les baraques jusqu'à la fin de la captivité. (Ils sont en batterie à chaque coin du camp, derrière un épaulement.)
C'est dimanche et il fait un temps superbe ; les habitants viennent en foule regarder les prisonniers à travers les pieux de l'enceinte.

28. — Le beau temps de ces jours derniers fait place à la neige.

29. — Gelée assez forte. La petite vérole reparaît. A l'appel, on demande les noms de ceux qui veulent partir à leurs frais. (Coût : 20 thalers jusqu'à Strasbourg).

30. — Onze prisonniers partent à leurs frais. Beaucoup d'autres, qui n'ont pas l'argent nécessaire disponible, en demandent à leurs familles. Nombreuses lettres et dépêches dans ce but.

31. — Le froid étant trop grand, on supprime l'appel.

3 avril. — Neige.

4. — Neige. Ceux qui logent en ville reçoivent l'ordre de rejoindre leurs compagnies pour le départ. Un turco, ivre, tombe sur un Prussien à coups de couteau, puis disparaît sans qu'on puisse le retrouver. Un mobile, nommé Lamorlette, s'amuse aux dépens d'un factionnaire ; il lui emboîte le pas jusqu'au moment où il se retourne et se jette dans ses bras. Lamorlette embrasse le « *patroller* », un bonhomme de landwehrien, lui prend son fusil, se sauve avec, et court pendant un quart d'heure autour de la guérite, suivi du Prussien qui veut son fusil. Hilarité générale tant des Prussiens que des prisonniers aux dépens du factionnaire, qui cependant ne se fâche pas trop quand le farceur se décide à lui restituer son arme.

5. — A 1 heure 1/2, les prisonniers de l'armée active seule partent. On en a besoin pour l'armée de Versailles. Adieux touchants et désespoir de ceux qui restent.

6. — Les escouades sont reformées entre les mobiles.

7. — Vendredi-Saint. Toutes les boutiques de la ville sont fermées pour cinq jours.

Nourriture : Riz à l'eau et beurre au sucre. Apparition de la première hirondelle.

Les officiers, sauf le commandant Duval qui reste jusqu'au bout et ne revient qu'avec ses hommes, partent avec les ordonnances.

9. — Pâques.

10. — Vingt-neuf hommes, qui ont reçu des fonds, partent à leurs frais.

Les concerts d'été du Plantage recommencent.

14. — Quinze prisonniers partent à leurs frais. Comme ceux qui sont partis avant, ils emportent les commissions de ceux qui restent, et qui trouvent le temps singulièrement long. On apprend que ceux de Breslau, Glatz et Kosel sont partis par l'Autriche et l'Italie.

15. — Enfin ! à l'appel du matin on annonce définitivement le départ. A 2 heures 1/2, par un temps splendide, tous les prisonniers, sauf les malades restant encore en assez grand nombre, montent dans le train qui doit les ramener en France. Inutile d'essayer de peindre leur joie. Kuneck et un autre lieutenant prussien sont chargés de les accompagner ; ce dernier ne cesse de boire le long du trajet et est à peu ivre-mort à l'arrivée.

Avant de parler du retour, nous croyons de notre devoir de citer les noms de ceux des prisonniers qui ont donné leurs bons soins et rendu des services à leurs camarades. Plaçons en première ligne le commandant Duval, qui, de l'avis unanime, a été la Providence de tous ces infortunés. Estimé et admiré de tous, même de nos ennemis, il allait partout, aussi bien chez l'armée active que chez ses mobiles, s'inquiétait des besoins et des souffrances de chacun, trouvait un bon mot pour l'un, un encouragement pour l'autre, une consolation pour un troisième. Servi par une santé de fer et surtout par l'ardent désir de soulager tant d'infortunes, pour tous il s'était fait l'ami, le médecin, le banquier, le notaire, le magistrat. Chaque matin il allait réconforter les défaillants, consoler les malades, assister les agonisants ; il ferma les yeux à plus de six cents, leur servant de mère à l'heure suprême, leur prodiguant les plus tendres soins avec un dévouement sans bornes. Il serait superflu de parler davantage de cet homme de bien ; son nom figure à chaque instant dans les notes qui précèdent, et tous les prisonniers de Glogau ont conservé de lui un impérissable souvenir. Sa conduite en Allemagne lui valut la mention suivante :

MINISTÈRE DE LA GUERRE.

—   Versailles, le 8 mai 1871.

Commandant,

Un nombre considérable d'officiers français, prisonniers de guerre à Glogau, m'ont rendu témoignage du dévouement dont vous avez fait preuve pour les prisonniers de notre armée internés avec vous dans cette forteresse, et auxquels vous avez prodigué avec une constante sollicitude vos soins et vos consolations.

Cette conduite est trop honorable pour que je n'aie pas tenu à vous en féliciter d'une manière particulière, en vous adressant tous mes remerciements.

Recevez, commandant, etc.

Le ministre de la guerre,

Par délégation,

Le sous-secrétaire d'Etat,

Signé : Général L. VALAZÉ.

Sous la présidence du commandant Duval, il s'était constitué un comité composé de vingt neuf membres, officiers français, chargé de recevoir et de répartir tous les dons en espèces ou en nature. Ce comité fit paraître, le 24 mars 1871, un résumé de sa gestion, suivi de remerciements aux bienfaiteurs. Nous donnons plus loin ce compte rendu.

Les mobiles Tavernier, Ecoutin, Charton, Munier, Laurent, et le volontaire Berthélemy, de Bar-le-Duc, se rendirent des plus utiles, secondèrent le commandant, chacun suivant ses aptitudes, avec la plus louable bonne volonté, et ont acquis de justes droits à la reconnaissance de leurs camarades.

Plusieurs d'entre eux ont reçu la lettre suivante :

MINISTÈRE DE L'INTÉRIEUR.

—

Versailles, le 8 mai 1872.

Monsieur,

Le commandant de votre bataillon m'a signalé le dévouement dont vous avez fait preuve à Glogau, durant l'hiver de 1870 à 1871, en contribuant à soulager vos compatriotes de captivité que décimaient les maladies et les privations.

Je tiens à vous adresser à ce sujet les félicitations du gouvernement et je suis heureux de vous annoncer que, parmi tant de citoyens qui, pendant la guerre, se sont distingués par leur belle conduite, vous avez mérité d'être mentionné honorablement.

Recevez, Monsieur, l'assurance de ma considération distinguée.

Le ministre de l'intérieur,

Victor LEFRANC.

CHAPITRE XX.

Le retour.

Donc, le 15 avril 1871, le gros des prisonniers partait de Glogau à l'heure que nous avons indiquée. Arrivés à Hansdorff, au lieu de suivre le chemin qui les avait amenés, ils prirent au sud l'embranchement de Gœrlitz, où, passé Kohlfurt (bifurcation de Leignitz), ils arrivèrent à 11 heures du soir. Cette jolie ville, sur la Neisse, a une gare très importante, avec des salles souterraines et un buffet renommé. Le train se dirigea de là vers la Saxe, traversa Lobau, Bautzen, noms qui doivent faire battre tout cœur français, et parvint au jour à Seschwaba (dimanche 16). Après Fischbach, Nadberg, Langenbrück, on arrêta à Dresde vers 7 heures du matin. Cette grande et belle ville, bien assise sur un terrain plat coupé de belles routes et de lignes ferrées, offre un magnifique coup d'œil ; les villages tout voisins, les plateaux, les églises, les usines, se rapprochent et se mélangent d'une façon agréablement variée. La mort de Moreau, servant les alliés, ces glorieuses dates des 26 et 27 août 1813 étaient présentes à la mémoire de tous. On ne resta là que peu de temps, et l'on passa bientôt au pied des coteaux de Radeberg, petit vignoble ; on franchit le grand tunnel de Prestewitz, et à Riesa fut longée l'Elbe, couverte déjà en cet endroit d'une flottille de bateaux à vapeur. A Oschatz, montagne bizarrement découpée et église curieuse, avec deux flèches égales d'une légèreté et d'une hauteur peu communes. Dahlen, Würzen, Borsdorff furent rapidement « brûlés » et à 11 heures 1/2 du matin les prisonniers avaient en vue la grande cité de Leipzig. Ils étaient là à une soixantaine de lieues de Glogau et à 102 kilomètres de Dresde, et pouvaient admirer une ville plus riche encore en monuments : les églises, les tours, la Bourse, l'Observatoire, le Paulinum, etc. Les trois grandes foires de Leipzig et les nombreux combats qui se sont livrés aux alentours l'ont rendu célèbre ; nous n'oublierons jamais les funestes journées des 18 et 19 octobre 1813, connues en Allemagne sous le nom de *Vœlkerschlacht* (bataille des nations), où nous fûmes écrasés par le nombre, où tant de héros trouvèrent avec Poniatowski la mort dans l'Elster.

Le gouvernement saxon fit là aux mobiles les honneurs d'un repas composé d'une étrange mixture où nageaient des morceaux de lard et des grains de maïs ; puis le train repartit, traversant Kieritzsch, Haselbach avec ses fabriques de poterie, Altenbourg (dans le grand duché de ce nom) avec ses verreries et où des groupes de mégères gesticulaient et menaçaient. A Gossnitz, un petit vieux faisait de même, hurlait, montrait le poing et avec sa canne couchait en joue les prisonniers, qui lui répondirent par un long éclat de rire et le cri unanime, alors à la mode, de « enlevez-le ! » A la station suivante au contraire, Werdau, des groupes de jeunes filles agitaient leurs mouchoirs en signe d'adieu. A cause du dimanche, il y avait foule dans les restaurations de Neumarck, Brunn, Reichenbach ; en ce dernier endroit, une réunion de consommateurs généreux fit circuler de la bière dans tous les wagons. Le vent et la pluie faisaient rage dans ce Reichenbach, situé dans une gorge étroite, et dont la gare seule offre quelqu'intérêt.

On passa à Herlasgrünn vers 7 heures du soir, puis à la forteresse de Plauen, sur l'Elster blanc, à 120 kilomètres de Dresde en ligne directe et sans passer par Leipsig. On entra alors en Bavière par les défilés du Frankenwald, et à 10 heures on était à Hof ; nos pères ont passé là en 1806 pour aller à Iéna, et Murat y a battu les Russes le 6 février 1807. On devait y prendre du café, mais bien peu purent en obtenir faute de temps ; le convoi avait quelque retard et reprit vivement sa marche sur Oberkotzau, Neuenmarckt, Hochstadt, Lichtenfels, où il s'arrêta le lundi matin 17 à 5 heures 1/2. Après quelques petites stations perdues au milieu de houblonnières et de nids de cigognes, apparut Bamberg, au milieu de riches campagnes arrosées par le Regnitz, affluent du Mein ; son église, à quatre clochers similaires, est tout à fait excentrique ; sur la montagne qui la domine est bâti un magnifique couvent avec clochers identiques. On laissa à gauche l'embranchement de Nuremberg, et la route fut continuée par Oberhald, où se montrèrent les premiers arbres en fleur, et la pittoresque vallée du Mein, tantôt s'élargissant en vastes plaines, tantôt se resserrant étroitement entre des coteaux couverts de vignes. Zeil, Hassfurt, Schweinfurt, Bergenfeld, Rothendorf, défilèrent ainsi sous les yeux des rapatriés ; à Gemunden, deux hautes montagnes encaissent et laissent juste passer entre elles le chemin de fer, la rivière et la route. Le cadran de la gare de Lohr marquait une heure quand on passa devant ; à Eigenbrück on traverse un tunnel de deux kilomètres et l'on monte une rampe au milieu de carrières de granit rouge ; une locomotive de renfort fut nécessaire.

De 3 heures 1/2 de l'après-midi jusqu'à 5, on fit halte à Aschaffenbourg, où était un vaste camp de prisonniers. Ceux qui avaient faim, c'était la majeure partie, et qui avaient des sous, ce n'était pas tous, eurent le temps et le droit de s'offrir un potage avec une tranche de charcuterie quelconque. A Babenhausen on était dans la Hesse, et à Darmstadt dans la capitale de ce grand duché. Le soir était venu et la vue par conséquent très bornée. A mesure que l'on se rapprochait de la France, l'impatience et la hâte d'arriver se lisaient sur tous les visages ; les hommes ne pouvaient tenir en place, s'agitaient fébrilement ; certains couraient le long des marche-pieds, montaient dans les guérites de gardes-freins, sur les wagons même, au risque de se rompre le cou. Après Bischoffsheim, où la ligne s'élève sur un remblais assez élevé, un brouillard et une odeur de marécage se firent sentir ; on était sur le Rhin et à 11 heures du

soir on entrait à Mayence. Un bataillon d'infanterie
prussienne étant sur le quai à attendre un train, défense fut faite de descendre ; l'arrêt fut du reste très
court, et bientôt on repartit par le chemin de fer de
la rive gauche. Passage à Worms vers minuit et
demi ; à Ludwigshafen, à 1 heure 1/2 du matin (mardi
18) ; à Landau, à 5 heures. Le paysage était splendide ; d'un côté les magnifiques et fertiles plaines du
Rhin, couvertes de beaux seigles ondulant au vent
comme les vagues d'une mer, de l'autre les montagnes élevées qui coupent si pittoresquement la Bavière rhénane. La ville de Landau elle-même, place
forte déclassée depuis, n'est pas sans intérêt ; on y fit
halte juste le temps de prendre le café. On approchait de cette partie de la pauvre France qui ne devait plus être à nous ; on passait à Wissembourg à
7 heures, à 9 à Haguenau, où l'on arrêta vingt minutes ; les habitants, venus en foule pour parler aux
prisonniers, leur apporter quelques secours, étaient
repoussés brutalement par les gendarmes allemands,
qui ne parvenaient pas cependant à empêcher les
cris : « Vive la France ! à bas la Prusse ! » de sortir
de toutes les poitrines. De Venhendeim (11 heures 1/2),
au lieu de suivre sur Strasbourg, le train prit la direction de Brumath, Saverne, Sarrebourg, Avricourt,
et arriva au coucher du soleil à Lunéville. Descendus
là, les mobiles furent dirigés par groupes de 100 sur
la caserne, et firent reconnaître leur identité, au milieu des sympathiques acclamations des habitants et
des regards furibonds des Prussiens qui grouillaient
dans la ville. Mais ce n'étaient plus des prisonniers
qui la traversaient, c'étaient des Français foulant

librement le sol de la patrie ! Après un repas substantiel et une bonne nuit de repos, le lendemain matin à 9 heures tout le monde était à la gare, où il fallut attendre jusqu'à midi et demi pour monter une derniere fois en wagon. A Nancy, où l'on était à 2 heures, c'étaient des distributions de vin à n'en plus finir ; à Fontenoy, c'était la désolation d'un pays ruiné et dont il ne restait que quelques pans de murs ; enfin, après quelques nouveaux arrêts, le train arrivait à la gare de Vitry ce jour mercredi 19 avril 1871, à 10 heures du soir, et chacun partait de son côté.

Quant aux officiers, si l'on s'en souvient, ils partaient de Francfort-sur-Oder le 23 mars. Nous étions en gare à 3 heures 1/2 de l'après-midi, en tout 34 officiers et 15 ordonnances, accompagnés chacun de nos propriétaires et des personnes que nous avions connues. On nous laissa cette fois monter en wagon sans opposition, mais tant que le train ne se mit pas en marche, nous redoutions toujours quelque nouvel obstacle à notre départ ; la joie qu'il nous causait ne fut heureusement pas troublée. Nous reprenions jusqu'à Francfort-sur-le-Mein le chemin par lequel nous étions venus. Après les trois heures réglementaires de route nous arrivâmes à Berlin, où notre premier soin fut de prendre une voiture pour nous transporter nous et nos bagages, à la gare d'Anhalt, située à l'autre extrémité de la ville, et où nous devions nous réembarquer quelques heures plus tard. J'étais avec le commandant Michaut et le lieutenant Rageot ; comme je pouvais leur servir de cicerone et qu'il faisait encore jour, je donnai ordre au cocher de nous faire passer devant l'Hôtel-de-ville, le Château, l'Arsenal, les Tilleuls jusqu'à la porte de Brandebourg, et de rejoindre Anhaltbahnhof par Wilhlelmstrasse. Cela vu, on peut dire qu'on a une idée de Berlin, car on a vu ce qu'il renferme de plus curieux. Nous allâmes dîner dans une restauration proche de la gare, et à 10 heures 1/2 nous quittions la capitale de la Prusse, filant à toute vapeur vers notre patrie. Les heures de la nuit passaient, mais on ne songeait nullement à dormir; tout entiers au bonheur de quitter le sol de l'exil, nous parlions du retour et du moment tant désiré où chacun retrouverait sa famille. Jusque-là tout allait bien, trop bien pour durer longtemps. Arrivés à Halle (140 kilomètres de Berlin) à 5 heures du matin (24 mars), nous descendîmes pour changer de train. Nous étions à peine assis dans la salle d'attente qu'entra avec grand fracas le commandant d'étapes, vieux bonhomme sec, à tête de mort, qui nous dit d'un ton rogue et sans préambule : « Les officiers qui viennent de Francfort vont y retourner immédiatement. » Il allait partir là-dessus et sans s'expliquer davantage, quand, le premier mouvement de surprise passé, le commandant Schenck, le plus élevé et le plus ancien de grade d'entre nous, qui avait une feuille de route collective signée du ministre de la guerre, lui mit cette pièce sous les yeux. La régularité de cette feuille parut l'étonner beaucoup ; il l'examina attentivement et longuement, la retourna dans tous les sens, et finit par balbutier : « C'est que... j'avais d'autres ordres... je vais télégraphier immédiatement. » Et il sortit. Que l'on juge de notre ennui et de notre inquiétude ! C'était jouer vraiment de malheur. Les heures s'écoulent, rien n'arrive. Le

train qui devait nous prendre était parti depuis longtemps, et d'autres encore ; nous fîmes télégraphier
de notre côté à Francfort au général Selabinski, qui
demanda à Berlin la cause de cet arrêt. Nous « nous
faisions vieux », pendant tout ce temps là ; ce ne fut
que dans la soirée qu'on daigna nous octroyer la permission de continuer notre route.

Fatigués d'attendre inutilement en gare, nous étions
allés vers une heure de l'après-midi, le commandant
Terquem et moi, visiter la ville, peuplée de 50.000
habitants, célèbre par son université et ses salines.
Toutes les rues étaient encore encombrées de sapins,
de guirlandes, d'oriflammes des fêtes précédentes ;
nous descendîmes Leipzigerstrasse, la principale et
la plus longue de la ville, qui nous mena à Rathaus-
platz. On trouve là le monument qui donne son nom à
la place, un corps-de-garde isolé, une église avec deux
tours élancées et couronnées de dômes en cuivre, tout
cela avec un cachet d'originalité que je n'avais encore
rencontré dans aucun endroit. Sur cette même place,
est élevée une statue au compositeur Haendel ; ce
quartier, berceau de Halle, remonte au IXe siècle ;
on y voit de vieilles maisons aux toits pointus, d'antiques pignons aux ornements bizarres, avec des bas-
reliefs en bois sculpté. Derrière l'église est un vaste
terrain, nu maintenant, mais où il y avait un grand
entrepôt de sel de l'Etat il y a quelques années encore ; de l'extrémité de ce terrain, qui remonte en
pente douce, on a sous les yeux l'attrayant et curieux
spectacle d'une partie de la ville. Nous vîmes encore
plusieurs autres églises et l'Institut ; puis, redescen-
dant, nous passâmes les deux bras de la Saale et nous

approchâmes des immenses salines qui font la principale branche du commerce de l'endroit. Revenant sur nos pas, nous gravîmes une passerelle au-dessus du chemin de fer, d'où l'on jouit d'un coup d'œil féerique : on découvre une plaine sans bornes où sont disséminés de nombreux villages ; nous comptâmes jusqu'à vingt-deux clochers.

Nous ne pûmes repartir qu'à 8 heures du soir, c'est-à-dire après un retard de quinze heures. A 11 heures et demie nous arrivions à Erfurt, que son industrie, ses fortifications et surtout la fameuse entrevue de 1808 ont fait universellement connaître. Cette place a été déclassée depuis 1870, sa position étant considérée comme peu utile et même désavantageuse au système actuel de défense. Il nous fallait encore une fois changer de train ; nous trouvâmes sur le quai un commandant d'étapes qui ne tenait plus guère sur ses jambes, et que la bière ou le schnaps rendait très communicatif. Il nous parla vaguement d'une révolte de prisonniers qui avait eu lieu ce jour même et nous engagea à ne pas sortir de la gare, la population exaspérée pouvant nous faire un mauvais parti. Ces racontars, empreints d'exagération, ne m'empêchèrent pas d'aller jusqu'au bout de Bahnofstrasse, où je ne vis rien de saillant. A cette heure avancée on ne rencontrait personne dans les rues. La gare, avec une tourelle carrée, est assez remarquable. J'avais là un ami et compatriote, lieutenant d'artillerie et prisonnier comme moi (Victor Lépargneux), que j'aurais été surprendre avec un bien grand plaisir : mais c'était bien entendu chose impossible.

Nous quittâmes Erfurt à 2 heures du matin (25

mars) ; au jour nous étions à Fulda, dont nous admirions la cathédrale ; à 7 heures 1/2 à Elm, à 8 heures 1/2 à Hanau, dont les environs sont fort jolis et la tour inclinée de la basilique très connue. C'était encore là un souvenir glorieux pour nous : le 30 octobre 1813, Napoléon, se retirant après Leipsick, y culbuta l'armée austro-bavaroise commandée par de Wrède et put ainsi repasser les ponts de Mayence.

A 9 heures 1/2 nous arrivâmes à Francfort-sur-le-Mein, cette grande et riche cité de 130.000 habitants, nœud important de communications, annexée en 1866. Pour aller d'une gare à l'autre, nous traversâmes la ville, les uns dans l'intérieur, les autres sur l'impériale d'un omnibus. Le chef de gare jugea à propos de nous empêcher de prendre un train qui partait presqu'aussitôt, et de nous faire attendre jusqu'à une heure de l'après-midi. Je profitai de ce retard forcé pour faire une rapide excursion en ville avec MM. Michaut, Terquem, Rageot et Tessier, qui, la connaissant déjà, nous servait de pilote. Nous partîmes de la gare de Taunus et des deux voisines, pour suivre les ravissantes promenades créées sur l'emplacement des anciens remparts, et que bordent d'élégantes maisons. Nous enfilâmes ensuite la Zeil, rue large, aux magasins luxueux et aux constructions princières ; nous vîmes le théâtre, la cathédrale où l'on couronnait les empereurs, le *Rœmer* (hôtel-de-ville), le palais de la Tour-et-Taxis et plusieurs autres monuments du moyen âge, la plupart en granit rose d'un fort bel effet ; les statues de Gœthe, de Schiller, un groupe des trois inventeurs de l'imprimerie, Guttenberg, Fust et Schæffer. On nous montra la maison où était né Gœthe et celle des Rothschild (*Grossen-Hirschgraben*), dans une des plus étroites rues ou plutôt ruelles du vieux quartier de la ville, qui rappelle assez le centre de Halle par l'originalité de ses constructions. Nous traversâmes la rivière sur le pont Charlemagne, sur un côté duquel est la statue du célèbre empereur d'Occident, en pierre rouge, comme le pont lui-même. De là les yeux sont positivement émerveillés : on plane sur une partie de Francfort sur la rive droite, de Sachsenhausen sur la rive gauche, et sur la rivière qui se déroule au loin, fort encaissée et chargée de bateaux. Ce n'est pas pour rien du reste que le quai qui la borde porte le nom de *Schœne-Aussicht* (Belle-Vue).

L'heure du départ approchant, nous rejoignîmes la gare. Au lieu d'aller à Mayence, nous prenions le chemin de fer de la rive droite du Rhin. Après Issenbourg, Langen, nous arrêtâmes quelque temps à Darmstadt, à 23 kilomètres sud de Francfort, et dont le maréchal duc de Lorges, neveu de Turenne, fit autrefois sauter les fortifications. Nous pûmes voir de loin le château ducal avec ses coupoles rondes, le Muséum, une grande partie de la ville, toute couverte en ardoises, et une colonne en granit rouge surmontée d'une statue, au bout d'une longue avenue plantée de grands arbres ; à droite de la gare était un camp de prisonniers. Nous passâmes à Eburstadt, Bickenbaden, Jugenheim, Schwinberg, Auerbach, détruit par Turenne en 1674, Bonsheim, Hoppenheim, Hemsbach, tous ces endroits au pied de la montagne que nous suivions et que nous avions sur la gauche ; à droite s'étend une immense prairie dont rien ne vient

troubler le monotone aspect. A Grossachsen, on com
mence à s'éloigner de la montagne ; à Ladenbourg,
non loin de Manheim, ce ne sont que houblonnières ; un peu avant la station, à droite au milieu
d'un champ, s'élève une espèce de tumulus en pierre.
Nous étions dans le grand-duché de Bade ; à 4 heures
et quelques minutes nous longions le Neckar et nous
arrivions à Heidelberg, ancienne capitale du Palati-
nat, dont nous aurions bien voulu visiter l'Université
et surtout le célèbre château, avec ses caves et son
fameux tonneau de 140.000 litres ; mais faute de
temps nous dûmes nous contenter de contempler du
bas de la côte ses admirables ruines. Depuis quelque
temps déjà nous constations de sensibles différences
de mœurs et coutumes entre le Brandebourg et la Silésie ; nous remarquions entre autres choses l'accou-
trement antique et bizarre des paysans et aussi des
employés du chemin de fer, qui prêtaient assez à rire
avec leur longue canne à pomme qu'ils brandissaient
d'un air conquérant. Nous changeâmes une « enième »
fois de train et nous eûmes connaissance de Bruchsal,
Durlach. La nuit était arrivée quand nous passions
Carlsruhe, capitale du grand-duché, Rastadt, Oos,
Ausbaden, à quelques kilomètres de la ville d'eaux,
Steinbach, Appenweier, et il était onze heures du
soir quand nous arrivions à Kehl. Les portes de
Strasbourg étant fermées à cette heure, les trains
n'allaient pas plus loin et il nous fallait attendre au
lendemain matin pour poursuivre notre route. Après
avoir en vain cherché des logements dans le pays,
nous prîmes le parti de passer le reste de la nuit dans
les salles d'attente de la gare. On se plaça qui dans

un coin, qui dans l'autre, les uns sur des bancs, les autres étendus à terre et l'on dormit plus ou moins. A la pointe du jour nous étions tous sur pied, et nous nous promenions dans la grande rue, où 70 maisons avaient été incendiées par les obus de Strasbourg ; on commençait à en rebâtir quelques-unes. La gare aussi avait beaucoup souffert. Nous allâmes ensuite voir le pont de bateaux sur le Rhin ; le pont du chemin de fer, dont les Badois avaient fait sauter une partie, était provisoirement réparé en bois. Sur l'ex-territoire français, la douane et quelques maisons avoisinantes étaient complètement détruites.

A 6 heures 1/2 du matin nous prenions un train qui, quelques minutes après, entrait dans Strasbourg, où nous quittèrent beaucoup de nos compagnons. Le long du trajet nous voyions l'emplacement des batteries allemandes et les ouvrages avancés ruinés par leurs projectiles. L' « Etappen-Commando » nous prévint à l'arrivée que le seul convoi que nous pouvions prendre ne partait que sur le soir, à une heure encore indéterminée. C'était ce jour-là dimanche 26 mars ; nous aurions dû déjà être rentrés chez nous si les trains avaient marché régulièrement. Mais nous nous trouvions encore trop heureux de fouler le sol de la patrie, car nous ne pouvions nous figurer que cette belle ville, si française, ne nous appartenait plus. Le lieutenant Rageot y étant resté quelques années en garnison, nous mena. le commandant Terquem et moi, aux points principaux à visiter. Nous nous dirigeâmes d'abord sur la cathédrale, où nous admirâmes la fameuse horloge astronomique au moment où 9 heures sonnaient et où une partie du merveilleux

mécanisme se mettait en mouvement ; nous fîmes en
suite l'ascension de la flèche ; le monument du reste
est assez connu pour que nous nous dispensions de le
décrire. Après cette visite, nous revînmes déjeuner
en face la gare, à l'hôtel de l'Esprit, où nous avions
laissé nos bagages. Puis nous fîmes, pendant le reste
de la journée, une excursion dans les rues, excursion
triste s'il s'en fut. Il était navrant de voir tous ces
édifices, l'Hôtel-de-Ville, la Préfecture, le Théâtre,
l'Aubette et son musée de peinture, le Temple-Neuf et
sa riche bibliothèque, et autres, détruits de fond en
comble par les bombes ennemies. Les quartiers de
Pierres et National n'étaient plus qu'un monceau de
ruines ; de la caserne Finckmatt, de la citadelle, il ne
restait pas pierre sur pierre ; et partout ailleurs,
que de maisons brûlées en tout ou en partie, que
de familles ruinées, que d'avenirs perdus ! Tous les
gens que l'on rencontrait, les dames surtout, portaient le deuil ; la population tout entière gémissait
de subir le joug des barbares qui faisaient ainsi
la guerre, qui s'attaquaient non pas aux remparts
et aux soldats, mais à la ville même et aux habitants sans défense.

Ce fut le cœur profondément ulcéré que nous quittâmes Strasbourg à 5 heures du soir. On nous empila
dans des wagons de troisième classe, les seuls qu'il y
eut à notre disposition et où étaient déjà d'autres prisonniers retournant dans leurs foyers ou à leurs dé-
pôts. Nous arrêtâmes longtemps à Brumath, où nous
fûmes assaillis par une nuée de femmes et d'enfants
qui vendaient des petits pains, des œufs, du cognac,
du tabac, etc.; à chaque station nous trouvions de

ces industriels d'un nouveau genre. Nous restâmes
en gare et sans pouvoir sortir à Hochfelden depuis le
soir jusqu'à 7 heures du matin (27 mars), les trains,
nous dit-on, ne marchant pas la nuit. Nouvel arrêt de
quelques heures à Saverne, dont nous eûmes largement le temps d'explorer du regard les pittoresques
environs et le beau château des ducs de Rohan, que
Napoléon III avait restauré et affecté aux veuves de
hauts fonctionnaires. Nous passâmes les tunnels, et
après la gare de Lutzelbourg-Phalsbourg, où des
mendiants remplaçaient les marchands de comestibles, après Sarrebourg, Heming, nous arrivions à
11 heures du matin à Avricourt, où il y avait affluence
énorme de wagons et de locomotives, et où un immense drapeau tricolore indiquait la nouvelle limite
de nos frontières. Partis de là à 2 heures 1/2 de l'a-
près-midi, nous arrivions à Lunéville à 4 heures 1/4
et à Nancy à 6 heures du soir, c'est-à-dire plus de
vingt-quatre heures après notre départ de Strasbourg.
Nous nous fîmes reconnaître à la descente, et on nous
distribua, chacun pour notre destination, des feuilles
de route imprimées dont voici le modèle :

FEUILLE DE ROUTE PROVISOIRE ET D'URGENCE.

Régiment....

Le sieur   , rentrant de captivité, est arrivé à
Nancy le   1871, il a été dirigé, d'après son livret
ou ses déclarations, sur   , où il devra s'adresser à l'Autorité militaire, afin de connaître sa destination
définitive.

Il a reçu à Nancy, pour indemnité de nourriture la somme de (n'a rien reçu)   avec un billet de transport gratuit jusqu'à la place ci-devant désignée.

Nancy, le   1871.

Le Maire.

Vu arrivé à

le   1871.

On dîna à l'hôtel de Metz, et à 10 h. du soir la plupart de nos camarades s'égrenaient de tous côtés. Nous restâmes plusieurs pour passer la nuit et partir le lendemain mardi 28 mars à 6 heures du matin. A cette date, vers midi, nous arrivions à la gare de Vitry, où nous attendaient nos parents et nos amis : notre captivité avait duré plus de sept mois.

Conclusion.

La grande crise passée, on songea, dans tous les coins de la France marqués du stigmate indélébile de l'invasion, à honorer la mémoire des morts, à consacrer leurs sépultures et à marquer d'une manière indestructible la place où ils étaient glorieusement tombés. Dans la Marne, le patriotique élan fut vite donné et suivi ; il se constitua un comité, dont le siège était à Givry-en-Argonne, chargé de provoquer et de recueillir les souscriptions pour l'érection de monuments commémoratifs. Nous donnons aux documents les noms des membres de ce comité, qui conduisit l'entreprise à bonne fin avec zèle et intelligence. Pendant la captivité, les mobiles, qui avaient déjà songé à ceux des leurs qui allaient rester là-bas, tués par les privations et les maladies, n'avaient oublié non plus leurs camarades décimés par le fer ou le feu du Prussien ; 1361 francs 25 centimes, recueillis entre eux, étaient destinés à l'achat et à la pose d'une pierre tumulaire à Passavant. Le comité ayant de son côté réuni une somme considérable (6,000 francs environ, dont 300 francs votés par le Conseil général), on put donner au monument projeté plus de caractère et de grandeur ; on put même en élever deux, l'un au cimetière, sur la fosse commune où reposent 22 massacrés, l'autre sur le bord de la route de Triaucourt, à l'endroit même où se sont passées les principales scènes du massacre. Le premier est une sorte de mausolée entouré d'une grille, avec les noms de ceux qui sont dessous et l'inscription suivante :

AUX VICTIMES DU 25 AOUT 1870 !

Leurs familles, leurs amis, leurs compagnons d'armes.

Le second monument, en pierre, est une sorte d'obélisque élevé sur un fût et une plate-forme entourée d'un petit mur ouvert devant, à laquelle on accède par trois marches. Contre la colonne est adossé un garde mobile de grandeur naturelle en tenue de campagne, l'arme au pied, les traits altérés par la douleur, le regard morne et fixe, comme s'il avait sous les yeux les cadavres de ses camarades. Le tout, qui constitue une œuvre d'art d'un grand style et d'une sévère majesté, est le résultat de la collaboration de deux Rémois, MM. Dautreville, architecte, et Bulteau, sculpteur (1.)

______

(1) Le terrain où s'élève le monument de la route, cinquante six centiares, a été payé 39 fr. 80 à M. Oudin ; le terrain du cimetière, 20 mètres carrés, a été concédé à perpétuité par acte du 25 août 1871, enregistré à Ste-Ménehould, le 1er septembre, moyennant la somme de 400 fr.,

Deux statues furent données à l'église de Sivry, l'une de St-Maurice, patron des guerriers, au nom des mobiles survivants ; l'autre de Saint-Nicolas, au nom des propriétaires de la ferme de la Basse, épargnée par le feu de l'ennemi. La bénédiction de ces deux statues par Monseigneur Meignan, évêque de Châlons, le dimanche soir 27 août 1871, donna lieu à une solennelle et imposante cérémonie à l'endroit du combat. Là s'était rendue une foule immense. composée d'habitants des villages voisins et d'autres venus de tous les points du département, d'un grand nombre de soldats du 4e bataillon et de la 1re batterie de la Marne avec la majeure partie de leurs officiers. Après la bénédiction et un chaleureux discours de Mgr l'Evêque, les assistants, en une interminable et grave procession, retournèrent à Sivry par le chemin bordé de sapins qui y conduit, et dont la tristesse était bien en harmonie avec la circonstance. Chacune des statues était portée sur les épaules de quatre mobiles, et sur tout le parcours se faisaient entendre des chants religieux.

dont les deux tiers pour la commune et un tiers pour le bureau de bienfaisance,

La loi du 4 avril 1873, relative à la conservation des tombes des soldats morts pendant la guerre prescrivait la cession à l'Etat des terrains dépendant des cimetières communaux qui servent à l'inhumation de ces soldats. Le commandant Duval fit les démarches nécessaires, et par décision du ministère de l'intérieur en date du 29 mars 1877, la loi reçut son application. Les 400 fr. d'achat de terrain revenant au comité furent consacrés à la fondation à perpétuité d'un service anniversaire (quatre messes basses et un *De profundis.*)

L'Etat s'est également rendu concessionnaire du terrain du cimetière où est inhumé le soldat allemand tué le 25 août à Passavant.

Dans la soirée, tout le monde se transporta à Passavant où devait se faire le lendemain l'inauguration des monuments. Un grand nombre de personnes étaient déjà réunies, et pendant toute la nuit ce nombre s'accrut sans cesse, de sorte que le 28 août au matin le village pouvait à peine contenir l'affluence des visiteurs. C'étaient, outre les éléments de la veille, les autorités militaires des arrondissements de Vitry et de Ste-Ménehould ; auprès d'elles se tenaient, avec M. Journet, capitaine-major de la garde mobile, et le commandant d'état-major Wyts, des députations des autres bataillons : 1er, arrondissement de Châlons : MM. Pannet, Lemaire, capitaines ; de Challemaison, Bouquemont, Payart, lieutenants ; 2e, arrondissement d'Epernay : de la Ruelle, capitaine ; 3e, arrondissement de Reims : de St-Aubin, capitaine. C'étaient encore le sous-préfet et l'adjoint au maire de Ste-Ménehould, puis des pères, des mères des défunts, des personnes notables de tous les environs, entre autres le capitaine Boulard des grenadiers du premier empire, de nombreux ecclésiastiques, etc. Grâce à l'administration municipale et à la bonne volonté des habitants du pays, cette multitude de voyageurs put pourvoir à ses besoins et éviter tout trouble ou embarras. A 10 heures du matin, les rues, les fenêtres étaient occupées, et ce fut au milieu d'un cortège innombrable et recueilli que Mgr Meignan sortit du presbytère pour se rendre à l'église, déjà pleine. Les trois quarts des personnes venues durent rester au dehors.

Une messe solennelle fut célébrée par le vicaire général, M. l'abbé Deschamps. Le Prélat monta en chaire, rappela le lugubre évènement et, dans un

éloquent discours, prodigua les consolations que seule
la religion peut donner aux parents et amis des mal-
heureuses victimes. On se rendit ensuite au cimetière,
où les prières des morts furent dites sur la fosse commune, puis au monument de la route. Après la bénédiction, le commandant Duval prit la parole et s'ex-
prima en ces termes :

Monseigneur, Messieurs, mes Compagnons,

J'obéis au plus douloureux devoir en prenant la parole
à cette heure solennelle : à votre bienveillance, comme à
votre indulgence, je fais le plus respectueux appel.

Il y a un an, une colonne composée de nous, mes compagnons, mal armés, sans habillement, sans équipement,
sans instruction, fut faite facilement prisonnière de guerre
à La Basse, et, désarmée, prenait tristement la route de
l'exil, pour expier des fautes dont pas un de nous n'était
coupable.

Il vous souvient, mes amis, de ces larmes coulant de
tous les yeux sur notre passage, de ces mains tendues vers
nous, donnant aux uns une caresse suprême, aux autres le
salut de la pitié et de l'affection...........................

Nous arrivons à Passavant : vos files dernières avaient
à peine franchi le village, quand soudain un coup de feu
retentit ; tous nous crûmes à une attaque de délivrance :
mais notre joie et notre espoir, de courte durée, firent bientôt place à une poignante douleur devant le spectacle d'une
horrible scène...

....

49 tués, plus de 100 mutilés ! tous au matin de leur vie,
tous ayant bravement quitté le sillon et le foyer paternels,
et sur leurs fronts, humides encore, le dernier baiser de
leurs mères ; et voici qu'à cette heure de désolation, pour
eux, plus rien, que les froides caresses de la mort ou les

tortures de la souffrance ; pour couche funébre, la poussière du chemin, pour lit de douleur, l'herbe ensanglantée des champs...

Messieurs, mon âme est triste jusqu'à la mort : ici, le dernier drame anéantissant des cœurs, des bras vaillants, des volontés généreuses ; tout brisé par une impuissance, que nul pouvoir humain ne pouvait conjurer ; partout des ruines, notre France humiliée, et à nos foyers, l'étranger assis en maître !

Si pour tant de deuils amers nos pleurs doivent couler, nos yeux et nos cœurs pleins de foi doivent aussi s'élever vers Celui qui punit, mais qui n'abandonne pas.

Le soir de la vie de nos amis a été pour eux l'aurore d'un jour qui n'aura pas de déclin, et quand le souffle de l'Eternel passera puissant sur leurs tombes, ils se réveilleront dans le Seigneur.

Nos frères sont tombés pour la Patrie, au poste du devoir et de l'honneur : Gloire à eux sur cette terre et dans le ciel ; à eux les joies de l'Eternité, car ils sont montés vers Dieu avec la palme du martyre.

O vous, mes camarades, que la misère et le chagrin ont tués là bas, et qui reposez dans les sinistres tranchées de Glogau ; vous qui, ici, avez succombé sous le fer de l'ennemi, et qui dormez sous ce sol où gémit notre douleur, mais où espère notre prière, Soldat et Chrétien, votre chef salue avec respect et piété votre mémoire !

Faites, mon Dieu, et vous, Vierge de douleur, que ma parole, que je veux vive et ardente, s'en aille, une fois encore les faire tous tressaillir jusque dans le fond de leurs tombeaux !

Un dernier devoir me reste à remplir, celui de la reconnaissance :

Envers vous, notables et habitants de Passavant, qui, même au péril de vos jours, avez recueilli, soigné, consolé nos frères qu'un brutal ennemi nous forçait d'abandonner

à cette halte sanglante ; envers vous, messieurs et cama·
rades, qui, plus heureux que nous, avez pu combattre pour
la France, et avez voulu nous apporter votre pieux concours ;

Envers vous, mes compagnons de la triste terre de capti·
vité, vous dont l'obole fraternelle a édifié la croix de Glogau,
et a élevé cette pierre à la mémoire de nos martyrs ;

Envers vous, Monseigneur, qui, des saints apôtres l'imi-
tateur, avez de nos captifs et de nos souffrants, soutenu les
courages par votre charité, et êtes accouru pour nous consoler dans notre grand deuil.

Bénissez une fois encore nos morts chéris, bénissez-nous,
Monseigneur, et que, par votre parole sainte, nos bras et
nos cœurs, ceux de nos enfants soient forts pour le jour et
l'heure de Dieu !

Les accents émus de l'orateur, sa voix chaude et
vibrante produisirent un grand effet sur l'auditoire ;
les larmes coulaient, les sanglots pouvaient à peine se
contenir, et si ce n'eut été la tristesse du lieu et le caractère sacré de la cérémonie, les mobiles auraient
certes fait une ovation à celui qui avait été pour eux
plutôt un père qu'un chef. Répondant à son dernier
vœu, Monseigneur Meignan imposa une dernière fois
les mains sur l'assemblée, qui s'écoula silencieusement et profondément impressionnée.

On ne pouvait mettre sur le monument aucune inscription pendant l'occupation allemande ; mais les
plaques commémoratives étaient prêtes, et le 14 novembre 1872, c'est-à-dire deux jours après l'évacuation
de la Marne, le capitaine-major Journet, au nom du
comité, convoquait à une seconde cérémonie qui devait avoir lieu le jeudi 28 dudit mois à 10 heures du
matin. A la date et à l'heure indiquées se célébra un

service identique à celui de l'année précédente, avec
un remarquable sermon par Mgr de Châlons, dont
les paroles touchantes trouvèrent un fidèle écho au
fond de tous les cœurs.

Les plaques, en marbre noir avec inscriptions en
lettres d'or, furent apposées autour du fût de l'obélisque ; de chaque côté sont les noms des victimes, et
devant on lit :

*Ici les Prussiens ont massacré 49 soldats français
désarmés et prisonniers de guerre.*

25 AOUT 1870.

De retour au cimetière, le commandant Duval termina cette fête des morts en prononçant une allocution que nous sommes heureux de pouvoir encore
reproduire, car les paroles de cet homme dévoué,
comme ses actions, doivent rester gravées dans le
souvenir de tous. Voici cette allocution :

« MESSIEURS,

« Je ne veux pas quitter ces tombes sans remplir à nouveau mon devoir, en saluant une fois encore la mémoire de
mes compagnons. Il y a un an, dans un sanglant et voisin
parage où, sous les traîtres coups, nos morts allaient vite,
j'eus la triste mission de vous redire leur douloureux et
glorieux trépas. Aujourd'hui, refoulant dans mon cœur,
mais pour en garder éternelle souvenance, tant de douleurs,
tant de hontes, tant de calamités, je veux que mes paroles
soient toutes et seulement de piété, d'amour et de regrets
pour ceux qui ne sont plus.

« Morts bien aimés du 4e bataillon,

« Vous qui reposez en terre inhospitalière, vous dont la

mort fut d'autant plus triste qu'elle fut sans le dernier
regard au ciel de la patrie ;

« Et vous qui dormez dans notre terre de France, près
desquels vos amis et vos mères viendront prier,

« Je vous évoque tous dans une suprême pensée, et dé-
posant sur vos tombes un long baiser de tendresse, j'y ins-
cris aussi deux noms : ceux de Dieu et de patrie. Patrie
pour laquelle, messieurs, fut leur dernière journée ; pour le
salut de laquelle nous devons devenir plus unis et meilleurs.

« Dieu, vers qui leurs regards mourants se sont tournés
avec espoir ; Dieu, qui sait compter les larmes des mères ;
Dieu, vers lequel s'élève avec confiance mon ardente
prière.

« Monseigneur, et vous, bons prêtres qui, après avoir
béni leurs berceaux, êtes accourus avec tant de dévouement
pour bénir leurs tombeaux ; Monsieur le préfet, mon général, et vous tous, messieurs, je vous donne le témoignage
le plus profond et le plus respectueux de notre gratitude,
parce que vous avez voulu, par vos dons précieux, par
l'honneur et surtout par la haute valeur de votre présence,
relever encore la mémoire de nos frères tombés pour la
France. »

Parmi les assistants on remarquait, outre les officiers présents au massacre, le Préfet de la Marne ;
le sous-préfet de Vitry ; le sous-préfet et l'archiprêtre
de Sainte-Menehould ; le général Daguerre, commandant provisoirement la 4e division militaire ; le chef
de bataillon Dagonet, commandant le 3e bon de mobiles ; une députation de six officiers du 4e hussards,
en garnison à Châlons ; le docteur Osiecki, dont personne n'oubliera le généreux dévouement envers les
blessés, et quantité d'autres notabilités, qui revinrent
le soir à Sainte-Ménehould et se réunirent dans un

banquet d'adieu, car beaucoup allaient se séparer et ne devaient plus se revoir.

Depuis, une messe anniversaire se dit tous les ans à Passavant le 25 août.

. . . .

L'institution de la garde mobile était destinée à disparaître ; le 30 janvier 1873, le capitaine-major envoyait à tous ses officiers copie de la note suivante, adressée aux commandants des divisions militaires :

MINISTÈRE
DE LA GUERRE

Direction générale
du personnel.

—

2° bureau.

—

INFANTERIE
et
GARDE MOBILE.

Instructions pour la
dissolution des
cadres d'officiers de
la garde mobile.

CIRCULAIRE

Versailles, le 18 janvier 1873.

GÉNÉRAL,

En exécution de la loi du 27 juillet 1872 sur le recrutement de l'armée, la garde mobile se trouve supprimée à partir du 1er janvier 1873.

Les hommes de cette garde ayant été renvoyés dans leurs foyers par décision des 5 et 12 mars 1871, il n'y a pas de mesure à prendre à leur égard.

Quant aux officiers, jusqu'au grade de chef de bataillon inclusivement, qui ont été maintenus temporairement par un arrêté du Pouvoir exécutif en date du 2 juin de la même année, ils doivent être considérés comme ayant cessé leurs fonctions à partir du 1er janvier 1873.

Ils n'ont plus droit, à dater de cette époque, à aucune espèce d'indemnité ni de prérogatives afférentes à leur grade.

Sont exceptés de cette mesure les capitaines-majors qui ont été conservés pour trois mois par circulaire du 30 décembre 1872 et qui continueront, pendant cette période, à toucher les allocations fixées par la circulaire du 5 juin 1871 précitée.

Il en sera de même des sous-officiers gardes-magasins.

Ceux des officiers de la garde mobile qui auront fait preuve d'aptitude au commandement pendant la dernière guerre pourront, après examen, s'il y a lieu, trouver place dans les cadres de l'armée territoriale lorsqu'elle sera organisée.

Les chefs de bataillon, chefs d'escadrons et capitaines feront la remise aux capitaines-majors des registres, contrôles, etc., mis à jour de mutations, et, généralement, de tous les documents concernant la garde mobile qu'ils peuvent avoir en leur possession.

Les capitaines-majors complèteront les indications contenues dans les matricules au moyen des renseignements qu'ils ont recueillis, en exécution de la circulaire du 30 octobre dernier, sur la situation des gardes mobiles des classes 1867, 1868, 1869 et 1870.

Dans trois mois, lorsqu'ils cesseront leurs fonctions, les capitaines-majors en verront au Ministère de la guerre (bureau du service intérieur et des archives) les pièces et registres relatifs aux officiers.

Recevez, Général, l'assurance de ma considération la plus distinguée.

Le ministre de la guerre,
Gal E. DE CISSEY.

Pour copie conforme :

Le Capitaine-Major de la Marne,

JOURNET.

Ainsi, à partir du 1er janvier 1873 étaient licenciés soldats et officiers : il devait être cependant encore question de ces derniers en septembre 1874. A cette époque en effet, et par ordre de l'Intendant général président de la commission chargée de la liquidation des dépenses des armées (1870-1871), on leur réclama à presque tous une somme plus ou moins forte, comme « recette accidentelle, complément du remboursement des sommes perçues auprès de l'ambassade anglaise à titre d'avances sur la solde pendant la captivité. » Tel était l'étrange libellé du reçu que délivrait le trésorier-payeur général. Certains s'exécutèrent ; d'autres, pour le principe et déclarant n'avoir rien reçu en trop, refusèrent de le faire et n'entendirent plus parler de cette réclamation.

La plupart des officiers du 4e bataillon et de la 1re batterie de la Marne trouvèrent place dans les cadres de la réserve ou de l'armée territoriale dès la première promotion, le 11 avril 1875. Quelle que soit d'ailleurs la position civile ou militaire des anciens mobiles de Vitry, c'est toujours avec un indicible bonheur, à quelques exceptions près, qu'ils se rencontrent et

qu'ils parlent de leur courte et désastreuse campagne.
Tant il est vrai que c'est toujours avec un certain
plaisir que l'on se souvient des moments malheureux
de l'existence.

. . . .

Et maintenant, notre tâche est terminée. Comment
l'avons-nous remplie ? Nous en laissons l'apprécia-
tion à la bienveillance des uns et à la sévérité des
autres. Nous sommes loin d'avoir la fatuité de croire
que nous avons fait œuvre de mérite ; mais nous pouvons au moins affirmer que nous avons travaillé
consciencieusement et en ne négligeant aucun des
renseignements qu'il a été possible de réunir. A ce
propos, nous adressons nos plus sincères remerci-
ments à ceux de nos camarades qui nous ont facilité
les recherches de quelques pièces, ou qui nous ont
prêté le précieux concours de leurs notes ou de leurs
souvenirs. Ajoutons, pour tout dire, que certains n'y
ont pas mis toute la complaisance désirable et n'ont
même pas répondu à nos demandes d'informations.
Plus fort et à peine croyable : un monsieur que nous
n'avons jamais vu ni connu nous a adressé une lettre
d'injures à propos d'une erreur absolument insigni-
fiante qu'il prétendait avoir constatée. Nous en avons
ri, nous en rions encore et nous en consolons, en
nous rappelant combien il a toujours été difficile de
contenter tout le monde, même son père non compris.

DOCUMENTS DIVERS

4ᵉ BATAILLON DE LA GARDE MOBILE DE LA MARNE

Commandant : Duval O. ✶
Adjudant : Vallet.

Compagnie	Capitaines.	Lieutenants.	Sous-Lieutenants.	Sergents-Majors.
1	Bassuet (2) *Ancien Capitaine au 6ᵉ Hussards.*	Thierion	Lorette (1)	Bailliot
2	Dautry ✶ (2) *Détaché du 65ᵉ.*	Buache *Ancien Sous-Officier au 2ᵉ Cuirassiers.*	De Chamisso *Ancien Brigadier de Lanciers.*	Cottrez
3	Avecque ✶ (2) *Détaché du 65ᵉ.*	Hourblin	Osiecki	Robert
4	Charvais ✶ (2) *Détaché du 65ᵉ.*	Jaunaux (2)	Mottant	Rolland
5	Barillier ✶ (2) *Détaché du 65ᵉ.*	O. Vincienne	Legrand	Oudot (1)
6	Leroy ✶ *Détaché du 65ᵉ.*	Testre	Ledreux	Loppin
7	Battelier	Bureau	Charles *ancien Sergent-Major au 52ᵉ.*	Baty
8	Laffrique ✶ *ancien Capitaine d'Infanterie.*	M. de Felcourt	Chastelain	Lonclas

Les quatre premières Compagnies étaient recrutées dans l'Arrondissement de Ste-Menehould : 1ère Canton de Dommartin-sur-Yèvre ; 2ᵉ et 3ᵉ, Canton de Ste-Menehould ; 4ᵉ, Canton de Ville-sur-Tourbe.

Les quatre dernières étaient recrutées dans l'arrondissement de Vitry-le-François : 5ᵉ, Canton d'Heiltz-le-Maurupt ; 6ᵉ Canton de St-Remy-en-Bouzemont ; 7ᵉ Cantons de Vitry et Sompuis ; 8ᵉ Canton de Thiéblemont.

(1) Morts de suites de blessures.
(2) Blessés.

Ière BATTERIE D'ARTILLERIE DE LA GARDE MOBILE DE LA MARNE

Capitaine Commandant — Michaut O.✷ chef d'Escadron en retraite.
Lieutenant en 1er — Henriet (Blessé).
Lieutenant en 2e — G. Cappé.

Numéros matricules	Noms	Grades	Classes	Observations
	1ère Pièce			
42	Gourguillon	M.al des logis	1865	Prisonnier
207	Derrez G.	Brigadier	1868	d°
135	Oudard E.	Trompette	1867	Blessé
39	Benoist	Canonnier S.t 2e cl.	1865	Prisonnier
45	Champenois	d°	d°	d°
51	Thiébaut	d°	d°	d°
64	Vandroux L.	d°	d°	Tué
71	Procureux L.	d°	d°	Laissé à Vitry comme boulanger
152	Mojot	d°	d°	Inconnu
77	Bertrand	d°	1866	Réformé
83	Lécuyer	d°	d°	Prisonnier
89	Périnet	d°	d°	Inconnu
95	Arbeaumont E.	d°	d°	Prisonnier
103	Caurier	armurier	1867	Blessé
109	Tournois	S.t 2e cl.	d°	Soutien de famille
115	Massenat	d°	d°	Inconnu
121	Bourgeois	d°	d°	Laissé à l'Hôpital
127	Jacquot	d°	d°	Émigré en Amérique
133	Écoutin	d°	d°	Versé dans l'Infanterie
139	Carré	d°	d°	Prisonnier
145	Picard	d°	d°	Tué
155	Bricard	d°	1868	Réformé
161	Parjoie	d°	d°	Blessé
167	Lecherme	d°	d°	Prisonnier

Numéros matricules	Noms	Grades	Classes	Observations
173	Marchal	S.t 2e cl.	1868	Prisonnier
179	Delliaux	d°	d°	Blessé
185	Procureur E.	d°	d°	Laissé à l'Hôpital
191	Poirat	d°	d°	Prisonnier
197	Bompard	d°	d°	Parti comme médecin
209	Feutiot	d°	d°	
203	Dollé	d°	d°	Prisonnier
	2e Pièce			
110	Vincent	Brigadier	1867	A repris du service après
40	Thévenot	S.t 2e cl.	1865	Soutien de familles
46	Bourgeois	d°	d°	Tué
52	Thiébaut	d°	d°	Réformé
59	Loisy	d°	d°	Prisonnier
65	Lambert	d°	d°	
98	François	d°	d°	Prisonnier
214	Charles	d°	d°	Inconnu
78	Caillot	d°	1866	
84	Pinard	d°	d°	
90	Jeannel C.	d°	d°	Tué
96	Bonté	d°	d°	Inconnu
104	Barbier	d°	1867	Laissé comme employé de chemin-de-fer
116	Boude	d°	d°	Prisonnier
122	Pothier	d°	d°	d°
128	Gérard	d°	d°	Soutien de famille
134	Kiffer	d°	d°	Prisonnier
146	Hérard	d°	d°	Soutien de famille

Tableau II (Suite)

Nos mles	Noms	Grades	Classes	Observations
	2ᵉ Pièce (Suite)			
156	Plouvier	St 2e cl.	1868	Prisonnier
162	Morvoisin	dº	dº	dº
174	Aubertin	dº	dº	Blessé
180	Féry	dº	dº	Prisonnier
186	Perotin	dº	dº	
192	Devoir	dº	dº	Prisonnier
198	Nicol	dº	dº	Blessé. Prisonnier
204	Deviot	dº	dº	Laissé à l'Hôpital
210	Labarque	dº	dº	Blessé
	3ᵉ Pièce			
	Aubry	Maréchal des logis-chef		Engagé volontaire. Ancien sergent du Génie. Blessé. Prisonnier
118	Batonnier	Maréchal des logis	1867	Blessé
54	Berton	[illegible]	1865	[illegible]
60	Moussotte	dº	dº	Mort à la suite de la captivité
66	Vincienne O.	dº	dº	Versé dans l'Infanterie
99	Troncquois	dº	dº	Réformé
73	Bongrain H.	dº	1866	Prisonnier
79	Gillet	dº	dº	Soutien de famille
85	Altmayer	dº	dº	Blessé
91	Jeannet L.	dº	dº	Soutien de famille
97	Tarrade	dº	dº	Inconnu
105	Desanlis	dº	dº	Remplaçant son frère aîné trompette. Blessé. prisonnier
111	Duvat	dº	1867	
117	Oralet	dº	dº	Mort avant l'appel
123	Blanchard	dº	dº	Blessé
129	Bourgeois E.	dº	dº	
141	Rigaut	dº	dº	Blessé
147	Desprès	dº	dº	Prisonnier
163	Chastelain	dº	1868	Versé dans l'Infanterie
169	Pierrejean	dº	dº	Prisonnier

Nos mles	Noms	Grades	Classes	Observations
181	Gillet A.	St 2e cl.	1868	En prison avant l'appel
187	Roussel	dº	dº	à Paris après le 25 août
193	Appert	dº	dº	Tué
199	Lhuillier	dº	dº	Prisonnier, mort à Glogau
205	Alips	dº	dº	Prisonnier
211	Caillette	dº	dº	Parti comme médecin
175	Hariot	dº	1869	Prisonnier
	4ᵉ Pièce			
124	Féry	Brigadier	1867	Prisonnier
48	Moing	St 2e cl.	1865	
55	Bugnicourt	dº	dº	Blessé
61	Lasnier	dº	dº	Prisonnier
68	Morin	dº	dº	Inconnu
149	Lambert	dº	dº	Prisonnier
74	Dugois	dº	1865	[illegible]
76	[illegible]	dº	dº	Blessé
92	Garnier	dº	dº	
100	Berlaux	dº	1867	Engagé dans l'Inf. de ligne
106	Guérin	dº	dº	
130	Leroua	dº	dº	Prisonnier
135	Portier	dº	dº	dº
142	Calloud	dº	dº	Parti comme pharmacien
148	Ledreux	dº	1868	Versé dans l'Infanterie
158	Pepin	dº	dº	
164	Remy Jules	dº	dº	Soutien de famille
170	Remy Auguste	dº	dº	Prisonnier
176	Leclercme Jules	dº	dº	
182	Vautrin	dº	dº	Soutien de famille
188	Prieux Zulma	dº	dº	Tué
194	Landréat	dº	dº	Prisonnier
200	Thurot	dº	dº	Blessé
206	Joannès	dº	dº	Prisonnier
212	De Telcourt M.	dº	dº	Versé dans l'Infanterie
218	Parjois J.	dº	1869	Blessé

5ᵉ Pièce

Nᵒˢ Mˡᵉˢ	Noms.	Grades.	Classes.	Observations.
202	Rouyer	Mᵃˡ des Lᵗˢ	1868	Prisonnier
157	Ouriet	Mᵃˡ des Lᵗˢ fourrier	1868	
112	Gonthier C.	Bⁱᵉʳ	1867	A repris du service après le 25 Août
43	Loiseau	1ʳ 2ᵉ cl.	1865	Prisonnier
49	Payard	d°	d°	Tué
56	Delorme	d°	d°	d°
62	Métrot	d°	d°	Inconnu
67	Massenat	d°	d°	d°
150	Gilbert	d°	d°	Prisonnier
75	Lance	d°	1866	d°
81	Chapron	d°	d°	d°
87	Guérin	d°	d°	Réformé
93	Renard	d°	d°	Tué
107	Buat	d°	d°	Tué
113	Carle	d°	d°	Blessé
119	Salleron A.	d°	d°	Soutien de famille
125	Lombes	d°	d°	Prisonnier
131	Cornuet	d°	d°	Tué
137	Curtaillers	d°	d°	Prisonnier
143	Ponsard	d°	d°	d°
153	Félix	d°	1868	
159	Roussel P.	d°	d°	Soutien de famille
171	Jacquier	d°	d°	Blessé
177	Lefebvre	d°	d°	
183	Pellier	d°	d°	
189	Flamey	d°	d°	Prisonnier
195	Jonet	d°	d°	Soutien de famille
201	Roussel A.	d°	d°	A repris du service après le 25 Août
213	Mauroy	d°	d°	Prisonnier
216	Claudon	d°	1869	d°

6ᵉ Pièce

Nᵒˢ Mˡᵉˢ	Noms.	Grades.	Classes.	Observations.
165	Tranquet	Bⁱᵉʳ	1868	
217	Pannelier	d°	1869	Prisonnier
44	Bourgoin	1ʳ 2ᵉ cl.	1865	Tué
50	Lenfant	d°	d°	Soutien de famille
57	Guérin	d°	d°	Prisonnier
63	Pique	d°	d°	Mort avant l'appel
70	Boude	d°	d°	Tué
151	Hoba	d°	d°	Mort avant l'appel
76	Didon	d°	1866	Soutien de famille
82	Nolin	d°	d°	Prisonnier
88	Mary	d°	d°	A repris du service après le 25 Août
94	Bourlier	d°	d°	Tué
102	Jeannon	d°	1867	Prisonnier
108	Raverdy	d°	d°	Disparu
114	Beaufremez	d°	d°	Prisonnier
126	Tabariet	d°	d°	Laissé à l'hôpital
132	Briquet	d°	d°	Prisonnier
138	Giraux	Vaguemestre	d°	Prisonnier, Mort à Glogau
144	Dupuis	1ʳ 2ᵉ cl.	d°	
154	Maillart	d°	1868	Prisonnier
160	Renaud	d°	d°	d°
166	Baty	d°	d°	Versé dans l'Infanterie
172	Gérard	d°	d°	Prisonnier
178	Molé	d°	d°	d°
184	Renard Paul	d°	d°	Soutien de famille
190	Krantz	d°	d°	Prisonnier
196	Masson A.	d°	d°	
208	Maugin	d°	d°	

La Batterie était recrutée parmi les jeunes gens nés dans le canton de Vitry ou qui l'habitaient.

Tableau III

ÉTAT NOMINATIF des hommes de la classe 1869 appartenant à la Batterie d'Artillerie et incorporés faute de renseignements au Bataillon d'Infanterie (7e Cie).

Roulot	Présent au 15 Août	Hugny	Présent au 15 Août	Grange	Présent au 15 Août
Bizat	d°	Rousselle C.	d°	Nicol Charles	d°
Prévot	d°	D'Hôtel	d°	Hermant	d°
Prieux	Présent au 15 Août (Blessé)	Etiennot	d°	Talleron	d°
Meyer	Présent au 15 Août	Bassuet	d°	Tavernier	d°
Garnier	d°	Bertel	d°	Haimé	d°
Brodier	d°	Nicol T.	d°	Moulé	d°
Cappé E.	Présent au 15 Août (Tué)	Garnier	d°	Jacquemot	d°
Haller	Présent au 15 Août	Edel	d°	Baliat	d°
Dommange	d°	Michel	d°	Dollé	d°
Martin	d°	Urbain	d°		
Collard	d°	Viot	d°		
Bailly	Présent au 15 Août (Blessé)	Baliat	d°	Ouriet	1 Réformé
Martinot	Présent au 15 Août	Bourgoin T.	d°	Pierre	Soutien de famille
Roussel	d°	Gringuillard	d°	Herment	d°
Coblet	d°	Saintgenis	d°	Grandeur	d°
Colin	d°	Olignier	d°		
Vautrin	d°	Bourgoin L.A.	d°	Johann	Manque aux appels du 15 Août
Valleron	d°	Krantzo	d°	Delarue	d°
Pierre	d°	Coltier	d°	Eremaux	d°
Voisin	d°	Sarrez	d°	Marq	d°
Dequaire	d°	Cossenet	d°	Bailly	d°
Huet	d°	Miné	d°	Herveux	d°
Pigaut	d°	Poujois	d°	Bouchard	d°
Félix	d°	Henri	d°	Bonnet	d°
Petitprêtre	d°	Tellier	d°	Vincent	d°

Tableau **IV**

COMPOSITION DES TROUPES ALLEMANDES *qui ont donné aux affaires de La Basse et de Passavant*

(À l'exception du 3ᵉ Uhlans)

1ᵉ Division de Cavalerie de la Garde

2ᵉ 6ᵉ Division de Cavalerie

Général Commandant : S. A. le Grand Duc de Mecklembourg-Schwerin

14ᵉ Brigade :

Général Major : Baron de Düpenbrok-Gruter

6ᵉ Régiment de Cuirassiers de Brandebourg

3ᵉ ———— dᵒ ———— Uhlans de Brandebourg

15ᵉ Brigade :

Général Major : De Rauch

3ᵉ Régiment de Hussards de Brandebourg

15ᵉ Uhlans de Schleswig-Holstein

3ᵉ 2ᵉ Batterie à cheval du 3ᵉ Régiment

d'Artillerie de Brandebourg

NOMS DES MORTS INSCRITS SUR LE MONUMENT DE PASSAVANT. (9).

Garde Nationale mobile — 4ᵉ Bataillon de la Marne.

1ᵉʳᵉ Compagnie — Brouillon (2) Coyon (3) Giret (4).

2ᵉ — dᵒ — Aubry (4) Binet (4) Gallois (4) Gouilly (2) Fralon (1) Martin (4).

3ᵉ — dᵒ — Hamain (4).

4ᵉ — dᵒ — Baudet (3) Bouquet (1) Boutillot (1) Cardot (3) Francard
Haimart Albert (1) Haimart Justin (3) Pérard (1) Rougeaux

5ᵉ — dᵒ — Larcenet (3) Pierre (2).

6ᵉ — dᵒ — Bizeaux (1) Fagnan (1).

7ᵉ — dᵒ — Gadbois (4) Lemaire (4) Valentin (4) Verdet (1).

8ᵉ — dᵒ — Donot (1) Garnier (4) Frerson (4) Pierrejean (1) Jauteur (1).

Armée Active — 2ᵉ Régiment d'Artillerie.
— Tezin Brigadier (4) Tarrut (4).

Infanterie de Ligne.
— X (5) —

Batterie d'Artillerie de la Garde Mobile de la Marne.

Appert (2) Bourgoin (4) Bourlier (3) Buat (1) Delorme (4) Haller (3)
Landréat (3) Picard (4) Jeannet (3) Payard (4) Prieux (1) Renard (4)
Boude (1) Cappé (4).

Nota — Outre ces 14 tués, la Batterie a eu 23 blessés et 2 morts de maladie à Glogau, c'est-à-dire plus du quart de son effectif atteint.

Tableau V^{bis}

Noms des morts ensevelis dans la fosse commune et inscrits sur la pierre du cimetière :

Appert (Ernest) — Aubry — Boudet — Bourlier — Bouillon — Buat — Cardot — Coyon — Frerson — Gadbois — Fallois — Giret — Haimart — Halles — Jeannet — Landréat — Larconet — Lemaire — Pezin — Prieux — Sauteur — Valentin.

Nota : Ces morts sont ceux qui n'ont pu être transportés dans leurs familles pour cause d'éloignement — ou par mesure de prudence.

Tableau **VI**

LISTE NOMINATIVE *des blessés du 25 Août déposés à l'ambulance de Passavant. (34)*

Noms et Prénoms.		Domiciles.	Observations.
Lefèbvre	Gustave	Rosay	Sorti le 27 Août.
Paradis	Clément	Bassu	d°: 1er Septembre.
Leblanc	Louis Achille	Isle sur Marne	d°: 15 d°:
Couchot	Alfred	Possesse	d°: 31 Août pour aller dans sa famille.
Boude	Célinar	Donnement (Aube)	d°: 2 Septembre pour aller dans sa famille.
Cornuet	Auguste	Luxémont	d°: 2 d° d°: d°: d°:
Deblarue ?			
Boucher ?			
Messager	Louis Amédée	Scrupt	Sorti le 27 Août pour l'hôpital de Ste Menehould
Joseph	Jean-Baptiste	Vienne-le-Château	d° d°:
Lecoq	Emile	Alliancelles	d° d°:
Pinart	Adolphe	Songy	d°: d°:
Cuitot	Eugène	Vitry	d°: d°:
Molandre	Charles Chéri	Ambrières	d°: d°:
Mabout	Étienne Clément	St Lumier en Champagne	d°: d°:
Dauphin	Alfred	Rosay	d°: d°:
Garnier	Vincent	Florent	d°: d°:
Caurier	Emile	Vitry-le-François	d°: d°:
Barrois	Constant	Ste Menehould	d°: d°:
Berton	Emile	St Remy	d°: d°:
Babon	Ernest	Heiltz-l'Évêque	d°: d°:
Humbert	Léandre	Chaminon	d°: d°:
Maillard	Jules	Margerie-Hancourt	d°: d°:
Clément	Isidore	Valmy	d°: d°:
Adam ?			
Gayet	Victor	Gizancourt	Sorti le 27 Août pour l'hôpital de Châlons.
Batonnier	Eugène	Vitry-le-François	d°: d°:
Chobriat	Jules	Doucey	d°: d°:
Denoirjean	Henri	Sermaize	d°: d°:
Bernier	Alfred	Vienne-le-Château	d°: d°:
Piat	Arsène	Rosay	d°: d°:
Rougeau	Emile	Servon	d°: d°:
Thurot	Alexandre	Luxémont	d°: d°:
Madaye	Adolphe	Vienne le Château	d°: d°:

LISTE NOMINATIVE des blessés du 25 Août conduits à l'ambulance de Triaucourt (51).

Noms et Prénoms		Domiciles	Observations.
Poiret	Arsène	Charmont	Sorti le 30 Août.
Oudin	Jean Marie	Sonain	d°
Pessez	Edmond	Monfaucon (Meuse)	d°
Woitier	Antony	Paris (artificier au 2° d'art. e)	Sorti le 1er Septembre.
Mahut	Gédéon	Passavant	d°
Guillot	Jules	Binarville	Sorti avec les suivants à dates diverses.
Escourolles	Antonin	Aurillac (Caporal au 61e.)	d°
Caillette	Jules	Margerie	d°
Marquet	Eugène	La Chaussée	d°
Chaume	Ernest	Huiron	d°
Dupuis	Arsène	Aulnoy-l'Aître	d°
Journal	Edouard	Gratreuil	d°
Prieux	Camille	Huiron	d°
Vautard	Marie-Joseph	Rouvroy	d°
Labangue	Camille	Couvrot	d°
Lecherme	Jules	1er Lunier	d°
Jacquier	Léon	Soulanges	d°
Harbonnet	François	Sergent au 61e en subsistance dans la Mobile de Lyon.	d°
Mauget	Jules Auguste	Moiremont	d°
Comas	Charles	Courtémont	d°
Bourgoin	Paul	Loisy-sur-Marne	d°
De Grégomain	Gustave (1)	Percepteur à St Amand	d°
Bugnicourt	Placide	Vitry-le-François	d°
Gauthier	Isidore	Vanault-le-Châtel	d°
Massenat	Louis Adolphe	Loisy	d°
Laffrique	Désiré	Blesmes	d°
Jacobé	Ernest	Sermaize	d°
Biguet	Ulysse	Sermaize	d°
Thomas	Camille	Somme-Suippe	d°
Rolin	Jules	Ecriennes	d°
Bisleus	Casimir Diogène	Le Chemin	d°
Hainchelin	Eugène	Orosnay	d°

Tableau **VI**^{bis} (Suite)

Noms et Prénoms		Domiciles	Observations.
Husson	Cyrille	Verrières	Sorti avec les suivants à dates diverses.
Guillemin	Augustin	Norrois	d°.
Oudard	Théobald	Vitry-le-François	d°.
Rigaut	Gustave	Vitry-le-François	d°.
Goblet	Auguste	Frignicourt	d°.
Stiennel	Jules	Scrupt	d°.
Blanchard	Émile	Vitry-le-François	d°.
Guyot	Théophile	Ponthion	d°.
Lecomte	Honoré	Servon	d°.
Gabrel	Eugène	Cernay-en-Dormois	d°.
Charlot	Placide	Pommartin-l'estrée	d°.
Musquin	Henri	Binarville	d°.
Royer	Louis Adolphe	Sommesous	d°.
Périnet	Aimé	Reyssécourt	d°.
Gérard	Jules	Heiltz-l'Évêque	d°.
Aubertin	Édouard	Vitry-le-François	d°.

Nota — Quelques erreurs ou omissions peuvent s'être glissées dans ces deux tableaux, les indications ayant été très difficiles à préciser.

Le nom des autres blessés, soignés en divers endroits ou restés en route, n'a pu être recueilli.

Tableau **VII**

ÉTAT DES MOBILES DÉCÉDÉS EN CAPTIVITÉ (49)

N° d'ordre des Morts	Noms et Prénoms	Grades	Lieux de naissance	Dates de la mort	Causes de la mort
1	Oudot Théogène	Sergent-Major	Charmont	20 Septembre 1870	Suite de Blessures
2	Salleron Pierre	Soldat	Dromilly	22 d.° d.°	Phtisie
3	Casin Sylla	Caporal	Sompuis	23 d.° d.°	Dysenterie
9	Gabreaux Pierre	Soldat	Virginy	30 d.° d.°	Petite vérole.
10	Coltier Alfred	d.°	Couvrot	30 d.° d.°	Dysenterie
43	Lemineur Ovide	d.°	Charmont	22 Octobre d.°	d.°
45	Camuset Élie	d.°	Somme-Suippe	25 d.° d.°	Pneumonie
54	Grappart Hyppolite	d.°	Charmont	2 Novembre d.°	Typhus
75	Magniot François	d.°	Cheminon	19 d.° d.°	Petite vérole
123	Bongrain Cyrille	d.°	Isles-sur-Marne	7 Décembre d.°	Typhus
179	Giraux Jules	d.°	Dromilly	19 d.° d.°	Pneumonie
192	Aimé Éloi	d.°	Soulanges (Bayarne)	22 d.° d.°	Petite vérole
208	Gérard Henri	Caporal	Teignicourt	25 d.° d.°	d.°
224	Machuré Victor	Soldat	Drosnay	27 d.° d.°	Typhus
230	Raulin Ernest	d.°	La Croix-en-Champagne	29 d.° d.°	Petite vérole
248	Vincent Émile	d.°	Ponthion	1er Janvier 1871	d.°
256	Flizat Alexandre	d.°	Marolles	1er d.° d.°	d.°
265	Jacquart Émile	d.°	S.te Marie-à-Py	2 d.° d.°	Pleurésie
267	Larcher Jules	d.°	Outines	2 d.° d.°	Petite vérole
268	Menuel Albert	d.°	Dosné S.te Croix	3 d.° d.°	Laryngite
269	Lecoq Jules	d.°	Vernancourt	3 d.° d.°	d.°
271	Rondeau Victor	d.°	Gigny-aux-Bois	4 d.° d.°	Dysenterie
281	Caron Édouard	d.°	Ambrières	5 d.° d.°	Pleurésie
286	Huart Émile	d.°	Vouillers	6 d.° d.°	Typhus
287	Arnould Louis	d.°	Sommepy	6 d.° d.°	d.°
290	Guérin Claude	d.°	S.t Thomas	7 d.° d.°	Petite vérole
291	Lhuillier Jules	d.°	Marolles	7 d.° d.°	Typhus
301	Salleron Ernest	d.°	Dromilly	9 d.° d.°	Petite vérole
302	Barrois Alphonse	d.°	Sermaize	9 d.° d.°	d.°
305	Moufflet Arthur	d.°	S.te Menehould	9 d.° d.°	d.°
308	Collard Zéphir	d.°	Sogny-en-l'Angle	10 d.° d.°	Pneumonie
327	Henri Désiré	d.°	Glannes	14 d.° d.°	Petite vérole
335	Gras Arsène Eugène	d.°	Isles-sur-Marne	14 d.° d.°	d.°

Tableau **VII** (Suite)

N° d'ordre des Morts.	Noms et Prénoms	Grades	Lieux de Naissance	Dates de la mort	Causes de la mort
364	Dommange Alfred	Soldat	Pringy	18 Janvier 1871	Typhus
365	Rapinat Léon	d°	Plichancourt	18 d° d°	d°
375	Carlier Erasme	d°	Chantecoq	19 d° d°	d°
404	Loriot Louis	d°	Le Buisson	21 d° d°	d°
412	Pron Émile	d°	Thiéblemont	24 d° d°	Pneumonie
438	Barrois Ernest	d°	S.ᵗ Urain	30 d° d°	Typhus
465	Genay Victor Remy	d°	Reims	4 Février d°	Petite vérole
469	Jalleron Camille	d°	Maisons	5 d° d°	d°
494	Gaillot Ernest	Caporal	Sommepy	12 d° d°	d°
513	Chevron Parfait	Soldat	Villers-en-Argonne	15 d° d°	d°
529	Didon Eugène	d°	Scrupt	19 d° d°	d°
559	Armand Jules	d°	S.ᵗ Eunier	2 Mars d°	Typhus
582	Grandjean Josthéne	d°	Brosy-le-Repos	11 d° d°	Petite vérole
652	Michelet Elysée	d°	Meix-Tiercelin	11 Avril d°	d°

Nota — Les 643 autres morts à Glogau appartenaient à l'Armée active, sauf Célestin Mahut, civil, habitant de Passavant, dont il est question au chapitre IV (voir Mahut).

Tableau **VIII**.

NOMS DES OFFICIERS PRISONNIERS
à Glogau, à l'arrivée (27)

M. M.

Terquem — Chef d'Escadron au 10.e d'Artillerie

Duval — Command.t le 4.e B.on d'Infanterie mobile de la Marne.

Michaut — Command.t la 1.ère Batt.ie d'artillerie mobile de la Marne.

Schirmann — Capitaine du Génie.

Leroy, Barillier — Capitaines au 65.e de Ligne.

Bassuet, Battelier — Capitaines au 4.e B.on de la Marne.

Rageot — Lieutenant au 2.e d'Artillerie.

Henriet, Cappé — Lieutenants à la 1.ère Batt.ie de la Marne

Bureau, Jaunaux
Buache, Vincienne
Thierion, Pestre — Lieutenants au 4.e B.on de la Marne.
Hourblin

Carles — Sous-Lieutenant au 95.e de Ligne.

De Chamisso, Charles
Mottant, Legrand
Ledreux, Chastelain — Sous-Lieutenants au 4.e B.on de la Marne
Osiecki

Girardon — Garde d'artillerie.

Tableau **IX**.

ÉTAT DES OFFICIERS PRISONNIERS
à Francfort-sur-Oder au 20 Septembre 1870.
(42)

Infanterie

0e Bⁿ de Chasseurs :	Ichenck,	Commandant
0e de Ligne :	Tessier	Lieutenant
48e d°	Bonnal	d°
d°	Bonnal	Sous-Lieutenant
50e d°	Pottier	Adjudant-Major
d°	Vincent	Capitaine
d°	Dubois	d°
d°	Besnier	Lieutenant
d°	Guyard	Sous-Lieutenant
d°	Passot	d°
3e d°	Fitte	d°
5e d°	Leroy	Capitaine
d°	Barillier	d°
4e d°	Benard	d°
d°	Dubois	d°
d°	Bellenaud	d°
d°	Fargues	d°
d°	Delissus	Lieutenant
d°	Beaumont	d°
d°	Vonderscheer	Sous-Lieutenant
d°	Hotlier	d°

94e de Ligne :	Roch	Capitaine
95e d°	Carles	Sous-Lieutenant
4e Bⁿ Mobile de la Marne	{ Bassuet, Battelier, Buache, Pestre, Thierion, Charles, Chastelain, Ledreux, Legrand.	

Cavalerie.

4e Cuirassiers	Gauthier	Sous-Lieutenant
6e Lanciers	Nadaud	Capitaine
d°	Giraux	d°
d°	Buchin	Lieutenant
d°	Miguel	Sous-Lieutenant

Artillerie.

10e	Terquem	Chef d'Escadron
2e	Rageot	Lieutenant
1ère Batterie Mobile de la Marne	{ Michaut	Commandant
	Cappé	Lieutenant
	Girardon	Garde

Tableau X

Comité Français de secours aux Prisonniers (Glogau).

Noms.	Grades.	Résidences (en 1870)
Duval. Président	Chef de Bataillon (garde mobile)	Giffaumont (Marne)
Grené	do (10e de Ligne)	Couvrot (Marne)
Tauchon de Wolff	do (garde mobile)	Lille (Nord) 111, Rue du Marché
Chandellier	Chef d'Escadron (1er Hussards)	Marly (près Metz - Moselle)
Bouillié. Trésorier	Capitaine trésorier (6e Lanciers)	Dépôt du 6e Lanciers
Mourget chargé du Magasin	Adjudant-Major (28e de Ligne)	Gray (1te Saône)
Bohain	Capitaine (9e de Ligne)	Dépôt du 9e de Ligne
Finot	do do	Montélimart (Drôme) Grande-Rue
Juniques	do (4e do	Lyon (Rhône) 45, Rue Ferrandière
Levillain	do do	St Girons (Ariège)
Perrin	do (75e do	Boulogne s/ Mer (Pas-de-Calais) Rue Neuve-Chaussée
De Lichtenstein	do (6e Dragons	Paris, 26, Rue Jacob
De Dietrich	do (garde mobile)	Niederbronn (Bas-Rhin)

Tableau **X** (Suite)

Noms.	Grades.	Résidences (en 1870)
Bildstein	Officier d'Administration	Colmar (Haut-Rhin)
Corde	Lieutenant de Vaisseau	Toulon (Var) 50, Boulevard de Strasbourg
Hussard	Lieutenant (6ᵉ Lanciers)	Versailles , 11, Rue St Pierre
Hourblin	dᵒ (Garde mobile)	Reims (Marne) Rue du Cloître
Lassègue	dᵒ (6ᵉ d'artillerie)	Grenoble (Isère)
Batiu	dᵒ (10ᵉ Cuirassiers)	Ste Foix-la-Grande (Gironde)
Teste	dᵒ (28ᵉ de Ligne)	Montboucher (Drôme)
Laporte	dᵒ (12ᵉ dᵒ)	Limoges (Hte Vienne) 22, Route de Paris
Banès	Sous Lieutenant (12ᵉ de Ligne)	Perpignan (Pyrénées Orientales) 17, Rue Dugommier
Malleret	dᵒ (9ᵉ dᵒ)	La Bastide (près Bordeaux, Gironde) 14, Rue Picarde
Curie	dᵒ dᵒ	Montluel (Ain)
Cunche	dᵒ (10ᵉ dᵒ)	Dompry (Moselle)
Pinot	dᵒ (75ᵉ dᵒ)	Tonnerre (Yonne) 15, Rue St Michel
Pierri	dᵒ (28ᵉ dᵒ)	Prunelli de Fiomorbo (Corse)
Veron	dᵒ dᵒ	Tence (Hte Loire)
Mereau	dᵒ (Sapeur) 1ᵉ Cuirassiers	Cambrai (Nord) 11, Rue du Petit-Séminaire

Nota — Le Capitaine Vagrezi et l'Abbé Aymard ont été également employés à la répartition des secours.

COMPTE-RENDU

des Opérations du Comité de Secours.

§. I. — DENIERS

Recettes.

Reçu des Comités de Breslau, Colmar, Cottbus, Grenoble, Londres, Lyon, Moscou, Nancy, Nevers, St Pétersbourg, Strasbourg, Valenciennes, Vienne (Autriche), — des Officiers Français internés à Glogau et de leurs camarades prisonniers en Allemagne — des Sous-Officiers et Soldats prisonniers à Glogau — de la Chambre des Notaires de l'Arrondissement de Vitry-le-François — de la Garde Nationale Mobile de Vitry et de la Meurthe — de M. le Colonel de Tchudi (Envoi de divers Comités Français — de Mesdames Nicolaï (Comtesse de) Benoist (de Berlin) Bildstein (de Colmar et de Gratz) — de MM. Barbey et de Mons, Bitsch, Corbet, R. P. Damas, de Dietrich, Colonel Deronose, Galane, Jacquelot, Lebert (Professeur) Menesson, Mourger, Piron, Signard, de St Genis et divers, ensemble, Fr.

	69 784	25
Anonymes	258	»
Change d'or	10	»
Remboursement d'avances à des Officiers	232	50
—— d°. —— de galoches cédées par le magasin	87	50
—— d°. —— du reliquat non employé des fonds destinés à acquitter la taxe des lettres aux prisonniers nécessiteux	67	50
Total	70 439	75

Tableau **XI** (Suite)

Dépenses.

Désignation	fr.	c.
Mis à la disposition des Officiers chargés des Compagnies pour achat de menus objets	200	.
Achat de charbon	30	.
— d.º — Savon	750	.
— d.º — Chaussures	2760	45
— d.º — Ceintures en laine	1300	.
— d.º — Chaussettes	5533	34
— d.º — Chemises	7607	50
Confection d'effets d'habillement	139	41
Frais de transport et de camionnage	1140	77
Dons particuliers sur ordres des donateurs	46 221	78
Érection d'un monument funèbre, fondation d'une messe perpétuelle et envoi aux familles des militaires décédés de la photographie du monument	736	75
Dépenses pour les enfants de troupe	117	50
Secours aux malades et aux nécessiteux	1496	25
Taxe des lettres adressées aux nécessiteux	187	50
Avances à divers remboursées	232	50
Remis au Comm.¹ Tauchon pour les Mobiles du Nord et du Pas-de-Calais	750	.
— d.º — à l'aumonier pour secours aux malades laissés à Glogau après le départ	1000	.
Frais d'impression et d'envoi du rapport du comité	35	.
Renvoi au Comité de Vienne du reliquat non employé de ses fonds pour dons particuliers	201	.
Total	70 439	75

9. II — MATIÈRES

Les recettes des effets proviennent d'envois faits par les Comités de Berlin, Breslau, Colmar, Dresde, Grenoble, Lyon, Nancy, San Martino et Solférino de Venise, Reims, Valenciennes, Vienne (Autriche), Vitry-le-François, de diverses personnes et d'achats ou confections faits par les soins du Comité.

Nature des Effets.	Effets reçus ou achetés par le Comité	Effets distribués aux prisonniers	Effets remis aux aumôniers pour être distribués aux malades et convalescents après le départ.
Bonnets de laine	459	456	3
d° coton	1172	1225	247
Blouses bleues	44	44	"
Caleçons de coton	8811	8792	19
d° flanelle	96	84	12
Caoutchoucs	2	2	"
Ceintures de santé	3180	3153	27
d° laine	1200	1200	.
d° rouges	47	46	1
Chaussettes de laine	10268	10244	24
d° coton	937	927	10
d° polonaises	148	148	"
Chaussons	98	98	"
Chemises de coton	5090	5016	74
d° flanelle	2011	1941	70
Cravates ou cache-nez	4495	4452	43

Nature des Effets	Effets reçus ou achetés par le Comité	Effets distribués aux prisonniers	Effets remis aux aumôniers pour être distribués aux malades et convalescents après le départ
Couvertures	426	482	4
Casquettes	12	12	"
Galoches (Paires)	2218	2208	10
Gants (Paires)	12	"	12
Gilets de coton	728	702	26
d° bourgeois	468	468	"
flanelle	290	280	10
Habits bourgeois	396	386	10
Képis	400	400	"
Manchettes (Paires)	60	"	60
Mouchoirs de poche	754	745	9
Pantalons bourgeois	398	325	3
Pantoufles	121	121	"
Paletots couvertures	341	332	9
Papier (Mains)	20	20	"
Peaux de mouton	1	1	"
Plastrons	3605	3600	5
Savon (Morceaux)	7108	6984	124
Souliers (Paires)	618	616	2
Tricots	5824	5802	22
Vareuses	301	301	"
Vestes tricots	50	49	1
Vin (Fûts)	11	2	9

Nota — Les fournisseurs de Glogau choisis par le Comité étaient les suivants :

Goldschmidt	Camionneur
Adam	Sculpteur (Monument)
Thiele	Photographe d°
Mischke	Chemises
Samuel	Bonneterie
Schmidt	d°
Moll	Cordonnier
Engel	Cuirs
Hoffmann	Semelles en bois
Vaetzolds	d°
Krauss	Outils et clous pour chaussures
Spiller	d°
Langner	d°
Wiesbach	Outils pour l'atelier des tailleurs
Dehmel	Epicier

———————————

Tableau **XII**

4ᵉ Bataillon d'Infanterie de la Garde Mobile de la Marne.

RÉCOMPENSES distribuées après la Guerre.

Charvais   Capitaine détaché du 65ᵉ   Officier de la Légion d'Honneur

Bassuet _______ dᵒ _______ dᵒ _______ Chevalier _______ dᵒ _______

De Trégomain _(Percepteur)_ Volontaire __ d. _______ dᵒ _______

20 Médailles Militaires

8 Pensions de Retraite

10 Gratifications renouvelables

Nota — Les noms des Médaillés, pensionnés ou gratifiés n'ont pu être recueillis. Ces récompenses ont été accordées pour blessures.

Tableau XIII

1ʳᵉ Batterie d'Artillerie de la Garde mobile de la Marne.

RÉCOMPENSES distribuées après la guerre.

Noms et prénoms	Grades	Détail
		Légion d'Honneur
Henriet Jules Louis	Lieutenant en 1ᵉʳ	Un coup de lance et un coup de sabre à la tête.
		Médaille militaire
Aubry Charles	Mⁿᵉ des É͡ʰ Chef	Ancien Sergent du Génie. Marié. Engagé volontaire à la Batterie pour la durée de la campagne le 8 Août 1870. Blessé à la main.
Batonnier Eugène Amédée	Mⁿᵉ des É͡ʰ	5 blessures dont un coup de feu qui a déterminé la paralysie de la jambe gauche.
Thurot Émile Hyacinte	Servant d͡ʰ cl.	Coup de feu à l'épaule droite qui a nécessité la désarticulation du bras.
Parjoit Jules Henri	d°	4 coups de lance dont un très-grave à la hanche gauche.
Nicol Jules Isidore	d°	8 coups de lance ou de sabre sur la tête et les différentes parties du corps.
Lecherme Jules Philippe	d°	8 coups de lance ou de sabre sur les différentes parties du corps.
		Retraités
Batonnier	Mⁿᵉ des É͡ʰ	(Voir ci-dessus)
Thurot	S͡ʰ de 2ᵉ cl.	(d°)

Tableau **XIII** (Suite)

Noms et prénoms	Grades	Détail
Labanque Camille Alphonse Henri	S^t de 2e Cl.	*Gratifications renouvelables* convertie en gratification permanente — Coup de feu à l'articulation de la main gauche ; la balle a traversé l'articulation de part en part dans son milieu.
Trieux Camille	d°	Blessure grave à l'épaule droite.
Aubertin Edouard Joseph	d°	*Gratification renouvelable* Éteinte après quelques années — 2 coups de lance au bras gauche un coup de sabre sur la tête.
Madame Moussotte		*Pension de retraite* accordée à une veuve — Le mari mort de ses blessures et des privations endurées en captivité.

Nota — Le Lieutenant Rageot, du 2e d'Artillerie, fut décoré pour blessures (1 Coup de lance à la poitrine, 1 dans les reins).

Tableau **XIV**

Liste des prisonniers ayant reçu une lettre de félicitations du Ministre de l'Intérieur pour services rendus à leurs camarades.

Hourblin	Lieutenant	au 4e 13em des Mobiles de la Man
Cottrez	Sergent-Major	— d° —
Roland	— d° —	— d° —
Londas	— d° —	— d° —
Leseuvre	Sergent fourrier	— d° —
Ecoutin	— d° —	— d° —
Coutant	Caporal	— d° —
Tavernier	Soldat	— d° —
Prost	— d° —	— d° —
Berthélemy	Volontaire	— d° —

Tableau **XV**

Liste des Membres du Comité
du monument de Passavant.

Le Commandant Duval, Président.

Bourlier, de St Amand sur Fion, Trésorier.

Basset, Capitaine.

Battelier   do

L'Abbé Coyon, Vicaire à Dormans.

Nota — Le Lieutenant Jaunaux doit être cité parmi ceux qui ont donné à cette œuvre le concours le plus dévoué et le plus actif. — M. Pâquet, Instituteur à Passavant, mérite aussi les plus grands éloges, tant pour sa conduite en cette circonstance que pour son dévouement aux blessés aussitôt l'affaire.

Département de la Marne

Arrondissement d

Canton d

COMMUNE D

NOMS DES MOBILES
ayant pris part à la Campagne de 1870.

Noms et Prénoms.	Grades		Observations.
	Infanterie	Artillerie	

TABLE DES MATIÈRES

TABLE DES MATIÈRES

Vitry-le-François. — Imp. Vve Tavernier et fils